Bild und Recht – Studien zur Regulierung des Visuellen

herausgegeben von

Prof. Dr. Thomas Dreier
PD Dr. Dr. Grischka Petri
Prof. Dr. Wolfgang Ullrich
Prof. Dr. Matthias Weller

Band 13

Fabian Odermatt

Das Recht im filmischen Spiegel

Verführung, Mythos und Performanz

Nomos
facultas
DIKE

Inauguraldissertation zur Erlangung der Würde eines Doctor iuris der Rechtswissenschaftlichen Fakultät der Universität Bern.

Die Fakultät hat diese Arbeit am 20. Oktober 2022 auf Antrag der beiden Gutachter, Prof. Dr. Martino Mona und Prof. Dr. Christopher Geth, als Dissertation angenommen.

Die Deutsche Nationalbibliothek verzeichnet diese Publikation in der Deutschen Nationalbibliografie; detaillierte bibliografische Daten sind im Internet über http://dnb.d-nb.de abrufbar.

Zugl.: Bern, Univ., Diss., 2022

ISBN (Print) 978-3-7560-0253-5 (Nomos Verlagsgesellschaft mbH & Co. KG, Baden-Baden)
ISBN (ePDF) 978-3-7489-3776-0 (Nomos Verlagsgesellschaft mbH & Co. KG, Baden-Baden)

ISBN (Print) 978-3-7089-2356-7 (facultas Verlag, Wien)
ISBN (Print) 978-3-03891-566-9 (Dike Verlag, Zürich/St. Gallen)

Onlineversion
Nomos eLibrary

1. Auflage 2023

Für meine Familie

Vorwort

Die Realisierung dieser Arbeit war nicht nur von vielen beruflichen und persönlichen Stationen in meinem Leben geprägt, sondern auch von verschiedenen Personen, die die Entstehung dieses Projekts auf unterschiedliche Art und Weise begleitet und unterstützt haben. Diesen Personen möchte ich hiermit meinen Dank aussprechen.

Zuallererst möchte ich mich bei meinem Doktorvater Prof. Dr. Martino Mona für die mir gewährten Freiheiten, eine Arbeit ausserhalb der ausgetretenen dogmatischen Pfade der Rechtswissenschaften schreiben zu dürfen, bedanken. Ganz generell, insbesondere aber in all den Momenten des akuten Selbstzweifels, war mir sein Zuspruch, seine Fürsorge und sein fast schon unerschütterliches Vertrauen in mich und meine Fähigkeiten eine massgebliche Stütze. Nicht nur in menschlicher Hinsicht, sondern auch in seiner Art des Denkens, seinem Scharfsinn, seiner Sprachgewandtheit und seinem Verständnis des Rechts ist er mir bis heute ein grosses Vorbild geblieben.

Im Weiteren bin ich Prof. Dr. Christopher Geth für die kurzfristige Bereitschaft zur Erstellung des Zweitgutachtens sowie die wohlwollenden Gespräche im Rahmen des Kolloquiums zu Dank verpflichtet.

Ferner danke ich Dr. Nora Scheidegger und Dr. Daniel Schmid für die sorgfältige Lektüre des Manuskripts und all ihre klugen Hinweise, scharfsinnigen Kommentare und kritischen Anmerkungen, die mich angehalten haben, einige meiner Schlussfolgerungen zu überdenken, oder meine Gedanken zumindest deutlicher und präziser zu Papier zu bringen. Auch Prof. Dr. Monika Roth habe ich für die Durchsicht meiner Arbeit sowie ihre wertvollen Rückmeldungen zu danken.

Dr. Djuna Lichtenberger danke ich für ihre Hilfe bei der Erstellung und Einbindung der diversen Filmbilder wie auch ihre aufmunternden Ratschläge, die mir den Weg durch die nicht immer einfache redaktionelle Schlussphase gewiesen haben.

Dass das Manuskript auch sprachlich zu überzeugen vermochte, ist dem akribischen Korrektorat von Christine Odermatt zuzuschreiben, die meine oftmals schwer lesbaren verschachtelten Sätze konsequent entwirrt und von grammatikalischen Unstimmigkeiten befreit hat.

Besondere Erwähnung gebührt auch meinen Kolleginnen und Kollegen aus dem D-325, Elias, Nora, Djuna, Gian und Nicolas, die meine Assistenzzeit mit unzähligen anregenden Gesprächen, schönen Begegnungen und unvergesslichen Erlebnissen gefüllt haben.

Jeder, der wie ich in den vergangenen 5 Jahren, im Gleichschritt mit einer Festanstellung ausserhalb eines akademischen Umfelds eine Dissertation zu Ende geschrieben hat, weiss, wie schwierig es bisweilen ist, Beruf und wissenschaftliche Forschung unter einen Hut zu bringen. Dass mir dies gelungen ist, ist nicht zuletzt meinen Kolleginnen und Kollegen des Strafgerichts Basel-Landschaft zu verdanken, die mir stets ein Umfeld geboten haben, wo hinreichend Raum und Verständnis für meine wissenschaftliche Forschung bestand.

Bedanken möchte ich mich ausserdem bei den Mitarbeitenden des Nomos Verlags für die Aufnahme in die Schriftenreihe «Bild und Recht - Studien zur Regulierung des Visuellen» wie auch für die umsichtige Betreuung im Rahmen des Publikationsverfahrens.

Meinem lieben Partner Mc Brian Ngo, der mir während der letzten 6 Jahre immer wieder den Rücken stärkte, danke ich für all die ermutigenden Worte sowie seinen vorbehaltlosen Rückhalt.

Mein grösster Dank gilt schliesslich meiner Familie, Christine, Markus, Helena und Linus Odermatt, für die unbedingte Liebe und all die Unterstützung in den vergangenen Jahren. Ohne sie wäre all dies nicht nur nicht möglich gewesen, sondern schlicht auch bedeutungslos. Ihnen sei dieses Buch gewidmet

Basel, August 2023

Inhaltsverzeichnis

I Einleitung

16. Oktober 2016, Sonntagabend. 20:15 Uhr, beste Sendezeit: Auf den öffentlich-rechtlichen Fernsehsendern von ARD, SRF und ORF 1 geschieht Merkwürdiges. Wir befinden uns in einem Gerichtssaal – gleissendes Licht, harte Schwarz-Weiss-Kontraste. Vor dem Richterpult steht Lars Koch, Luftwaffen-Major der Bundeswehr. Dieser hat, so dem Bericht des vorsitzenden Richters zufolge, ein Flugzeug mit 164 Menschen abgeschossen. Die Anklage lautet auf mehrfachen Mord.[1] Wir erfahren weiter, dass der Abschuss nicht aus purer Tötungslust erfolgte, sondern um 70'000 andere, offensichtlich unschuldige Personen zu retten. Das abgeschossene Flugzeug wurde, so wird berichtet, vorgängig von Terroristen gekapert und befand sich auf direktem Kollisionskurs mit der Münchner Allianz-Arena. Wäre der Abschuss nicht erfolgt, hätten die meisten Zuschauer, die sich zu diesem Zeitpunkt im Stadion befanden, den sicheren Tod gefunden. Das grosse Dilemma des Angeklagten bestand darin, das Leben von 164 Menschen gegen das Schicksal von 70'000 abzuwägen. Nach und nach werden Zeugen aufgerufen. Als solcher erscheint der Vorgesetzte des Beschuldigten. Er berichtet von einem Funkkontakt mit dem Beschuldigten und auch davon, dass seinerseits kein Schiessbefehl erteilt worden sei. Als Nebenklägerin hat die Ehefrau eines der getöteten Passagiere ihren Auftritt und formuliert mit grossem Pathos eine eigene Mordanklage. Daraufhin folgen die Plädoyers. Staatsanwaltschaft und Verteidigung zünden ein rhetorisches Feuerwerk, wobei auf bedeutungsgeladene Begrifflichkeiten rekurriert wird: «der Geist der Verfassung», «Naturrecht», «Moral», «Ethik», «Terrorismus», «Utilitarismus», «Kant» und ganz oft und prominent – «die Menschenwürde». Und als sei das nicht alles schon genug, wendet sich der vorsitzende Richter zuletzt direkt an uns, das Publikum – sein Gesicht in Grossaufnahme. Eindringlich redet er auf uns ein, beschwört uns. Das Schicksal des Angeklagten läge nunmehr in unseren Händen. Wir, das Publikum, müssten all die

1 Vgl. die zutreffenden Schilderungen von Schild, *Verwirrende Rechtsbelehrung*, 23 ff., wonach bereits das Mordmerkmal des gemeingefährlichen Mittels gemäss § 211 des deutschen Strafgesetzbuchs (DStGB) kaum erfüllt sein dürfte und sich Major Koch einzig des Totschlags gemäss § 212 DStGB strafbar gemacht haben könnte. Die entsprechend naheliegende Variante eines Freispruchs von der Mordanklage, bei einer gleichzeitigen Verurteilung wegen Totschlags, stand indes gar nie zur Disposition.

vorgebrachten Argumente sorgsam abwägen und per Telefonabstimmung über eine «Verurteilung» oder einen «Freispruch» entscheiden.

Nachdem die eingehenden Anrufe von den Verantwortlichen des ARD, ORF und SRF ausgewertet sind, folgt das Urteil: Freispruch. Erleichterung.

Abb. 1: Der Vorsitzende verkündet das Urteil.

Terror – Ihr Urteil heisst das Spektakel und basiert auf dem gleichnamigen Theaterstück des prominenten Strafverteidigers und umtriebigen Autors Ferdinand von Schirach. Dieser war neben Lars Kraume, dem Regisseur, sowie dem Filmproduzenten Oliver Berben auch massgeblich für das Drehbuch des Filmes verantwortlich. Das gleiche Konzept – ebenfalls mit entsprechender Partizipation des Publikums – wurde zuvor bereits in mehreren Theatern im deutschsprachigen Raum durchexerziert und feierte in seiner filmischen Form am 12. Oktober 2016 im Münchner Arri-Kino Premiere. Nur wenige Tage später folgte die Erstausstrahlung im öffentlich-rechtlichen Fernsehprogramm von ARD, ORF und SRF. Allen Aufführungen war dabei etwas gemein: Die Mehrheit des Publikums entschied sich für einen Freispruch.

Aber etwas an der ganzen Geschichte war merkwürdig. Die Inszenierung gab zwar vor, komplexe Fragen des Strafrechts zu thematisieren, wurde dieser Prämisse jedoch nicht wirklich gerecht. Im Gegenteil: Eine eigentliche, dogmatische Lösung, wie das Strafrecht dem filmisch skizzierten Sachverhalt begegnen sollte oder könnte, lieferte der Film nicht. Stattdessen liess die Erzählung das Publikum fälschlicherweise im Glauben, dass das geltende (deutsche) Recht für das aufgeworfene Problem keine befriedigende Lösung bereithalte. Denn mit einem Freispruch, so das Votum der Staatsanwältin, würde man die Verfassung für wertlos erklären und dem Prinzip der Menschenwürde eine Absage erteilen. Selbst der Verteidiger schien diesem Vorbringen nicht viel entgegenzuhalten. In seinen unbeholfenen Ausführungen hielt er dafür, dass man sich manchmal auch über Prinzipien hinwegsetzen müsse, «denn kein Prinzip der Welt kann wichtiger sein, als 70'000 Menschen zu retten. Punkt.»

All dies ist juristisch betrachtet falsch. Weder kommt ein Freispruch einer Ungültigkeitserklärung der Verfassung gleich noch ist ein solcher nur mittels Hinwegsetzens über die Prinzipien des Rechtsstaats denkbar. Eine mögliche Lösung des Dilemmas wäre dabei naheliegend: Selbst wenn der Richter das Vorliegen eines Rechtfertigungsgrundes verneint, müsste er spätestens auf der Ebene der Schuld zur Einsicht gelangen, dass angesichts der Zwangslage des Piloten ihm dessen Verhalten nicht zum Vorwurf gemacht werden kann.[2] Entsprechend wäre Lars Koch nach Schweizer Recht gemäss Art. 18 StGB (entschuldbarer Notstand) und nach deutschem Recht – soweit kein Näheverhältnis nach § 35 Abs. 1 DStGB gegeben ist – aufgrund des in der Lehre allgemein anerkannten übergesetzlichen Notstands zu entschuldigen.[3] Zutreffend hielt in diesem Zusammenhang beispielsweise Schild fest:

> «Eine solche ‹Entschuldigung› ist nicht als Einbruch irgendeiner Moral in ein scheiterndes, weil zur Lösung nicht fähiges Recht zu verstehen, sondern ergibt sich aus einem sozialethisch begründeten Rechts- und Strafbegriff selbst, ohne dass dadurch der *Unterschied* von Moral und Recht beseitigt wäre.»[4]

Um zu diesem Schluss zu gelangen, bedarf es freilich einer Auseinandersetzung mit der Frage, inwiefern tatbestandsmässiges und rechtswidriges Verhalten einer beschuldigten Person in Zwangssituationen überhaupt zum Vorwurf gemacht werden darf, also einer Überprüfung der individuellen Schuld. Beim Schuldvorwurf handelt es sich um die in der Rechtsdogmatik allgemein anerkannte – nebst der Tatbestandsmässigkeit und Rechtswidrig-

---

2 Die wohl eingehendste Auseinandersetzung mit den thematisierten Fragen – sowohl unter juristischem wie auch rechtsphilosophischem Blickwinkel – findet sich bei Coninx, *Das Solidaritätsprinzip im Lebensnotstand.*

3 Schild, *Verwirrende Rechtsbelehrung*, 34 ff., mit Hinweisen zur Lehre.

4 Schild, 40, allerdings mit Blick auf das gleichnamige Theaterstück.

keit – dritte Voraussetzung der Strafbarkeit. Umso erstaunlicher also, dass die Frage der Schuld im gesamten Film völlig ausgeklammert wurde. Ganz deutlich zeigt sich dies bereits im Apell des Vorsitzenden an das Publikum, wonach dieses einzig zwischen «Freispruch» und «Verurteilung» zu wählen hätte. Ein möglicher «Schuldspruch» stand dabei nicht zur Disposition.[5] Schon dies lässt vermuten, dass das fiktive Gericht einzig an der Klärung von Tatbestandsmässigkeit und Rechtswidrigkeit der angeklagten Handlung, nicht aber am dem Beschuldigten anzulastenden individuellen Schuldvorwurf interessiert war.

Diese sich aus der Ausklammerung der in einem Strafprozess zwingend zu klärenden Schuldfrage ergebenden Unzulänglichkeiten betreffen zunächst die filmische Ebene. Es ist denn auch keine neue Erkenntnis, dass rechtliche Motive im filmischen Spiegel immer wieder verzerrt, unvollständig oder falsch dargestellt werden – sei dies als Konzession an die Dramaturgie oder als Spiegelbild eines fehlgeleiteten Rechtsverständnisses der involvierten Produzentinnen, Autoren oder Regisseurinnen. Insbesondere Letzteres kann auch hier nicht ausgeschlossen werden. So legte etwa Schild anhand des literarischen Werks von Ferdinand von Schirach überzeugend dar, weshalb die rechtlichen Unzulänglichkeiten des (dem Film zugrundeliegenden) Theaterstücks wohl dem Rechtsverständnis des Autors anzulasten sind.[6]

Über die vordergründige Ebene der filmischen Erzählung hinaus schien das filmisch vermittelte Rechtsverständnis aber auch die öffentliche Wahrnehmung zu beeinflussen. Zur Verdeutlichung dieser Reflexwirkung auf die öffentliche Rezeption kann die Schweizer Politsendung Arena herangezogen werden, in deren Korsett die Ausstrahlung von *Terror – Ihr Urteil* eingebettet war.[7] Zu Gast waren verschiedene Vertreter aus Politik, Militär und Wissenschaft. Obwohl viele Gäste die Handlungen des Kampfjetpiloten als moralisch richtig oder für nachvollziehbar empfanden, schien ein allgemeiner Konsens darüber zu bestehen, dass das Strafrecht für einen potenziellen Freispruch in dieser Konstellation keine Handhabe biete und eine gerechte Lösung deshalb in moralischen Prinzipien liegen müsse. Es schien also, als habe sich die im filmischen Beispiel transportierte Fehlvorstellung plötzlich auch in den Köpfen der Studiogäste niedergeschlagen. Selbst ein Professor für Strafrecht der Universität Freiburg hielt in einem bemerkenswerten

5 Ausführlich wiederum Schild, 13 ff.

6 Schild, 50 f.

7 „Arena Spezial".

Votum dafür, dass er an der Stelle des Beschuldigten auch geschossen hätte, aber dennoch «nicht den geringsten Zweifel» habe, dass der Pilot schuldig gesprochen werden müsse; dies wegen «klassischer Befehlsverweigerung». Eine Explikation der Begrifflichkeit der (klassischen) Befehlsverweigerung wie auch der Frage, weshalb diese nicht entschuldigt werden könne, blieb dabei aus. Überhaupt schien sich in der Sendung niemand der Frage der Schuld beziehungsweise der Vorwerfbarkeit des mutmasslich rechtswidrigen Verhaltens des Piloten anzunehmen. Dies, obwohl einige Voten der Studiogäste – soweit diese etwa die Zwangslage des Piloten thematisierten – sich diesem Gedanken immer wieder annäherten. Aufgelöst wurde die Problematik aber bis zum Schluss nicht. Niemand bemerkte den Irrtum. Dabei wäre bereits ein kurzer Blick in das Gesetzbuch ausreichend gewesen.

Eine angemessene Reaktion erfolgte erst am 18. Oktober 2016 und damit zwei Tage nach der Ausstrahlung in Form einer erbosten Kolumne von Thomas Fischer, ehemaliger Vorsitzender Richter des 2. Strafsenats des Bundesgerichtshofs, auf *Zeit Online*. Fischer ärgerte sich zunächst über die juristischen Unzulänglichkeiten des Stückes, welche er dem Autor Ferdinand von Schirach zuschrieb. «Schlimmer, erstaunlich und bedrückend» sei es aber, «dass die schweren, ja existenziellen Fehler des Stücks von seinen Verbreitern und Laudatoren vom Theater bis hin zur großmächtigen ARD nicht erkannt, sondern beanstandungslos durchgewunken» worden seien. Das Publikum sei deshalb «nach Strich und Faden» belogen worden.[8]

Mit seiner Polemik mag Fischer im Kern Recht haben, dem eigentlichen Phänomen des Ganzen wird er damit aber nicht gerecht. Vielmehr müsste man sich die daran anknüpfende Frage stellen: Wieso und weshalb konnte es dazu kommen? Weshalb liessen sich selbst gestandene Rechtsexpertinnen – sowohl bei der ARD wie auch in der Schweizer Politsendung Arena – von einem filmischen Trugbild derart in die Irre führen? Und noch viel entscheidender: Weshalb liess sich – den filmischen Täuschungen sowie dem Votum der Expertenmeinungen zum Trotz – das Publikum in allen drei Ländern dennoch zu einem juristisch korrekten Freispruch überreden? Eine schlüssige Erklärung hierzu liefert Schild, wenn auch mit Blick auf die Theateraufführungen desselben Stoffs:

> «Die eigentliche Frage aber bleibt, ob nämlich der Mensch – der in der Inszenierung auf der Bühne vor unseren Sinnen die Fragen der Staatsan-

8 Fischer, „Die ARD, das Recht und die Kunst".

wältin, des Verteidigers und des Richters beantwortet – sich so darstellen kann, dass wir ihm z.B. die existenzielle Entscheidungsnot, die ihn entschuldigen würde, glauben und abnehmen; oder ob er sich als dieser rechtsfeindliche, sich über das Recht erhebende Entscheidungsheros gibt, dem ein Schuldvorwurf zu Recht gemacht werden kann. Das letzte Wort für diese Fragen bietet dann nicht irgendeine Rechtsbelehrung, sondern die Kunst der Schauspieler, des Regisseurs, kurz: der gesamten Theaterbühne, auf der ein packend geschriebenes, diese Frage in einer sehr starken Intensität ansprechendes Stück gespielt wird.»[9]

Was für die Theaterbühne gilt, muss – in sinngemässer Ableitung von Schilds Überlegungen – auch für die filmische Reproduktion gelten. Es scheint also, als seien nicht die filmisch erzählte Geschichte beziehungsweise die in dieser gespiegelten rechtlichen Motive allein für die konkrete Publikumswirkung massgebend, sondern die Art und Weise deren Vermittlung durch die Schauspieler, die Kameraführung und den Schnitt, kurzum: die Möglichkeiten der filmischen Inszenierung.

Aus dem Gesagten lassen sich deshalb vier Feststellungen ableiten: (1) Dem Film kann es gelingen, sein Publikum zu täuschen und dieses von seinen vertrauten Vorstellungen des Rechts abzubringen. Nur so lässt sich erklären, weshalb sich selbst renommierte Juristen dazu hinreissen liessen, das Rechtsverständnis des Filmes unreflektiert zu übernehmen. (2) Im Weiteren vermag es der Film anscheinend, gegenüber seinem Publikum dominante Lesarten rechtlicher Probleme vorzugeben und so den Entscheid über Freispruch oder Verurteilung von Lars Koch massgeblich mitzubestimmen. Für diese Annahme spricht nebst Schilds Mutmassungen auch das in der Schweiz, Deutschland und Österreich übereinstimmend ausgefallene Abstimmungsergebnis, welches in dieser Deutlichkeit kaum dem Zufall entsprungen sein dürfte; umso mehr es gerade nicht der vom Autor gewünschten Verurteilung entspricht. (3) In Anbetracht der breiten öffentlichen Rezeption von *Terror – Ihr Urteil* scheint ferner ganz grundsätzlich eine Faszination darin zu bestehen, sich filmisch vermittelten Fragen des Rechts anzunehmen und sich mit diesen zu befassen. (4) Schliesslich scheint für das Verständnis all dieser Beobachtungen – der Täuschung, der dominanten Lesart sowie der Beliebtheit entsprechender Motive – nicht primär die Beschaffenheit des Rechts an sich von Bedeutung, sondern vielmehr die Art der filmischen Inszenierung.

---

9 Schild, *Verwirrende Rechtsbelehrung*, 64.

Damit ist die Kernthese der Arbeit dargelegt: Ziel der Untersuchung ist es, den geschilderten Beobachtungen nachzugehen und eine Erklärung dafür zu finden, *wie* rechtliche Motive im Film gegenüber einem hypothetischen Publikum durch das Aufbringen inszenatorischer oder narrativer Mittel Wirkung entfalten. Im Zentrum der Untersuchung stehen damit nicht individuelle rezipierende Personen, sondern die idealtypischen Wirkungsmöglichkeiten des filmischen Werks. Dabei wird von der Prämisse ausgegangen, dass das filmische Artefakt gegenüber dem Publikum dominante Lesarten von filmischen Spiegelungen des Rechts vorgeben kann. Wie anhand des Beispiels von *Terror – Ihr Urteil* aufgezeigt, manifestiert sich diese Wirkung sodann mehrheitlich auf einer unbewussten und dem Publikum nicht vollends zugänglichen Ebene – sei es im Rahmen der Täuschung oder aber der Verführung hin zu Positionen, welche nicht den angestammten (rechtlichen) Vorstellungen der für das Drehbuch oder die Regie verantwortlichen Personen entsprechen. Das Fundament der Arbeit stellt dabei die vom österreichischen Filmwissenschaftler Marcus Stiglegger entwickelte *Seduktionstheorie des Filmes* dar, welche das Medium Film als genuines Medium der *Verführung* definiert.

Die Untersuchung selbst ist in drei Teile gegliedert. Der erste Teil dient der Definition und Explikation von *Film* und *Recht* sowie der Analyse des aus der Verbindung der beiden Begrifflichkeiten hervorgehenden Forschungsfelds. Ausserdem werden die wichtigsten, im Lichte des bisherigen wissenschaftlichen Diskurses erarbeiteten Ansätze für die Ergründung der Wechselwirkungen von Recht und Film einer kritischen Überprüfung unterzogen und es wird aufgezeigt, dass in der bisherigen, vorrangig empirisch ausgerichteten interdisziplinären Forschung eine filmwissenschaftliche Methodik weitgehend ausgespart wurde. Bei dieser Gelegenheit wird die Untersuchung – im Sinne eines eigenständigen filmtheoretischen Ansatzes – in den gegenwärtigen Diskurs eingebettet.

Der zweite Teil bildet das erste Hauptstück der Arbeit und dient der Darlegung der theoretischen Grundlagen. Unter Zugrundelegung von Marcus Stigleggers Ansatz der *Seduktionstheorie des Filmes* wird die These formuliert, dass der Inszenierung von Recht im Film dann eine *verführerische* beziehungsweise *seduktive* Wirkung zukommt, wenn bestimmte Motive des Rechts im narrativen Mittel des Mythos oder aber in jenem der Performanz (im Sinne von nichtnarrativen, sich an die sinnliche Wahrnehmung des Publikums richtenden Inszenierungsstrategien) transportiert werden.

Im dritten Teil der Arbeit, dem zweiten Hauptstück, werden diese Grundlagen auf diverse filmische Beispiele übertragen und so deren Wirkmechanismen im Einzelnen verdeutlicht. Dieser interpretative Ansatz ist deshalb erforderlich, weil die angewandte Methodik auf der Annahme basiert, dass verführerische Inszenierungen von Recht jeweils auf einem dialogartigen, diskursiven Spiel zwischen Film und Publikum beruhen. Daraus folgt, dass sich die Wirkung solcher Inszenierungen nur anhand einer Analyse der filmischen Texte und Subtexte eruieren lässt. Anschliessend ist nochmals auf das Beispiel von *Terror – Ihr Urteil* zurückzukommen und es werden verschiedene Antworten und Erklärungen für die eingangs geäusserten Vermutungen und Beobachtungen ausformuliert.

Im Schlussteil werden die wichtigsten Ergebnisse zusammengetragen und es wird im Sinne eines kurzen Ausblicks aufgezeigt, wie die erarbeiteten Erkenntnisse auf andere popkulturelle Medien übertragen oder aber hinsichtlich der Rechtsdidaktik nutzbar gemacht werden könnten.

II Grundlagen

1 Recht im Film

1.1 Gegensätzliches und Gemeinsames

I'm no lawyer. All a lawyer cares about is the law.
— Orson Welles, *Touch of Evil*

Diese Untersuchung widmet sich, wie in der Einleitung dargelegt, dem übergeordneten Themenbereich *Recht im Film*, oder – in anderen Worten – dem Aufscheinen rechtlicher Motive im filmischen Spiegel.

Es mag möglicherweise wenig einleuchten, inwiefern eine Auseinandersetzung mit filmischen Spiegelungen von Recht unter einem juristischen Blickwinkel lohnend oder erkenntnisfördernd sein soll. Zu verschieden und gegensätzlich scheinen die beiden Disziplinen auf den ersten Blick: Das Recht versteht sich als eine textbasierte Wissenschaft, welche sich der Ausformulierung und Interpretation von bestimmten allgemeingültigen Regeln sowie deren Anwendung auf diverse Lebenssachverhalte verschreibt und so die gesellschaftliche Realität strukturiert und reglementiert.[10] Es bietet den rechtsunterworfenen Personen Schutz und gewährleistet ihnen, gewisse Ansprüche gegenüber Dritten durchzusetzen.[11] Demgegenüber ist der Film eine Kunstform oder – nach anderer Ansicht – ein Massenmedium und findet seinen Ausdruck in der Produktion bewegter Bilder mittels Foto-, Kamera- und Tontechnik. Der Film dient der Ablenkung, der Zerstreuung, der Unterhaltung und nicht zuletzt der Imagination, indem er seinem Publikum ermöglicht, der vom Recht reglementierten Realität zu entfliehen und für den Moment der Rezeption in fiktive Welten einzutauchen. Diese dem Publikum durch den Film eröffnete Fluchtmöglichkeit brachte etwa Walter Benjamin in seinen Abhandlungen über *Das Kunstwerk im Zeitalter seiner technischen Reproduzierbarkeit* (1936) wie folgt zum Ausdruck:

> «Unsere Kneipen und Großstadtstraßen, unsere Büros und möblierten Zimmer, unsere Bahnhöfe und Fabriken schienen uns hoffnungslos

---

10 Forstmoser und Vogt, *Einführung in das Recht*, 176.
11 Forstmoser und Vogt, 400 ff., 423.

einzuschließen. Da kam der Film und hat diese Kerkerwelt mit dem Dynamit der Zehntelsekunden gesprengt, so daß wir nun zwischen ihren weitverstreuten Trümmern gelassen abenteuerliche Reisen unternehmen. Unter der Großaufnahme dehnt sich der Raum, unter der Zeitlupe die Bewegung.»[12]

Durch diese Flucht aus den einengenden Fesseln der gelebten Existenz hin zu einer die Grenzen der Imagination sprengenden Parallelwelt erschafft der Film folglich eine Distanzierung zu der von ihm reproduzierten Wirklichkeit. Diese Entfremdung beschlägt dabei zwangsläufig auch die rechtlichen Realitäten. Bereits aus dieser Grundannahme folgt, dass der Blick in den filmischen Spiegel nie ein exaktes Abbild des Rechts wiedergeben kann. Stattdessen neigt der Film dazu, komplexe rechtliche Fragestellungen in den Diensten der Inszenierung zu simplifizieren oder zu verfälschen.[13] So werden Werke wie *Anatomy of a Murder* (USA 1959) oder *Witness for the Prosecution* (USA 1957) der Komplexität eines angelsächsischen Gerichtsverfahrens kaum je gerecht und auch die sich wöchentlich wiederholenden Geschichten der deutschen Kriminalserie *Tatort* (seit 1970 bis heute) weichen regelmässig von den Vorgaben des deutschen Strafprozessrechts ab.

Diese mangelnde Realitätstreue des Filmes mag bisweilen auf den Umstand zurückgeführt werden, dass Regisseurinnen, Drehbuchautoren oder andere Beteiligte in der Regel keine ausgebildeten Juristen sind und es bei der Produktion eines Filmes am notwendigen Fachwissen mangelt.[14] Das Beispiel von *Terror – Ihr Urteil* zeigt allerdings, dass selbst der Einbezug von Rechtsgelehrten keine Sicherheit für eine korrekte filmische Abbildung von Rechtsfragen bietet. Es scheint vielmehr, als müsse das filmische Artefakt ganz grundsätzlich – will es seinem Publikum die von Walter Benjamin postulierte Fluchtmöglichkeit ermöglichen – immer wieder gewisse Kompromisse an die von ihm reproduzierten Wirklichkeiten eingehen. All diese Abweichungen und juristischen Fehldarstellungen liessen sich aus der Gegenüberstellung diverser filmischer Werke mit den jeweils einschlägigen gesetzlichen Grundlagen in grosser Breite nachweisen. Darauf wird vorliegend verzichtet. Ein solches Unterfangen wäre nicht nur ermüdend, sondern auch ohne jedweden wissenschaftlichen Gewinn, zumal mehr als

12 Benjamin, „Das Kunstwerk im Zeitalter seiner technischen Reproduzierbarkeit“, 499.

13 So auch Kuzina, *Der amerikanische Gerichtsfilm*, 8; Asimow und Mader, *Law and Popular Culture*, 5 f.

14 Kuzina, *Der amerikanische Gerichtsfilm*, 8.

die Erkenntnis, dass der Film und das Recht nun mal nach unterschiedlichen Mechanismen funktionieren und an unterschiedliche Adressatinnen gerichtet sind, nicht zu erwarten wäre.[15]

Von grösserem Interesse sind deshalb die Gemeinsamkeiten von Film und Recht. Eine Gemeinsamkeit findet sich zunächst in ihrer jeweiligen gesellschaftlichen Funktion: Sowohl das Recht als auch der Film durchdringen das soziale Gefüge und tragen dazu bei, die Gesellschaft zu strukturieren. Zur Veranschaulichung der gesellschaftlichen Funktion des Rechts sei etwa auf den banalen Umstand hingewiesen, dass jeder Mensch im Laufe seines Lebens eine Vielzahl an Rechtsgeschäften abschliesst – von einfachen Kaufverträgen über Miet- und Arbeitsverträge bis hin zu vertraglich geregelten Lebensgemeinschaften – oder von verschiedenen, per Verfassung geregelten Grundfreiheiten Gebrauch macht. Oder um es mit den Worten von Kahn zu sagen: Wir erleben das Recht nicht nur, wenn der Polizist uns auf der Strasse kontrolliert oder wenn wir einen Anwalt konsultieren, wie man ein Unternehmen gründet – vielmehr prägt das Recht unsere Erfahrung von Bedeutung überall und zu jeder Zeit.[16]

Nicht nur das Recht, sondern auch der Film durchdringt das gesellschaftliche Zusammenleben, indem er die von ihm vermittelten Inhalte einem unermesslich grossen Publikum zugänglich macht. So liegt der Fernsehkonsum eines durchschnittlichen Schweizer Haushalts gemäss einer Erhebung des Bundesamtes für Statistik bei etwa zwei Stunden pro Tag,[17] während im Jahr 2019 in Schweizer Kinos total 2067 verschiedene Filme (im Rahmen von 615'131 Vorführungen sowie 12'506'143 Eintritten) angeschaut wurden.[18] Viele der im Fernsehen oder auch im Kino gezeigten Filme haben dabei – mehr oder weniger subtil eingebettet – rechtsbezogene Motive und Spiegelungen von Verbrechen und Strafe zum Inhalt: Sei es, ganz offensichtlich, im eingangs erwähnten Beispiel von *Terror – Ihr Urteil* oder, etwas subtiler, in der Gestalt unzähliger Kriminalfilme, Thriller, Detektiv-, Gangster- oder Polizeifilme. Diese ungebrochene Beliebtheit rechtsbezogener Inhalte hat sich mit dem Aufkommen neuer Medien und Produktionsmittel wie YouTube oder diversen Streamingdiensten, inzwischen

15 So auch Kuzina, 8.

16 Kahn, *The Cultural Study of Law*, 124.

17 Bundesamt für Statistik, „Fernsehen: Nutzung nach Sprachregionen, Alter und Geschlecht".

18 Bundesamt für Statistik, „Indikatoren zur Schweizer Film- und Kinolandschaft" (die nachfolgenden Jahre sind aufgrund der weltweiten Covid-Pandemie nicht massgebend).

auch auf neue Plattformen verlagert. Allein auf Netflix flimmern tagtäglich unzählige psychopathische Mörder (*The Fall, Bates Motel, American Crime Story*), gewiefte Anwältinnen und Anwälte (*Suits, How to Get Away with Murder*), gebrochene Polizistinnen (*Marcella, Broadchurch, Die Brücke – Transit in den Tod*), zwielichtige Drogenhändler (*Breaking Bad, Narcos*), obskure Sektengurus (*Wild Wild Country*) oder kriminelle Tierhändler (*Tiger King*) über den Fernsehbildschirm. Diese beispielhafte Aufzählung lässt erahnen, dass es immer wieder die Annäherung an bestimmte Kriminalitätsphänomene sowie der damit einhergehende Reiz für Fragen von Verbrechen, Strafe und Gerechtigkeit sind, die im popkulturellen Spiegel prominent auftreten und dort die Fantasie des Publikums anregen.

Die Frage, die sich dabei stellt, ist, wie das jeweilige Publikum die schiere Flut an Bildern sowie die darin medial vermittelten Inhalte verarbeitet. Das Beispiel von *Terror – Ihr Urteil* legt nahe, dass die Rezeption einen Einfluss hat, wie das Publikum rechtliche Botschaften aufnimmt. So haben verschiedene Gesprächsteilnehmende der Schweizer Politsendung Arena die vom Film vermittelten Inhalte, insbesondere die Täuschung über die Möglichkeiten rechtlicher Instrumentarien in gewissen Lebenssachverhalten, unbesehen übernommen und für den Moment der Rezeption als Realität empfunden. Stellt man diese Beobachtung nunmehr in einen grösseren, gesellschaftlichen Kontext, so liesse sich die Hypothese formulieren, dass dem Film die Kraft zukommen könnte, nicht nur die Vorstellung einzelner Rezipierender, sondern auch jene eines unermesslich grossen Publikums zu beeinflussen; und dies nicht nur für den Moment der Rezeption, sondern – im Sinne einer langanhaltenden und stetig wiederkehrenden Beschäftigung mit solchen Inhalten – auch in einem nachhaltigen Sinne. Dass der Film damit einen Einfluss auf die gesellschaftliche Vorstellung des Rechts haben könnte, deckt sich auch mit der Einschätzung von Forstmoser und Vogt, die darauf hinweisen, dass das Verständnis darüber, was Recht ist, immer auch von dem das Recht umgebenden Umfeld abhängt;[19] und zu diesem Umfeld gehören nicht zuletzt auch die kulturellen Erzeugnisse von Film und Fernsehen.

Wenn man diese Hypothese nicht für völlig ausgeschlossen hält, hat dies zur Konsequenz, dass sich Juristen der sie umgebenden Kultur nicht länger verschliessen dürfen, sondern gehalten sind, sich mit popkulturellen Inhalten vertiefter als bisher auseinanderzusetzen. Während die rechtswis-

19 Forstmoser und Vogt, *Einführung in das Recht*, 306 f.

senschaftliche Lehre und Forschung im deutschsprachigen Raum bislang eher zurückhaltend auf derartige Überlegungen reagiert, hat sich die Erforschung der Abhängigkeiten von Recht, Gesellschaft und Film im angelsächsischen Raum – unter dem Begriff von *Law and Film* – längst als Forschungsschwerpunkt etabliert.[20] Da auch die vorliegende Untersuchung im weiteren Sinne diesem interdisziplinären Forschungsfeld zuzurechnen ist, erscheint es notwendig – im Sinne eines kurzen Exkurses – die Arbeit in den Kontext der bisherigen Erkenntnisse aus dem Bereich von *Law and Film* zu stellen.

1.2 Law and Film Movement

The law, my boy, puts us into everything. It's the ultimate backstage pass. It's the new priesthood, baby. Did you know there are more students in law school than lawyers walking the Earth?
— Al Pacino, *The Devil's Advocate*

Law and Film ist, zumindest von einer historischen Warte aus betrachtet, das konsequente Weiterdenken der *Law-and-Literature*-Bewegung – einer geisteswissenschaftlichen Strömung, die sich Anfang der siebziger Jahre als Gegenbewegung zur zunehmenden Ökonomisierung des Rechts verstand.[21] Alternative Erklärungsmuster darüber, wie rechtliche Normen entstehen und wirken, fand man in der Literatur, der Philosophie oder der Rechtssoziologie. Auch wenn literarische Texte auf den ersten Blick mit Rechtstexten mehr gemein haben als die bewegten Bilder des Films, basiert das Verschieben des Fokus von Literatur auf Film auf denselben Grundgedanken, nämlich der Abkehr von ökonomischen Paradigmen und der Suche nach Erklärungsansätzen ausserhalb des Rechtssystems im engeren Sinne.

Einer der ersten Juristen, der diese Ideen von der Literatur auf andere Werke der Popkultur übertrug, war der amerikanische Rechtssoziologe Lawrence M. Friedman. Basierend auf der Feststellung von Willard Hurst, dass der Markt ein soziales Aggregat von Verhalten darstellt, welchem die Kraft zukommt, das Recht zu formen,[22] entwickelte Friedman seine Idee, dass auch Werke der Popkultur als Quelle für das Verständnis des Rechts

20 Greenfield, Osborn, und Robson, *Film and the Law*, Abschn. Preface.
21 Schramm, „Law and Literature", 581; Ho, „Law and Literature", 86 f.; jeweils mit weiteren Nachweisen.
22 Hurst, *Law and Markets in United States History*, 4 f.

massgebend seien.[23] Von der Rechtskultur in einem engeren Sinne (darunter fallen konkrete popkulturelle Werke wie Bücher, Lieder, Filme, Theaterstücke oder Fernsehproduktionen) unterschied Friedman die populäre Rechtskultur in einem weiteren Sinne, worunter er Ideen und Vorstellungen zusammenfasste, die eine gewöhnliche Person über das Recht innehabe.[24] Diese populäre Rechtskultur in einem weiteren Sinne verstand Friedman gewissermassen als *soziales Aggregat* und damit als Bindeglied zwischen dem Recht und seinem gesellschaftlichen Umfeld.[25] Für die Ergründung der wechselseitigen Abhängigkeiten von Recht, Rechtskultur und populärer Rechtskultur im weiteren Sinne schlug Friedman sodann eine soziale Theorie des Rechts vor, die angesichts des ihr zugrundeliegenden gesellschaftlichen Verständnisses jenen Ansätzen entgegenstand, die – wie etwa jene von Niklas Luhmann[26] – dem Recht weitgehenden autonomen oder selbstreferenziellen Charakter zubilligten.[27] Anders als Luhmann begriff Friedman das Recht nicht als ein auf sich selbst verweisendes System, sondern als eine abhängige Variable in einem grösseren gesellschaftlichen Kontext:

> «A social theory of law, in contrast, is ‹social› to the extent that it denies or downgrades the autonomy of law, and insists instead that an analysis of social forces best explains why the legal system is as it is, what shapes and molds it, what makes it ebb and flow, contract and expand; what determines its general structure, and the products that it grinds out day by day.»[28]

Diese Betrachtungsweise führt dazu, dass sich das Wirken und die Entstehung von Recht nicht aus dem Rechtssystem selbst erklären lässt, sondern erst aus der eingehenden Betrachtung der mit dem Recht zusammenhängenden Phänomene von Rechts- und Popkultur.[29] Mit seiner sozialen Theorie des Rechts lieferte Friedman die Initialzündung dafür, dass sich die rechtswissenschaftliche Forschung, zumindest im angelsächsischen Raum, zunehmend auch mit der Popkultur und deren Erzeugnissen zu beschäftigen begann.

23 Friedman, „Law, Lawyers, and Popular Culture", 1580.
24 Friedman, 1580.
25 Friedman, 1584.
26 Luhmann, *Ausdifferenzierung des Rechts.*
27 Friedman, „Law, Lawyers, and Popular Culture", 1580 f.
28 Friedman, 1581.
29 Friedman, 1579.

In der Folge wurden die Ideen Friedmans von verschiedenen rechtswissenschaftlichen Autoren aufgegriffen und weitergeführt. So hielt etwa Paul W. Kahn fest, dass zum Verständnis des Rechts weniger die Entscheide von rechtlichen Institutionen als vielmehr die durch die Kultur geformten Vorstellungen der Gesellschaft von Bedeutung seien.[30] Richard Sherwin votierte seinerseits dafür, dass das Recht einen erkenntnistheoretischen Wandel durchmachen müsse, wobei er zur Ergründung der gegenseitigen Durchdringung von Recht und Popkultur einen multidisziplinären, die Felder der kognitiven Psychologie, Anthropologie, Linguistik, Medienwissenschaften, Filmwissenschaften und Kommunikationswissenschaften umfassenden Ansatz vorschlug.[31]

Auch wenn Friedman, Kahn und Sherwin von jeweils unterschiedlichen Abstufungen hinsichtlich der dem Recht zuzusprechenden Autonomie ausgingen,[32] bildeten ihre Ausführungen den Wegbereiter für das *Law and Film Movement*. Und wiederum waren es vorwiegend Forschende aus dem angelsächsischen Rechtskreis, welche sich basierend auf den Erkenntnissen von Friedman, Kahn und Sherwin einer eingehenden Beschäftigung des Mediums Film und dessen Abhängigkeiten mit der Rechtskultur widmeten. All dies trug Früchte in der Gestalt von Zeitschriften, universitären Veranstaltungen, Büchern und Monografien.[33] Besonders hervorzuheben ist dabei das nunmehr in zweiter Auflage erschienene und von Sherwin als «the law and film movement's founding text» betitelte Standardwerk von Steve Greenfield, Guy Osborn und Peter Robson.[34] Nach und nach erreichte die Bewegung auch den deutschsprachigen Rechtsraum. Bemerkenswerterweise hatte die erste grösser angelegte deutschsprachige Monografie zum erweiterten Themengebiet von Recht im Film – möglicherweise als Folge der angelsächsischen Provenienz der bisherigen Forschung – keine Betrachtung des europäischen Kinos, sondern den amerikanischen Gerichtsfilm zum Inhalt, den Matthias Kuzina einer Analyse unterzog.[35] Neben Kuzina ist es vor allem den Aufsätzen und Artikeln von Stefan Machura zuzuschreiben,

30 Kahn, *The Cultural Study of Law*, 135.

31 Sherwin, *When Law Goes Pop*, 205, 235.

32 Carrillo, „Links and Choices", 2007 f.

33 Beispielhaft und ohne Anspruch auf Vollständigkeit: Black, *Law in Film*; Kamir, „Why 'Law-and-Film' and What Does It Actually Mean?"; Chase, *Movies on Trial*; Lenz, *Changing Images*; Asimow und Mader, *Law and Popular Culture*; oder auch die Zeitschrift *Picturing Justice*.

34 Greenfield, Osborn, und Robson, *Film and the Law* (Klappentext).

35 Kuzina, *Der amerikanische Gerichtsfilm*.

dass die interdisziplinäre Erforschung der Verflechtungen von Film und Recht mittlerweile auch im deutschsprachigen Raum ihren Platz gefunden hat.

Festzuhalten bleibt, dass das *Law and Film Movement* ein offenes Forschungsfeld darstellt, dessen Ziele und Stossrichtungen keinesfalls einheitlich und homogen ausfallen, sondern sich vielschichtig gestalten:[36] Einige Autoren wie Denvir, Kuzina oder Greenfield, Osborn und Robson begreifen filmische Darstellungen als rechtliche Texte und untersuchen diese auf ihre gesellschaftlichen, rechtlichen und kulturellen Implikationen hin. Insbesondere Kuzina und Greenfield, Osborn und Robson implementieren ihre Textanalysen dabei in ein theoretisches Konzept einer Genretheorie, worauf an späterer Stelle zurückzukommen sein wird.[37] Andere Autoren bemühen sich demgegenüber um einen sozialwissenschaftlichen Nachweis dessen, wie sich Personen in ihrer Vorstellung des Rechts von filmischen Darstellungen leiten lassen.[38] Ein letztes Untersuchungsfeld betrifft den Bereich der Rechtsdidaktik sowie das damit verbundene Postulat einer Loslösung einer allein schriftbasierten Vermittlung rechtlicher Inhalte hin zu einer vermehrten Einbindung von Filmen und anderen medialen Inhalten.[39]

Etwas ist jedoch all diesen uneinheitlich scheinenden Zugängen gemein: die grundsätzliche Idee, dass Recht im Film einen Einfluss auf das Publikum ausübt, was insofern eine Grundvoraussetzung für die von Friedman postulierten Abhängigkeiten popkultureller Werke von der diese umgebenden Rechtskultur im weiteren Sinne darstellt. Wenn der Film - in einem ersten Schritt - nämlich das Publikum zu beeinflussen vermag, so kann dieses seinerseits - quasi in einem zweiten Schritt - einen Einfluss auf die Rechtskultur, also die rechtlichen Vorstellungen der Gesellschaft, ausüben. In diesem Sinne halten etwa Greenfield, Osborn und Robson fest:

> «The suggestion that film can have an impact upon our perceptions of reality is crucial for an understanding of law and popular culture, and is a point made by many commentators such as Macaulay, Sherwin and Denvir.» [40]

---

36 Greenfield, Osborn, und Robson, *Film and the Law*, 11 f.; Kamir, „Why 'Law-and-Film' and What Does It Actually Mean?“, 256 ff.

37 Siehe Kapitel II., 3.2.

38 So beispielsweise Machura und Asimow, „Das Ansehen von Anwälten“, 10 f.

39 Greenfield, Osborn, und Robson, *Film and the Law*, 27 ff.; Black, *Law in Film*, 129.

40 Greenfield, Osborn, und Robson, *Film and the Law*, 6, mit weiteren Hinweisen.

Diese Ansicht teilen auch Asimow und Mader, welche sich in Bezug auf die Repräsentation von unsympathisch gezeichneten Anwaltsfiguren im filmischen Spiegel die Frage stellen, ob das Publikum geneigt sei, die inszenatorisch vermittelten negativen Gefühle gegenüber dem Berufsstand unreflektiert zu übernehmen.[41] Sie kommen dabei – unter Verwendung der Terminologie gemäss Friedman – zu folgendem Schluss:

> «In short we see popular culture (in the narrow sense) as a powerful ‹teacher›, and believe that everyone has acquired information or misinformation (popular legal culture in the broad sense) from this source. In other words, we ‹construct› our view of reality by working with information that is derived in part from works of popular culture.»[42]

Ein konkretes Beispiel für die aus einer solchen Beeinflussung des Publikums folgenden Implikationen auf das Recht liefert schliesslich Kuzina, der darauf hinweist, dass die in der Anwaltsserie *L.A. Law* (1986–1994)

Abb. 2 bis 5: Vorbild für überzeugendere Plädoyers vor Gericht: die Serie *L.A. Law.*)

41 Asimow und Mader, *Law and Popular Culture*, 64.
42 Asimow und Mader, 65.

geschilderten Eigenheiten der Prozessführung Rechtsgelehrte dazu angeregt hätten, ihre eigenen Schlussplädoyers im Sinne der filmischen Vorbilder zu adaptieren.[43]

Zusammenfassend ist festzuhalten, dass der Einfluss rechtlicher Motive im Film auf das Publikum Dreh- und Angelpunkt der bisherigen Forschungsbemühungen im Bereich von Recht und Film darstellt. Insofern ist die Beeinflussung des Publikums denn auch eine notwendige Bedingung dafür, dass der Film in einem grösseren Kontext einen Einfluss auf die Rechtskultur (im weiteren Sinne) auszuüben vermag. Das Problem ist allerdings, dass sich eine konkrete Einflussnahme des Publikums oftmals nur an äusseren Phänomenen festmachen lässt – sei es anhand des einstimmigen Abstimmungsergebnisses über Freispruch oder Verurteilung im eingangs der Untersuchung erwähnten Beispiel von *Terror – Ihr Urteil* oder im Hinblick auf die von Kuzina erwähnten Anpassungen des juristischen Handwerks von Juristen gemäss spezifischen filmischen Vorbildern. Diese Beispiele verdeutlichen insofern die Sichtbarmachung der offensichtlichsten Beeinflussungen – dann, wenn die filmischen Botschaften tatsächlich das Meinungsbild des Publikums geprägt haben. Gerade das Beispiel von *Terror – Ihr Urteil,* wo sich die Studiogäste von einer filmischen Täuschung in die Irre haben führen lassen, zeigt aber, dass eine Einflussnahme des Filmes auch auf einer dem Publikum nicht bewusst fassbaren Ebene erfolgen kann. Vorweggegangen ist all diesen bewussten oder unbewussten Beeinflussungen ausserdem ein wechselwirkender Prozess zwischen filmischem Werk und Publikum, im Rahmen dessen sich das Publikum dazu hinreissen liess, die auf der Leinwand gezeigten Realitäten – zumindest für den Moment der Rezeption – zu übernehmen und als richtig zu empfinden. In anderen Worten möchte das Publikum die von ihm rezipierten Filme und die in diesen vermittelten Botschaften gewissermassen als Vorbild betrachten.[44] Wenn also am Anfang all dieser Beeinflussung die filmischen Botschaften selbst stehen, so muss die Interpretation des Filmes die eigentliche Grundlage sämtlicher Wechselwirkungen von Film, Publikum und Rechtskultur darstellen. Denn erst auf der Grundlage filmischer Botschaften lassen sich weitergehende Aussagen über anschliessende Beeinflussungen treffen.

---

43 Kuzina, *Der amerikanische Gerichtsfilm,* 282 f. mit weiteren Hinweisen; so auch Sherwin, *When Law Goes Pop,* 24, der darauf hinweist, dass Anwälte anlässlich von Plädoyers vermehrt auf Szenarien aus fiktiven Serien zurückgreifen.

44 Asimow und Mader, *Law and Popular Culture,* 65.

Hier knüpft die Untersuchung insofern an die bisherige Forschung an, als mit der Seduktionstheorie ein interpretativer Ansatz präsentiert wird, um die vom Film im Rahmen der Rezeption vermittelten Botschaften einer Analyse zugänglich zu machen. Überdies lässt sich mittels Seduktionstheorie auch eine Erklärung für die bis heute anhaltende Beliebtheit der Inszenierung von Recht im Film finden. Beide Phänomene – die Ergründung dominanter Lesarten wie auch jene der grundsätzlichen Anziehungskraft von Recht im Film – sind denn auch Grundlage dafür, dass Recht im Film, in einem weiteren Schritt, den von diversen Autoren postulierten Einfluss auf die Rechtskultur auszuüben vermag.

Bevor dieser Ansatz näher ausgeführt wird, gilt es allerdings, einigen generellen Fragen nachzugehen, die für das Verständnis der Entstehung von dominanten Lesarten filmischer Texte – also einer «richtigen» Interpretation eines Filmes – massgebend sind. Es ist dies insbesondere die Frage, wie und wo solche Lesarten generiert werden: Werden diese durch die Filmschaffenden autoritativ vorgegeben oder entsteht Bedeutung nicht vielmehr – weitestgehend unabhängig von den für den Film verantwortlichen Personen – beim Publikum selbst?

2 Die Suche nach einer «richtigen» Interpretation von Recht im Film

2.1 Allmächtiger Autor oder selbständig interpretierendes Publikum?

When you read, don't just consider what the author thinks, consider what you think.
— Robin Williams, *Dead Poets Society*

In den Rechtswissenschaften nimmt der Autor insofern eine prominente Rolle ein, als Lehrbücher und Aufsätze innerhalb des wissenschaftlichen Diskurses regelmässig mit dessen Namen verbunden werden. Dies galt schon für historische Figuren wie Ulpian, Cesare Beccaria, Paul Johann Anselm von Feuerbach, Hans Kelsen oder Herbert Lionel Adolphus Hart, bis hin zu zeitgenössischen Rechtswissenschaftlern wie Claus Roxin. Es existiert in den Rechtswissenschaften damit eine Form von Autorenpolitik, welche derjenigen filmischer Vermarktungsstrategien nicht unähnlich ist: Die Autorin von Rechtstexten bürgt mit ihrem Namen für die Qualität ihres wissenschaftlichen Werks und verleiht diesem eine nach aussen hin wahrnehmbare Ausstrahlung.

Wenn also dem Autor in den Rechtswissenschaften eine derart wichtige Rolle zugeschrieben wird, liegt es zumindest aus einer juristischen Sichtweise nahe, auch die Interpretation von Filmen zunächst mit der Figur des Autors zu verbinden und damit mit dem, was gemeinhin unter der *Autorentheorie* verstanden wird. Solche interpretativen Ansätze, die den Autor ins Zentrum der filmischen Analyse stellen, gehen auf eine Gruppe von jungen französischen Filmschaffenden zurück. In seinem 1954 in der Filmzeitschrift *Cahiers du Cinéma* publizierten Beitrag *Une certaine tendance du cinéma français* kritisierte François Truffaut das etablierte französische Kino und forderte eine Verantwortungsübernahme für Form und Inhalt durch den Regisseur als *auteur* seines Werkes.[45] Dieser Gedanke wurde später vom amerikanischen Filmkritiker Andrew Sarris aufgegriffen, der die Konzepte von Truffaut und weiteren *Cahiers*-Autoren zu seiner *auteur theory* zusammenführte, welche er zum grundlegenden Interpretationsprinzip des amerikanischen Kinos erhob.[46]

Solchen autorenzentristischen Ansätzen liegt jeweils der Gedanke zugrunde, dass durch eine ökonomische Ausrichtung des Filmschaffens dessen Kreativität verloren geht und es zur Errettung des Kunstcharakters des Filmes einer Zusammenführung jeglicher Tätigkeiten und Prozesse zu einer kreativen Einheit bedarf. Die Theorie ist jedoch nicht nur als eine politische Forderung von sich als Künstlerinnen verstehenden Filmschaffenden aufzufassen, sondern – insbesondere bei Sarris – auch als Grundlage der Interpretation; zumindest des Oeuvres solcher Regisseure, die der Forderung einer kreativen Einheit nachkommen. Im Zentrum von autorenbasierten Filmanalysen steht deshalb immer der Autor-Regisseur, der kraft seiner künstlerischen Handschrift das von ihm geschaffene Kunstwerk aus der Masse filmischer Konfektionsfilme hervorhebt und als Schlüssel zu dessen Verständnis erscheint.[47] Die richtige Interpretation erfolgt folglich aus der Person der Regisseurin selbst, deren technische Kompetenzen und autobiografische Elemente im filmischen Werk ihren sinngemässen Spiegel finden.[48]

Hierzu bedarf es allerdings, wie gesehen, eines Regisseurs, der im Sinne eines *auteurs* die vollständige Kontrolle über sein Werk und dessen Wirkung innehat – eine Grundvoraussetzung, die sich in Zeiten von glo-

45 Felix, „Autorenkino", 23, 24 f.; Rohmer, *Der Geschmack des Schönen*, 24.
46 Felix, „Autorenkino", 31, 35.
47 Felix, 15, 17.
48 Felix, 36; Sarris, „Notes on The Auteur Theory", 132 ff.

baler Vermarktung, Reproduktion und Kommerzialisierung nur schwer nachweisen lässt. Es fällt denn auch auf, dass gerade die von den *Cahiers*-Autoren mit Bewunderung rezipierten Filme von Regisseuren wie Samuel Fuller, Howard Hawks und Alfred Hitchcock allesamt im Studiosystem Hollywoods entstanden sind und damit ein Konglomerat an Einflüssen unterschiedlicher für die Herstellung und Vermarktung verantwortlicher Personen darstellen. Aber selbst der ehemalige *Cahiers*-Autor und Filmemacher Claude Chabrol, der regelmässig die Funktionen des Filmregisseurs, Drehbuchautors und Filmproduzenten innehatte, agierte kaum je im luftleeren Raum, basieren viele seiner Werke doch auf literarischen Vorlagen von Henry James, Cornell Woolrich, Gustave Flaubert, Henry Miller, Patricia Highsmith, Ellery Queen oder Georges Simenon. Angesichts von oftmals undurchsichtigen Produktionsumständen sowie der Vielzahl der an einem Film explizit und implizit beteiligten Personen scheint es deshalb hoffnungslos, eine den Film durchziehende Handschrift der verantwortlichen Autorin erkennen zu wollen.

Damit stellt die Figur des *auteurs* zwar einen ersten Anknüpfungspunkt dar, um sich den möglichen Bedeutungsebenen von Recht im Film anzunähern, insbesondere dann, wenn Filmschaffende wie Alexander Kluge, Ken Loach, Ettore Scola oder Nagisa Ōshima selbst ein Jurastudium absolvierten, was eine gewisse Realitätstreue im Umgang mit rechtlichen Motiven nahelegt. Das Konstrukt kann aus den erwähnten Gründen aber nicht ausreichend sein, um sämtliche Lesarten von Recht im Film abschliessend zu ergründen. Ohnehin macht das Beispiel von *Terror – Ihr Urteil* deutlich, dass ein juristischer Hintergrund – wie jener von Ferdinand von Schirach – längst kein Garant für eine akkurate Wiedergabe von Recht im Film ist.

Darüber hinaus lässt sich dem Beispiel von *Terror – Ihr Urteil* entnehmen, dass sich die beim Publikum einstellende filmische Wirkung nicht immer so verhält, wie dies von den für die Regie, die Produktion oder das Drehbuch verantwortlichen Personen beabsichtigt worden ist. So entschied sich das deutsche, österreichische und Schweizer Publikum – entgegen dem Rechtsverständnis des Autors und Drehbuchschreibers Ferdinand von Schirach – für einen Freispruch des filmischen Protagonisten. Darauf, dass die Intention von Filmschaffenden nicht immer mit der Interpretation des Publikums zusammenfällt, weisen auch Asimow und Mader hin, was sie anhand der Publikumswahrnehmung von Francis Ford Coppolas *The Godfather* (USA 1972) illustrieren. So habe Francis Ford Coppola in *The Godfather* den Gedanken verfolgt, das pervertierte amerikanische Rechtssystem symbolhaft anhand des Aufstiegs und Falles der Familie Corleone aufzuzeigen.[49] In einem Interview mit dem Magazin *Playboy* legte Francis Ford Coppola seine Intention wie folgt dar:

> «It became clear to me that there was a wonderful parallel to be drawn, that the career of Michael Corleone was the perfect metaphor for the new land. Like America, Michael began as a clean, brilliant young man endowed with incredible resources and believing in a humanistic idealism. Like America, Michael was a child of an older system, a child of Europe. Like America, Michael was an innocent who had tried to correct the ills and injustice of his progenitors. But then he got blood on his hands. He lied to himself and others about what he was doing and why. And so he became not only the mirror image of what he'd come from but worse.»[50]

Die allgemeinen Zuschauerreaktionen zeigten aber, dass die Mehrheit der Rezipierenden – entgegen der ursprünglichen Intention des Regisseurs – davon ausging, dass der Film einen romantisch-verklärenden Mythos der Familie zelebriere, in dessen Zentrum die übermenschliche Figur von Michael Corleone stehe.[51] Der Regisseur zeigte sich daraufhin enttäuscht ob der öffentlichen Wahrnehmung seines Filmes:

> «I was disturbed that the people thought I had romanticized Michael, when I felt I had presented him as a monster at the end of *The Godfather.*»[52]

Auch dieses Beispiel verdeutlicht also, dass der Regisseur nicht dazu befähigt scheint, eine abschliessende Aussage hinsichtlich einer richtigen Interpretation des von ihm geschaffenen Werks vorzunehmen. Diese Einsicht bedeutet im Umkehrschluss nicht, dass filmischen Darstellungen keine Bedeutung zukommen würde oder diese nicht geeignet wären, beim Publikum eine Wirkung zu erzielen; ganz im Gegenteil, haben doch die meisten Rezipierenden für die fiktive Figur Michael Corleones gleichsam eine verführerische Faszination empfunden, was auf dominante Lesarten eines Motives hinweist. So wird an späterer Stelle noch auszuführen sein, dass die Ausstrahlung fiktiver Filmfiguren wie derjenigen Corleones in ihrem mythischen Gehalt, in der von ihnen ausgehenden uneingeschränkten Souveränität über Normen und Regeln sowie in dem dem Publikum dadurch

49 Asimow und Mader, *Law and Popular Culture*, 15 f.
50 Murray, „Playboy Interview“, 27.
51 Asimow und Mader, *Law and Popular Culture*, 16.
52 Hess, „Godfather II: Nothing is a Sure Thing“, 83.

Abb. 6: Divergierende Wahrnehmungen: die Figur von Michael Corleone (Al Pacino) in *The Godfather.*

ermöglichten Blick in den eigenen, dunklen Spiegel gründet. Vorerst ist jedoch die Erkenntnis entscheidend, dass zur Ergründung dominanter Auslegungen nicht die hoheitliche Rolle der Regisseurin oder Drehbuchautorin, sondern das Verhältnis zwischen Film und Publikum massgebend scheint.

Diese nunmehr anhand diverser Beispiele formulierte Einsicht, wonach die Figur eines allmächtigen Autors nicht mehr als einem idealistischen Konstrukt entspricht, führte dazu, dass Theoretiker wie Roland Barthes, Jacques Lacan und Louis Althusser mehr und mehr eine Abkehr von der künstlerischen Hoheit des Autors über dessen Werk sowie eine Hinwendung zum Text und die Befassung mit diesem einforderten.[53] Wohl am deutlichsten wurde dieser strukturalistische Wandel in dem unter dem vielsagenden Titel «Tod des Autors» erschienenen Aufsatz von Roland Barthes gefordert, wobei Barthes erst durch den «Tod des Autors» die Möglichkeit der «Geburt des Lesers» erblickte.[54] Diesem Kredo von Barthes folgend wurde nunmehr der Text ins Zentrum der Interpretation gestellt, dessen Bedeutung beim Publikum im Moment der Rezeption konstruiert wird.[55]

Entsprechende Positionen, welche – in Übertragung der literaturtheoretischen Strömungen auf den Film – die Genese von Bedeutung bei der

53 Felix, „Autorenkino", 37.
54 Barthes, „Der Tod des Autors", 193.
55 Felix, „Autorenkino", 37.

filmischen Rezeption festmachen, werden gemeinhin unter die Konzepte des *Active Viewers*, der *Viewer-Response-Theory* oder der *Rezeptionsästhetik* subsumiert.[56] Auch der vorliegenden Untersuchung liegt ein solches Verständnis zugrunde, gemäss welchem die Person des Regisseurs oder der Drehbuchautorin bei der Interpretation höchstens einen beachtenswerten Nebenpunkt darstellt, wobei der Fokus der Analyse auf dem Verhältnis von Publikum und Film liegt. Die unterschiedlichen Begrifflichkeiten von *Active Viewers*, *Viewer-Response-Theory* und *Rezeptionsästhetik* sind schliesslich Ausdruck dessen, ob für die Konstruktion von Bedeutung dem Film oder aber dem Publikum die bedeutsamere Rolle zugeschrieben wird beziehungsweise ob der rezipierenden Person eine aktiv mitgestaltende oder lediglich eine passiv zuschauende Funktion zugestanden wird.[57]

2.2 Die Position der rezipierenden Person – aktiv mitgestaltend oder passiv zuschauend?

Who is the boss? The cop or the law?
— Charlton Heston, *Touch of Evil*

Unter die Terminologien von *Active Viewer* oder *Viewer-Response-Theory* sind diejenigen theoretischen Ansätze zu fassen, die innerhalb des Wirkverhältnisses von Publikum und Film der rezipierenden Person die dominante Rolle zuerkennen. Solche Ansätze finden ihre Grundlage in der empirisch geprägten Medienwirkungsforschung innerhalb der Cultural Studies.[58] *Active Viewer* beschreibt dabei das Phänomen, dass es ohne eine konkrete rezipierende Person auch keine Bedeutung gibt und dass diese Bedeutung nicht für alle Rezipierenden statisch festgelegt ist, sondern sich von einem Subjekt zum anderen unterscheidet.[59] Gemäss dieser Sichtweise ist die rezipierende Person als konkretes Objekt also immer an der Wirkungs- und Bedeutungskonstruktion beteiligt und gestaltet diese aktiv mit. Folglich sind für die «richtige» Interpretation eines Werkes immer die individuelle Prädisposition sowie die weiteren Umstände des Rezeptionsakts von Bedeutung. Als solche bei der Analyse zu beachtenden Faktoren bezeichnen

56 Borstnar, Pabst, und Wulff, *Einführung in die Film- und Fernsehwissenschaft*, 27; Asimow und Mader, *Law and Popular Culture*, 15 f., 58 f.

57 Borstnar, Pabst, und Wulff, *Einführung in die Film- und Fernsehwissenschaft*, 31.

58 Borstnar, Pabst, und Wulff, 27.

59 Borstnar, Pabst, und Wulff, 27.

Asimow und Mader unter anderem die soziale Klasse, das Geschlecht, den ethnischen Hintergrund sowie die politischen Ansichten der rezipierenden Person einerseits sowie andererseits die an ein Werk gerichteten Erwartungen, die Zeit und den Ort der Rezeption, die bisher von einer Person konsumierten Filme sowie deren momentane Stimmung.[60] Aufgrund dieser Faktoren könnten gewisse Personen ein einzelnes Werk beziehungsweise die darin auffindbaren rechtlichen Motive in Übereinstimmung mit den mehrheitlich verbreiteten Lesarten interpretieren, während andere aufgrund ihrer individuellen Umstände eine komplett gegenläufige Interpretation vornehmen.[61] Demnach ist es nicht das (filmische) Werk selbst, welches für die Wahrnehmung und das Verständnis desselben ausschlaggebend ist, sondern die Vorbefassung der rezipierenden Person. Denkt man diesen Gedanken zu Ende, würde dies bedeuten, dass eine Beschäftigung mit literarischen oder filmischen Texten gar nicht geeignet ist, um diesen eine Bedeutung zu entnehmen. Diesem Gedanken folgend formulierte Stanley Fish für die Literaturtheorie etwa die These, dass eine Theorie im Grunde keine Konsequenzen habe – allein deswegen, weil sie nicht existiere:

> «This, then, is why theory will never succeed: it cannot help but borrow its terms and its contents from that which it claims to transcend, the mutable world of practice, belief, assumptions, point of view, and so forth. And, by definition, something that cannot succeed cannot have consequences, cannot achieve the goals it has set for itself by being or claiming to be theory, the goals of guiding and/or reforming practice.» [62]

Übertragen auf die Beziehung zwischen Film und Publikum würde dies bedeuten, dass der Film lediglich Projektion der vorgefassten rechtlichen Vorstellungen seines Publikums wäre, weshalb sich auch jedwede Befassung mit rechtlichen Spiegelungen im Film als überflüssig erweisen würde. Da eine strikte *Viewer-Response-Theory* damit dem Grundgedanken der Untersuchung, welche eine interpretative Analyse einzelner filmischer Werke verfolgt, entgegensteht, ist diesem konzeptionellen Einwand kurz zu begegnen.

Dass sich eine derart radikale Position eines *Viewer-Response* im Sinne von Stanley Fish angesichts der Komplexität der Konstruktion von Bedeutung zwischen Film und Publikum als zu eindimensional erweist, lässt

60 Asimow und Mader, *Law and Popular Culture*, 15.
61 Asimow und Mader, 15.
62 Fish, „Consequences“, 321.

sich bereits anhand des vorangegangenen Beispiels von *The Godfather* aufzeigen. Das Beispiel zeigt, dass die überwiegende Zahl der rezipierenden Personen ungeachtet ihrer Herkunft, ihres Geschlechts, ihrer Ausbildung und ihrer Ansichten die fiktive Figur des Michael Corleone als verführerisches Vorbild empfunden haben. Diese übereinstimmenden Reaktionen des Publikums weisen darauf hin, dass es dominante Lesarten eines filmischen Motives zu geben scheint, welche gerade nicht mit den individuellen Kontexten der Rezipierenden, sondern mit den Eigenschaften des Filmes zusammenhängen. Als Gegenposition zu dieser Hypothese liesse sich – im Sinne eines *Viewer-Response* nach Stanley Fish – ins Feld führen, dass solche dominanten Lesarten das Ergebnis von Interpretationsgemeinschaften darstellen, die sich aus den übereinstimmenden Wertevorstellungen einer Kultur ergeben.[63] Aber auch dieser Einwand ist kaum ausreichend, um popkulturellen Werken eine intrinsische Wirkungseigenschaft grundsätzlich abzusprechen. So ist es denn auch schlicht wenig überzeugend, dass die rezipierende Person durch unzählige sie umgebende Faktoren wie ihr Wissen, ihre soziale Stellung, ihr Geschlecht, ihre politischen Ansichten und die jeweilige Rechtskultur beeinflusst und geformt wird – ausser durch den Film selbst. Und mit Beeinflussung ist nicht zwingend eine direkte Kausalität gemeint, wie etwa das Beispiel von *The Godfather* impliziert, sondern jedwede Art von Einflussnahme, ob bewusst oder auf einer gänzlich subtilen Ebene, ohne dass die rezipierende Person oder eine Gruppe von Personen hinsichtlich einer konkreten filmischen Aussage monokausal gelenkt oder konditioniert werden muss. Eine solche Einflussnahme kann beispielsweise in wenig theoretisierbaren Affekten wie demjenigen des Ekels aufgrund besonders drastischer Gewaltdarstellungen oder der Trauer ob einer besonders melodramatischen Szene oder der schieren Faszination für eine verführerische filmische Figur wie jene von Michael Corleone zu liegen kommen. Solche Wirkstrukturen ergeben sich somit nicht zuletzt aus der Texttiefenstruktur des Filmes und sind eher auf einer emotionalen Ebene für das Publikum fassbar.[64] Dass keine derartige Emotionalisierung, Manipulation und *Verführung* des Publikums durch filmische Darstellungen stattfindet, ist beinahe undenkbar. Wäre dem tatsächlich so, entfiele damit wohl auch die Möglichkeit, dass ein Individuum – oder eine Gemeinschaft von Personen – von einem Film neue Ideen und Vorstellungen

63 Fish, *Is There a Text in This Class?*, 303 f.

64 Stiglegger, „Die Seduktionstheorie des Films", 89; Borstnar, Pabst, und Wulff, *Einführung in die Film- und Fernsehwissenschaft*, 31.

übernehmen könnte. Der Film wäre in anderen Worten immer einfältiger, unwichtiger als sein Publikum selbst und erschiene einzig als dessen individuelle Projektionsfläche. Diese Reduktion des Filmischen ist offensichtlich eine zu einschränkende und dem komplexen Wirkungsverhältnis zwischen Publikum und Film nicht gerecht werdende Annahme.

Überzeugender scheinen deshalb diejenigen, dem grossmehrheitlichen wissenschaftlichen Konsens entsprechenden Verständnisse der Rezeption, welche dem Film nicht jegliche Bedeutung absprechen, sondern davon ausgehen, dass erst die Ergründung der wechselseitigen Beziehung zwischen dem Film sowie den Umständen des konkreten Rezeptionsakts eine gesamthafte Erschliessung der Bedeutungsmöglichkeiten zulässt.[65] Dieser Gedanke liegt auch der vorliegenden Untersuchung zugrunde. Folglich ist von einem wechselseitigen Modell des Betrachtens auszugehen, wobei sowohl der Film als auch die betrachtende Person (beziehungsweise deren kultureller, soziologischer und persönlicher Hintergrund) die Rezeption beidseitig mitbestimmen. In diesem Sinne ist die Wirkung des Filmes nichts anderes als das Ergebnis der Inszenierung einerseits, in Verbindung mit der mentalen Verfasstheit des anvisierten Publikums andererseits.[66] Zu klären bleibt jedoch, welche Rolle innerhalb dieses wechselseitigen Vorgangs dem filmischen Werk zuzuerkennen ist.

Überzeugend scheint diesbezüglich die Auffassung, dass der Film gegenüber seinem Publikum zunächst als mächtigerer Teil auftritt und die grundsätzliche Kraft besitzt, dominante Lesarten im Sinne von idealtypischen Interpretationen vorzugeben.[67] Gemäss Stiglegger setzt dies jedoch voraus, dass Filme als Form gewordene autoritäre Kunstwerke begriffen werden, welche im Rahmen einer dialogartigen Situation von dem sich passiv verhaltenden Publikum wieder und wieder befragt und entschlüsselt werden können.[68] Dementsprechend erscheint das Publikum bei der Interpretation nicht gänzlich unbeteiligt, aber als ein gegenüber dem «herrisch» auftretenden Kunstwerk passiv unterworfenes Subjekt.[69] Von diesem Grundmodell ist nachstehend auszugehen, insbesondere auch davon, dass das filmische Werk den Ausgangspunkt dafür darstellt, um einem Film textimmanente

---

65 Borstnar, Pabst, und Wulff, *Einführung in die Film- und Fernsehwissenschaft*, 31 f.

66 Borstnar, Pabst, und Wulff, 31 f.; so auch Stiglegger, „Die Seduktionstheorie des Films“, 89.

67 Stiglegger, „Die Seduktionstheorie des Films“, 89.

68 Stiglegger, *Ritual & Verführung*, 217.

69 Stiglegger, 217.

Botschaften zu entnehmen, die ihrerseits wiederum Grundlage der Erforschung weitergehender Beeinflussungen bilden. Das bedeutet nicht, dass die konkrete rezipierende Person aufgrund ihrer individuellen Disposition solche Botschaften nicht auch anders deuten oder verstehen kann, als diese in der filmischen Inszenierung angelegt sind. Insofern handelt es sich bei den erwähnten Prämissen um ein idealtypisches Konstrukt, das nicht in jedem Fall gegeben sein muss, sondern von verschiedenen Faktoren sowie auch der Konstitution der konkreten betrachtenden Person abhängt.[70] Solche Einschränkungen vermögen jedoch – wie noch darzulegen sein wird – das der Untersuchung zugrundeliegende Modell nicht zu widerlegen.

Damit sind die grundsätzlichen Bedingungen der Entstehung und Vermittlung von Bedeutung und filmischer Wirkung sowie die dabei jeweils notwendige Position des Publikums dem Grundsatz nach dargelegt. Noch zu klären ist demgegenüber die Frage nach der Methodik, welche zur Ergründung der genannten dominanten Lesarten von Recht im Film beziehungsweise der beim Publikum idealtypischerweise zu erwartenden Effekten herangezogen werden kann. Dabei lassen sich im Rahmen der bisherigen Forschungen in den Bereichen von *Law and Film* zwei unterschiedliche Stossrichtungen ausmachen, die sich etwas vereinfacht gesagt in filmtheoretische und sozialwissenschaftliche Ansätze unterteilen lassen. Im Folgenden ist ein grober Überblick über diese unterschiedlichen Methoden zu verschaffen, bevor dann die eigene Herangehensweise formuliert und diese in den gegenwärtigen wissenschaftlichen Diskurs eingebettet wird.

3 Ein Überblick über die bisherige Methodik im Rahmen von Law and Film

Die vorliegende Untersuchung stellt nicht die erste ihrer Art dar, welche die Ergründung des Bedeutungs- und Wirkpotenzials des Rechts im Film zum Inhalt hat. So haben sich bereits mehrere Forschende aus dem Bereich von *Law and Film* vergleichbaren Fragestellungen gewidmet und sind diesen mittels sozialwissenschaftlicher oder filmtheoretischer Methoden nachgegangen. Während sozialwissenschaftliche Ansätze die Bedeutung von Recht im Film dabei auf der Ebene der rezipierenden Personen anhand von empirischen Untersuchungen festlegen, haben filmtheoretische Ansätze eine vertiefte Analyse der rezipierten Inhalte zum Gegenstand. Diese unter-

70 Stiglegger, „Die Seduktionstheorie des Films“, 89.

schiedlichen Herangehensweisen sowie die sich hieraus jeweils ergebenden Möglichkeiten sind im Sinne eines Überblicks kurz darzulegen.

3.1 Die Möglichkeiten der Medienwirkungsforschung

Maybe 'the media' is manipulating you!
— James Franco, *The Interview*

Zunächst scheint es naheliegend, der Wirkung von Recht im Film bei den konsumierenden Personen solcher Darstellungen nachzugehen. Immerhin ist die rezipierende Person auf den ersten Blick am besten dazu befähigt, Aussagen darüber zu treffen, welche Reaktionen, Wirkungen und Effekte rechtliche Spiegelungen im Rahmen der Rezeption konkret ausgelöst haben. Aus den entsprechenden Angaben mehrerer Rezipierenden liesse sich sodann, so der naheliegende Gedanke, wiederum Aussagen hinsichtlich von dominanten Lesarten von Recht im Film ableiten. Solche methodologischen Ansätze, die die Wirkung von Recht im Film bei der rezipierenden Person festmachen, finden sich vorrangig innerhalb der Medienwirkungsforschung als Teilbereich der empirischen Medien- und Kommunikationswissenschaften. Primäre Instrumentarien und Arbeitsgrundlagen stellen dabei die Erhebung von Zuschauerdaten oder die Durchführung von Publikumsbefragungen dar.

Empirische Erhebungen nehmen im Bereich des interdisziplinären Felds von *Law and Film* eine prominente Rolle ein und werden in den Monografien von Greenfield, Osborn und Robson und Asimow und Mader wie auch in den Aufsätzen von Machura vorgestellt und diskutiert.[71] Im Zentrum solcher Untersuchungen steht dabei regelmässig der heuristische Nachweis einer Kultivationshypothese – also der These, dass Personen, die regelmässig Gerichtsfilme oder Anwaltsserien konsumieren, durch diese kultiviert werden und die Welt demnach so sehen, wie sie in den jeweiligen Produktionen vermittelt wird.[72] So verweisen Asimow und Mader auf eine amerikanische Studie, welche zum Schluss gekommen ist, dass regelmässige Zuschauer der amerikanischen Fernsehserie *L.A. Law* (1986–1994) davon ausgehen, dass Anwälte mächtiger, charakterstärker, attraktiver und sozialer erscheinen, als es dem Bild von Personen ohne Bezug zur

71 Greenfield, Osborn, und Robson, *Film and the Law*, 10 f.; Asimow und Mader, *Law and Popular Culture*, 66 f.; Machura und Asimow, „Das Ansehen von Anwälten", 3 f.

72 Asimow und Mader, *Law and Popular Culture*, 66.

Serie entspricht.[73] Eine weitere Studie förderte zu Tage, dass amerikanische Geschworene, welche die Gerichtsshow *Judge Judy* (1996–2020) gesehen haben, eine andere Wahrnehmung der Rolle des Richters haben als diejenigen Jurorinnen ohne Kenntnis der Serie: 83 Prozent des regelmässigen Publikums nahmen demnach an, dass Richter während einer Gerichtsverhandlung Fragen stellen und gegenüber den Parteien aggressiv auftreten, während bei den Personen ohne Kenntnis der Serie diese Vorstellung nur bei 38 Prozent der Juroren vertreten war.[74] Greenfield, Osborn und Robson verweisen ihrerseits auf ein international vergleichendes Forschungsvorhaben, welches zum Schluss kam, dass das Bild, welches Studienanfänger der Rechtswissenschaften vom Anwaltsberuf haben, immer auch mit dem Medienkonsum der befragten Personen zusammenhängt.[75]

Gemein ist diesen beispielhaft aufgezählten Untersuchungen ihre jeweils pragmatische und konkrete Ausrichtung, die nach einem aufgeklärten und sich seiner Emotionen, Kognitionen und Verhaltensweisen bewussten Publikum verlangt. Nicht immer liegt eine derartige idealtypische Situation vor. Gerade das Beispiel von *Terror – Ihr Urteil* zeigt, dass sich die Wirkung von Recht im Film auch auf einer unbewussten und dem Publikum gar nicht fassbaren Ebene entfalten kann. Einer Person, die sich der täuschenden Wirkung filmischer Inhalte nicht bewusst ist, ist es aber gar nicht erst möglich, sinnvolle und empirisch verwertbare Angaben zu tätigen beziehungsweise über diese unbewusst verlaufenden Vorgänge zu berichten. Ebenfalls nur unzureichend lassen sich mittels Medienwirkungsforschung ferner diejenigen Effekte abbilden, die das affektive Gedächtnis des Publikums ansprechen und bei diesem nicht kontrollierbare Bewegungen, emotionale Ausbrüche oder psychosomatische Affekte bewirken.[76] Man denke an ein unkontrollierbares Zusammenzucken aufgrund eines besonders überraschenden Gewaltausbruchs oder an den sich einstellenden Schwindel angesichts einer hektischen Kamerafahrt. Gleiches gilt auch für das Erfassen jener Vorgänge, welche Konstantin Stanislawski als das Ansprechen des *emotionalen Gedächtnisses* des Publikums beschreibt:

73 Pfau u. a., „Public Perceptions of Attorneys“, 231.

74 Asimow und Mader, *Law and Popular Culture*, 67; mit Verweis auf Podlas, „Please Adjust“.

75 Greenfield, Osborn, und Robson, *Film and the Law*, 10 f.; Asimow u. a., „Perceptions of Lawyers“, 407.

76 Stiglegger, „Die Seduktionstheorie des Films“, 91.

> «Im emotionalen Gedächtnis vollzieht sich der Kristallisationsprozess der Erinnerungen und Empfindungen. Jeder Mensch hat im Leben nicht nur eine, sondern mehrere Katastrophen erlebt. Das Gedächtnis behält sie in Erinnerung, aber nicht alle Einzelheiten, sondern nur bestimmte Züge, die den stärksten Eindruck hinterlassen haben. Aus vielen solcher Erlebnisspuren entsteht eine einzige – grosse, verdichtete, erweiterte und vertiefte – Erinnerung an gleichartige Empfindungen. Diese Erinnerung enthält nichts Überflüssiges, sondern nur das Wesentlichste. Sie ist die Synthese aller gleichartigen Empfindungen. Diese Synthese bezieht sich also nicht auf einen kleinen, spezifischen Einzelfall, sondern auf alle gleichartigen Fälle. Das ist eine Erinnerung in grossem Massstab. Sie ist reiner, dichter, vollständiger, inhaltsreicher und eindringlicher als die Wirklichkeit selbst.»[77]

Gerade solche nur schwer intellektualisierbaren Phänomene wie die von Stanislawski umschriebene Verdichtung von Empfindungen erweisen sich für die Frage, wie das Recht im Film eine Wirkung entfaltet, allerdings als durchaus bedeutsam. So wird an späterer Stelle noch auszuführen sein, wie etwa die Konfrontation mit drastisch inszenierten Gewalttaten, also mit fiktiven Rechtsgutsverletzungen, das Publikum dazu veranlasst, sich auf einer unbewussten Ebene mit der Angst vor schweren Straftaten oder der in ihr angelegten Lust auf Rache auseinanderzusetzen.[78]

Schliesslich weisen sämtliche empirischen Herangehensweisen insofern eine ihnen methodologisch inhärente Unzulänglichkeit auf, als sie zwar wertvolle Hinweise und Indizien geben, dass rechtlichen Motiven im Film eine Wirkung zukommt, die konkrete Ausgestaltung und die Funktionsweise dieser Einflussnahme aber nicht abzubilden vermögen. Ein solcher Nachweis ist aufgrund ihres einseitigen Fokus auf die rezipierende Person sowie des gleichzeitigen Auslassens der Eigenschaften der jeweils rezipierten Produkte auch gar nicht erst möglich. So lässt sich mittels der Methoden der Medienwirkungsforschung auch nicht aufzeigen, *weshalb* – wie im Rahmen der Einleitung dargelegt – dem Recht im Film für verschiedenste betrachtende Personen eine bis heute ungebrochene Ausstrahlungs- und Anziehungskraft zukommt.

Gänzlich autark vom filmischen Artefakt scheinen sozialwissenschaftliche Methoden der Medienwirkungsforschung dann aber doch nicht zu operieren. Ein filmischer Bezug ergibt sich nämlich mindestens implizit

---

77 Stanislawski, *Stanislawski-Reader*, 86.

78 Vgl. Kapitel IV., 1.2.

aufgrund der den Untersuchungen zugrundeliegenden Hypothesen: So etwa die der Untersuchung von Pfau et al. zugrunde gelegte und offenbar den filmischen Vorbildern entnommene These, wonach Anwälte in der Serie *L.A. Law* als mächtige, charakterstarke, attraktive und soziale Persönlichkeiten gezeigt werden. Fraglich ist jedoch, inwiefern sich sozialwissenschaftliche Zugänge allein dafür anbieten, den filmischen Beispielen solche Botschaften zu entnehmen, ohne sich dem Vorwurf der Spekulation auszusetzen. Es überzeugt wenig, wenn solche Thesen in Ermangelung von (film-)theoretischen Grundlagen auf reinen Mutmassungen oder beliebigen Annahmen basieren. Insofern stellen filmtheoretische Ansätze denn auch die eigentliche Basis dafür dar, um – in einem ersten Schritt – Aussagen und Lesarten aus den rezipierten Vorbildern zu entnehmen, um diese alsdann – in einem zweiten Schritt – mittels empirischer Untersuchungen zu überprüfen.

Auch für die vorerwähnten der Medienwirkungsforschung nicht zugänglichen Phänomene – des affektiven wie auch des täuschenden Potenzials des Filmes – ist eine eingehende Beschäftigung mit den filmischen Texten und Subtexten unumgänglich. Wenn die konkrete rezipierende Person nämlich nicht in der Lage ist, die Wirkung solcher Botschaften aus dem eigenen Bewusstsein heraus zu erfassen, so können diese Bedeutungsebenen nur anhand einer Analyse der filmischen Inszenierung abgebildet werden. Diesfalls kann allerdings nicht mehr eine konkret betrachtende Person im Zentrum der Analyse stehen, sondern an deren Stelle muss ein abstraktes und sich idealtypisch verhaltendes Publikum treten. Damit kommen den Filmwissenschaften, die regelmässig auf eine Abstraktion des Publikums zielen, eine zentrale Rolle zu.

Damit soll nicht gesagt sein, dass die Möglichkeiten der Medienwirkungsforschung für die Erforschung der Interdependenzen von Recht und Film vernachlässigbar wären. Vielmehr wird davon ausgegangen, dass sich Filmtheorie und Medienwirkungsforschung idealerweise ergänzen und dass erst eine Kombination der beiden Methoden eine gesamthafte Ergründung der wechselseitigen Beziehung von Recht und Film möglich macht. Im Sinne einer unabdingbaren Basis einer Wirkungsanalyse ermöglichen es filmwissenschaftliche Theorien zunächst, das gesamte mögliche Bedeutungspotenzial von Recht im Film – inklusive bevorzugter als auch aberranter Lesarten - freizulegen.[79] Damit werden in einem ersten Schritt - unabhängig von der konkreten rezipierenden Person - die potenziellen Wirkfaktoren eines Filmes abgebildet, welche grundsätzlich dazu geeignet sind, beim Publikum idealtypische Effekte, Emotionen und Wirkungen zu erzielen. Ebendiese Effekte können nicht nur in ideologischen und insofern klaren Aussagen zu liegen kommen, sondern eben auch im Verborgenen und Unterbewussten und damit auf einer dem Publikum nicht ohne Weiteres zugänglichen Ebene.[80] Schliesslich treffen all diese Wirkfaktoren auf eine betrachtende Person, die sich im Einzelnen nicht immer so verhält, wie man es aufgrund der Inszenierung vermuten könnte.[81] Unzweifelhaft gibt es individuelle, lediglich auf die betrachtende Person eines Filmes zutreffende Faktoren, die deren Rezeptionsakt massgeblich mitbestimmen.[82] Zur Ergründung dieser konkreten Einflüsse - wie beispielsweise der Sozialisation oder der kognitiven Fähigkeiten einer Person - kann in einem zweiten Schritt, aufbauend auf dem zuvor erarbeiteten Bedeutungspotenzial, mittels sozialwissenschaftlicher Instrumentarien eine zusätzliche Feinanalyse vorgenommen werden. Nach diesem Verständnis kommt der Filmtheorie im Rahmen der Erforschung von Recht im Film insofern ein wesentlicher Stellenwert zu, als sie die darauf aufbauenden empirischen Erhebungen erst ermöglicht.

3.2 Filmtheoretische Ansätze

He says that we have to realize that we all write in a genre,
and we must find our originality within that genre.
— Nicolas Cage, Adaptation

Nebst den erwähnten sozialwissenschaftlichen Zugängen liegen diversen im Forschungsbereich von *Law and Film* anzusiedelnden Arbeiten im weitesten Sinne filmtheoretische Überlegungen zugrunde. Bei einer groben Durchsicht der bisherigen Untersuchungen - seien es jene von Kuzina, Chase, Black, Lenz, Asimow und Mader oder Greenfield, Osborn und Robson - fällt auf, dass solche Zugänge aber beinahe ausschliesslich eine Befassung mit den narrativen Elementen von Recht im Film, weniger aber

79 Borstnar, Pabst, und Wulff, *Einführung in die Film- und Fernsehwissenschaft*, 32; Stiglegger, „Die Seduktionstheorie des Films", 89.
80 Borstnar, Pabst, und Wulff, *Einführung in die Film- und Fernsehwissenschaft*, 33.
81 Borstnar, Pabst, und Wulff, 33; Stiglegger, „Die Seduktionstheorie des Films", 89.
82 Stiglegger, „Die Seduktionstheorie des Films", 89.

eine Untersuchung der konkreten inszenatorischen Vermittlung rechtlicher Inhalte zum Gegenstand haben. Im Mittelpunkt der Untersuchungen stehen deshalb immer die rechtlichen Geschichten an sich und die damit verbundene Frage, wie das Recht darin abgebildet wird. Der konkreten Ausgestaltung der filmischen Inszenierung – etwa mittels der überwältigenden Möglichkeiten von Kamera, Schnitt, Montage und Klang – wird kaum Beachtung geschenkt. Es fragt sich deshalb, ob vor diesem Hintergrund überhaupt von einer filmwissenschaftlichen Methodik im engeren Sinne gesprochen werden kann.

Aber selbst solche rein an der Erzählung ausgerichteten Ansätze sind nicht immer mit einer überzeugenden wissenschaftlichen Methodik unterlegt. Deutlich zeigt sich das Fehlen eines theoretischen Fundaments etwa in den rudimentären Ausführungen von Asimow und Mader über den Film als sogenanntes Zeichensystem, ohne dass diese Überlegungen in den späteren Analysen einzelner Filme aufgegriffen oder konkretisiert würden.[83] Es entsteht deshalb nicht nur bei Asimow und Mader, sondern bei diversen Autoren der Eindruck, dass der wissenschaftliche Gehalt der Untersuchungen nicht über eine deskriptive Besprechung einiger nach Belieben ausgewählter Filme sowie der in diesen auffindbaren rechtlichen Fragen hinausgeht.

Anders als Asimow und Mader haben Kuzina, Chase sowie Greenfield, Osborn und Robson versucht, ihre Untersuchungen mit einem umfassenderen theoretischen Fundament zu versehen: jenem der Genretheorie. Am deutlichsten und eingehendsten findet diese Auseinandersetzung bei Greenfield, Osborn und Robson statt, die sich der Untersuchung und Erfassung des von ihnen postulierten *Rechtsfilms* verschreiben.[84] Dieser Zugang ist aus mehrerlei Hinsicht reizvoll, weil er zum einen für eine mögliche Eingrenzung des Untersuchungsfeldes Hand bietet und zum anderen, weil damit ein möglicher Interpretationsansatz für das Verständnis von Recht im Film aufgezeigt wird. Vor diesem Hintergrund erklärt sich möglicherweise auch, weshalb die Untersuchung von Greenfield, Osborn und Robson bis heute als das Standardwerk im Bereich von *Law and Film* gilt. Aus diesen Gründen bietet es sich an, der Genretheorie – insbesondere gemäss dem Verständnis von Greenfield, Osborn und Robson – eine eingehende Betrachtung zu widmen. Dabei ist auch der Frage nachzugehen, ob

83 Asimow und Mader, *Law and Popular Culture*, 11 f.

84 Greenfield, Osborn, und Robson, *Film and the Law*, 48.

und inwiefern das Genrekonzept ein taugliches Instrument zur Ein- und Abgrenzung des Untersuchungsgegenstands darstellt.

3.2.1 Der Rechtsfilm als mögliche Umgrenzung des Untersuchungsfelds?

Greenfield, Osborn und Robson erblicken den Sinn einer Genreanalyse also zunächst darin, das eigene Untersuchungsfeld zu umgrenzen und sich einen Überblick darüber zu verschaffen, in welchen Formen, Motiven und Bildern das Recht im Film in Erscheinung treten kann.[85] Mit diesem von den Autoren vorgeschlagenen *Rechtsfilm* wird ein Genre begründet, dessen Existenz im filmwissenschaftlichen Diskurs bislang kaum thematisiert wurde. Dies ist insofern nicht problematisch, als das Konzept des Genres nicht im Sinne eines statisch-fixen Regelwerks, sondern als dynamische und damit veränderbare Konstruktion zu verstehen ist.[86] Mit diesem dynamischen Verständnis geht die Möglichkeit einer stetigen Veränderung einher. Eine solche erfolgt bereits dadurch, dass jeder Film, der einem bereits bestehenden Genre zugeordnet wird, dieses wiederum verändert.[87] Aufgrund dieser Flexibilität ist auch die Schaffung und Entstehung neuer Genres wie jenem des *Rechtsfilmes* durchaus denkbar.

Hinsichtlich einer Umgrenzung ihres Untersuchungsfeldes halten die Autoren im Sinne einer ersten Annäherung fest, dass es innerhalb des Forschungsfeldes von *Law and Film* einen Konsens darüber gebe, dass *Gerichtsfilme* die Prototypen des Genres des *Rechtsfilms* darstellen würden. So würden Gerichtsfilme über visuelle, auditive und narrative Konventionen verfügen, welche vom Publikum als solche anhand diverser filmischer Beispiele wiedererkannt würden.[88] Diese Schlussfolgerung ist naheliegend, zumal Gerichtsfilme einem allgemeinen Verständnis nach regelmässig als Erstes mit dem Recht assoziiert werden, ist das Gericht doch der Ort, an dem Recht unmittelbar angewendet und Rechtswirklichkeiten geschaffen werden. Des Weiteren reproduzieren Gerichtsfilme unstrittig eigene ikonografische und dem Publikum weithin vertraute Bilder – etwa die Roben oder Perücken englischer Richter, den Richterhammer oder das Bild der

---

85 Greenfield, Osborn, und Robson, 51, 61 f.
86 Hickethier, „Genretheorie", 70 f.
87 Hickethier, 70 f.
88 Greenfield, Osborn, und Robson, *Film and the Law*, 53 f.; so auch Chase, *Movies on Trial*, Abschn. Introduction, xii.

Justitia.[89] Nichts anderes gilt für narrative Stereotypen wie die am Mythos des Kampfes von David gegen Goliath angelehnten rechtlichen Streitigkeiten oder ganz grundsätzlich die Suche nach Wahrheit und Gerechtigkeit innerhalb der Räumlichkeiten des Gerichtssaals.[90]

Die Erforschung des Genres des Gerichtsfilmes nimmt innerhalb des Felds von *Law and Film* denn auch klar die prominenteste Stellung ein: So etwa in der umfassenden Untersuchung des amerikanischen Gerichtsfilmes von Mathias Kuzina, welche sich – unter Beachtung von gattungsgeschichtlichen Prinzipien, rechtsgeschichtlichen Hintergründen, phänomenologischen Unterscheidungsmerkmalen sowie funktionalen Besonderheiten – der Erarbeitung einer eigentlichen Typologie dieses Genres verschreibt.[91] Hintergrund dieser Kategorisierung bildet die Einsicht des Autors, dass die Gerichtsthematik in verschiedensten Subgenres in Erscheinung trete, was eine Feindifferenzierung in Untergattungen notwendig mache.[92] Entsprechend differenziert Kuzina das Genre des Gerichtsfilmes in die jeweiligen Sub-Genres der *Kriminalgerichtsfilme*, der *Justizthriller*, der *historischen Gerichtsfilme*, der *authentischen Gerichtsfilme*, der *Anwaltsfilme*, der *Gerichtssatiren* und *-komödien*, der *Gerichtsfilme als Problemdramen*, der *Hybridformen des Gerichtsfilms* sowie der *Geschworenenfilme*.[93] Eine ähnliche, wenn auch weniger essenzialistische Stossrichtung liegt der Untersuchung von Anthony Chase zugrunde, der die Taxonomie des Untersuchungsfeldes seiner Arbeit nicht anhand von verschiedenen Subgenres, sondern mit Blick auf die unterschiedlichen Rechtsformen von Zivil- und Strafrecht vornimmt.[94]

Auch wenn Gerichtsfilme innerhalb des *Law and Film Movements* damit die prominenteste Stellung einnehmen, besteht ein allgemeiner Konsens, dass das Genre des Gerichtsfilms kaum deckungsgleich mit der Anzahl möglicher Erscheinungsformen rechtlicher Motive im Film sein dürfte. In Übereinstimmung mit dieser Einschätzung hält Chase fest: «Although ‹trial films› may represent for many the backbone of the legal movie genre, they hardly exhaust it.»[95] Dem pflichten auch Greenfield, Osborn und Robson bei: «There seems to be general agreement amongst those writing in

89 Ausführlich Greenfield, Osborn, und Robson, *Film and the Law*, 67 ff.
90 Greenfield, Osborn, und Robson, 53 ff.
91 Kuzina, *Der amerikanische Gerichtsfilm*, 71 ff.
92 Kuzina, 71.
93 Kuzina, 71 ff.
94 Chase, *Movies on Trial*, Abschn. Introduction, xiii.
95 Chase, Abschn. Introduction, xii.

the area that ‹courtroom dramas› or ‹trial movies›, are within an accepted variety of ‹law film genre› and the central question is how far it extends from the courtroom?»[96]

Abb. 7: Zuordnungsschwierigkeiten: der Jury-Room in *12 Angry Men*.

Die von Greenfield, Osborn und Robson aufgeworfene Frage, inwieweit sich ein *Rechtsfilm* von den Gerichtsräumlichkeiten entfernen darf, erscheint aus einem kontinentaleuropäischen Blickwinkel eher befremdlich; ebenso jene Passagen, in welchen sich die Autoren damit befassen, ob Sidney Lumets *12 Angry Men* (USA 1957) noch einen *Rechtsfilm* darstelle, da sich die Handlung fast durchgängig innerhalb der Jury und ohne die Anwesenheit von Juristen abspiele.[97] Selbst juristischen Laien dürfte bekannt sein, dass Rechtswirklichkeit nicht nur im Gerichtssaal, sondern zu einem grossen Teil ausserhalb desselben, im erwähnten Jury-Raum, bei der täglichen Polizeiarbeit, im Alltag von Strafgefangenen oder bei der Rechtsetzung im Rahmen politischer Prozesse abspielt, weshalb eine Reduktion auf gerichtliche Geschehnisse verkürzt scheint. Vielleicht mag

96 Greenfield, Osborn, und Robson, *Film and the Law*, 62.

97 Greenfield, Osborn, und Robson, 52: «This in itself can be just as problematic in terms of potential coverage as applying the broad brush of 'law as justice', given that the courtroom clearly extends to a military tribunal, and arguably the jury room. If we did not, could we really accept that 12 Angry Men (1957) is not a law film because the action takes place almost completely within the confines of the jury room with an absence of lawyers?»

diese an gerichtlichen Eigenheiten ausgerichtete Perspektive auf die Zugehörigkeit der Autoren zum angelsächsischen Rechtskreis und damit auf Eigenheiten des *Common Law* zurückzuführen sein, in welchem nicht nur dem kontradiktorischen Hauptverfahren, sondern auch dem Jurysystem sowie dem *Case Law* als originärer Rechtsquelle eine wichtigere Rolle als in anderen Rechtskreisen zukommt.

Dennoch ist, wie gesehen, ein solches ortsbezogenes Kriterium nicht geeignet, eine abschliessende Taxonomie eines *Rechtsfilm*es zu begründen. Die Unzulänglichkeit einer derart engen Umgrenzung zeigt sich bereits in der Schlussfolgerung, wonach sämtliche Filme, die Gerechtigkeitsfragen losgelöst von gerichtlichen Entscheidfindungen thematisieren, aus dem Untersuchungsfeld fallen würden. Bezeichnenderweise weisen die meisten in der vorliegenden Untersuchung besprochenen Filme wie *The Devil's Advocate, Touch of Evil, Jungfrukällan, Bad Lieutenant, The Last House on the Left, Rashōmon, Blow Up* oder *Irréversible* gerade keinen oder höchstens einen mittelbaren Konnex zu einer Gerichtsverhandlung auf. Der Bezug zum Recht ergibt sich stattdessen aus den den jeweiligen Werken zugrundeliegenden erzählerischen Mythen sowie den durch die Inszenierung für das Publikum erfahrbaren rechtsbezogenen Konflikten – sei es die anhand der filmischen Figur eines Anwalts illustrierte Lust an einer umfassenden rechtlichen Souveränität (*The Devil's Advocate*), der Konflikt zwischen einem mythischen und einem göttlichen Gerechtigkeitsverständnis (*Jungfrukällan, Bad Lieutenant*), die Dekonstruktion strafrechtlicher Konzepte von Täter und Opfer (*The Last House on the Left, Irréversible*) oder aber die materielle Wahrheitssuche sowie der Wunsch nach Verbrechen (*Rashōmon, Blow Up*). Es ist offensichtlich, dass all diese Motive und Mythen in letzter Konsequenz das Recht – in der Gestalt des Strafrechts oder rechtsphilosophischer Grundsätze – zum Inhalt haben.

Greenfield, Osborn und Robson schlagen im Sinne einer weniger einschränkenden Genredefinition deshalb vor, den *Rechtsfilm* dahingehend einzugrenzen, dass dieser die Durchsetzung von Gerechtigkeit in irgendeiner Gestalt und Form zum Inhalt habe. Diese Durchsetzung könne entweder auf einer formellen Ebene, mittels der vom Recht formell zur Verfügung gestellten Möglichkeiten, oder aber auf einer informellen, ausserhalb des Rechtssystems liegenden Ebene erfolgen.[98] Zur weiteren Eingrenzung benennen die Autoren eine Reihe von spezifischen Charakteristika, die der

98 Greenfield, Osborn, und Robson, 64.

Rechtsfilm in Gestalt und Form aufweisen müsse: die Geografie des Rechts, die Sprache und Kleidung des Rechts, die Personen des Rechts sowie die Autorität des Rechts. Zur Geografie des Rechts zählen die Autoren dabei jegliche Räume, in denen Recht entsteht oder durchgesetzt wird – also Gerichte, Polizeistationen oder Gefängnisse. Die Sprache und Kleidung des Rechts umfassen behördliche Anordnungen, Urteile und Dekrete auf der einen sowie Richterroben, Uniformen und Anzüge von Anwälten auf der anderen Seite. Durch diese Ausdifferenzierung scheiden gemäss den Autoren diejenigen Filme aus, in welchen Gerechtigkeit jenseits eines rechtlichen Rahmens – wie beispielsweise in Kriegsfilmen, Sozialdramen und Familiensagas – durchgesetzt würden.[99]

So nachvollziehbar dieser essenzialistische Ansatz und der damit verbundene Wunsch nach Klarheit auch ist, er überzeugt nicht. Es ist nicht einsichtig, weshalb nur die Interpretation derjenigen Gruppe von Filmen von Interesse sein soll, bei denen in einem juristischen Bereich tätige Personen mit der Verwirklichung der Gerechtigkeit betraut sind oder bei denen fiktive Örtlichkeiten, Sprachen oder Kleider des Rechts prominent als ikonografisches oder erzählerisches Motiv auftreten. Auf viele der in der vorliegenden Arbeit untersuchten filmischen Werke, insbesondere auf *Blow Up*, *Jungfrukällan*, *The Last House on the Left* oder *Irréversible*, treffen diese konstituierenden Kriterien wiederum nicht zu.

Einleitend wurde festgestellt, dass das Recht das gesamte gesellschaftliche Zusammenleben formt und durchdringt. Die daraus folgende allgegenwärtige Verbreitung des Rechts findet Gestalt in verschiedensten filmischen Erscheinungsformen, Spiegelungen und Motiven – sei es in der Form von gerichtlichen Prozessen, polizeilichen Ermittlungen, filmischen Figuren, erzählerischen Konstellationen oder von diesen ausgehenden Gedankenexperimenten. Wie anhand des Beispiels von *Terror – Ihr Urteil* gesehen, können rechtliche Motive ausserdem auch im Subtext der Erzählung beziehungsweise im wechselseitigen Verhältnis von filmischer Inszenierung und Publikum, etwa im Momentum der Täuschung oder anhand einer vermeintlichen Mitgestaltungsmöglichkeit am filmischen Verlauf, zum Tragen kommen. Die Zahl denkbarer rechtlicher Spiegelungen ist derart umfassend, dass sich eine Eingrenzung des Feldes im Sinne einer abschliessenden Taxonomie als ein schwieriges, wenn nicht gar unmögliches Unterfangen erweist. Selbst Greenfield, Osborn und Robson stellen fest, dass es wohl

99 Greenfield, Osborn, und Robson, 64.

schwierig sei, klare Grenzen zu ziehen.[100] Dieser Einschätzung ist beizupflichten. Es ist deshalb bereits an dieser Stelle anzumerken, dass es aufgrund der Breite an rechtlichen Erscheinungsformen als sachgerechter erscheint, die Inszenierungen von Recht losgelöst von einer übergeordneten Vergleichsgruppe und ohne Anspruch einer abschliessenden Taxonomie zu untersuchen.

3.2.2 Der Rechtsfilm als mögliche Interpretationsmethode?

Freilich bildet die Schaffung einer einheitlichen Taxonomie des Rechts im Film nicht den einzigen Zweck der Untersuchung von Greenfield, Osborn und Robson. Die Autoren unternehmen darüber hinaus den Versuch, die Entstehung, Rezeption und Wirkung rechtlicher Motive zu ergründen und den wissenschaftlichen Diskurs damit von rein deskriptiven Ansätzen zu befreien.[101] Grundsätzlich ist den Autoren beizupflichten, dass sich für bestimmte klar umgrenzte Gruppen von Filmen oder auch bezüglich bestimmter Fragestellungen das Genreprinzip als Analysetool als hilfreich erweist. So lassen sich mittels eines Abgleichs einzelner Werke mit einer dieser übergeordneten Vergleichsgruppe mögliche Hinweise bezüglich einer richtigen Interpretation rechtlicher Spiegelungen im Film ausmachen, was die Autoren anhand einer Analyse der Rezeptionsmöglichkeiten des britischen Gerichtsfilmes oder einer Ergründung der Verhältnisse von Geschlechterrollen, Sexualität und dem Recht veranschaulichen.[102]

Demgegenüber zeigt die von den Autoren angestossene Diskussion darüber, inwiefern *12 Angry Men* noch zum Genre des Gerichtsfilms gehöre, aber auch ein konzeptionelles Dilemma des Ansatzes auf: So lässt sich in den Schilderungen der Autoren die Tendenz ausmachen, dass Filme aufgrund vermeintlicher Gemeinsamkeiten ausgewählt und als einheitliches Genre betrachtet werden; dies, um in der Folge triviale Aussagen über mögliche Wirkungen zu machen. Deutlich wird dieses Argumentationsschema dann, wenn die Autoren die Figur des Richters anhand von verschiedenen filmischen Vorbildern als pragmatischen Lösungsfinder, als ernsthaften Sucher nach einer gerechten Vorgehensweise oder als Vollstrecker des Buchstabens des Gesetzes charakterisieren.[103] All diese Funktionsweisen liessen

100 Greenfield, Osborn, und Robson, 62.
101 Greenfield, Osborn, und Robson, 61.
102 Greenfield, Osborn, und Robson, 68 ff., 222 ff.
103 Greenfield, Osborn, und Robson, 134 ff., 137 ff., 140 ff.

sich aus einer populärwissenschaftlichen Analyse des Richteramtes oder aus einer oberflächlichen Durchsicht beliebiger narrativer Handlungsmuster diverser Gerichtsfilme ausmachen, ohne dass dabei je eine vertiefte Befassung mit den filmischen Subtexten erforderlich wäre.

Die oberwähnten Beispiele zeigen ausserdem, dass die Autoren davon ausgehen, dass sich eine richtige Interpretation von rechtlichen Motiven nur dann hinreichend belegen lässt, wenn diese mit einer übergeordneten Vergleichsgruppe mit ähnlich gelagerten Werken überprüft werden kann. Demzufolge lassen sich mittels Genretheorie einzig Aussagen in einem kontextualisierten Sinne vornehmen. Damit ist das Konzept auch nur bedingt dazu geeignet, im Sinne eines interpretativen Ansatzes dominante Lesarten von einzelnen filmischen Motiven – und insofern losgelöst von einer jeweiligen Vergleichsgruppe – zu ergründen. Diese Betrachtungsweise fördert wiederum die Gefahr, in einen vollends deskriptiven Ansatz zu verfallen, der sich in einer redundanten Aufzählung unzähliger filmischer Beispiele und deren gegenseitigen In-Bezug-Setzung erschöpft, ohne dass den einzelnen Filmen sowie deren Inszenierung mehr als eine nur flüchtige Betrachtung gewidmet würde. Diesem Dilemma erliegen letztlich auch die Autoren, deren Ausführungen es insbesondere an einer Auseinandersetzung mit filmischen Subtexten oder mit möglichen aberranten Nebenhandlungen der verschiedenen filmischen Vorbilder mangelt.

Das gewichtigste Manko der Methodik liegt schliesslich in dem von den Autoren eingenommenen Blickwinkel. So dienen ihnen filmische Beispiele sowie die in diesen auffindbaren narrativen Muster primär als textliche Vorbilder zur Illustration von diversen Rechtsfragen. Dabei wird der Film im Sinne eines Reservoirs bestimmter rechtsbezogener Mythen und Figuren aufgefasst, ohne dass den unzähligen inszenatorischen Möglichkeiten des vermittelnden Mediums gross Beachtung geschenkt wird. Das Beispiel von *Terror – Ihr Urteil* zeigt jedoch, dass es möglicherweise gerade an der Art und Weise der Inszenierung selbst liegt, welche Botschaften ein Publikum im Rahmen der Rezeption vom filmischen Vorbild übernimmt. Eine Auseinandersetzung mit den unzähligen Möglichkeiten der Inszenierung (Bewegung, Schnitt, Montage oder Klang) wie auch dem damit einhergehenden Potenzial zur Emotionalisierung und Manipulierung des Publikums findet bei Greenfield, Osborn und Robson nicht statt. Es sei aber darauf hingewiesen, dass in zeitgemässen Genretheorien – anders als bei Greenfield, Osborn und Robson – sehr wohl eine zunehmende Loslösung von einem rein auf erzählerische Mythen ausgerichteten Blickwinkel festzustellen ist: etwa indem moderne Genretheorien das Affektpotenzial, die Publikumsemotionen sowie die mit dem Genreverständnis einhergehende Gefühlsstimulation in die Analyse miteinbeziehen.[104] Insofern ist das Auslassen der für das Verständnis der filmischen Rezeption entscheidenden Faktoren nicht auf die konzeptionellen Eigenheiten der Genretheorie *per se* zurückzuführen, sondern den Autoren selbst anzulasten.

Einleitend wurde angemerkt, dass die fehlende Auseinandersetzung mit den intrinsischen Eigenschaften und Möglichkeiten filmischer Inszenierung ein Manko darstellt, welches nicht nur die Arbeit von Greenfield, Robson und Osborn, sondern das gesamte interdisziplinäre Untersuchungsfeld von Law and Film betrifft. Diese Lücke wird von verschiedenen Autoren denn auch kritisch hervorgehoben. So stellt Seymour fest, dass innerhalb des Forschungsbereichs die zunehmende Tendenz bestehe, Filme als Quelle zur Veranschaulichung bestimmter Rechtsfragen zu betrachten, wobei die spezifischen Eigenschaften des Mediums regelmässig vernachlässigt würden.[105] In diesem Sinne hält auch Kamir dafür, dass sich die überwiegende Mehrheit der Werke im Bereich von Recht im Film auf die filmischen Handlungen und Figuren konzentrierten und dabei Aspekte wie Schnitt, Kamera, Bewegung, Ton oder weitere filmspezifische Charakteristika weitestgehend ignorierten. Kamir führt diese Feststellung auf den Umstand zurück, dass es den meisten in diesem Feld tätigen Wissenschaftlern schlicht an dem entsprechenden filmwissenschaftlichen Know-how fehle.[106] Tatsächlich fällt auf, dass der Bereich von *Law and Film* vorrangig von Arbeiten diverser Rechtswissenschaftlerinnen dominiert wird. Da die Arbeit mit und an Texten innerhalb der juristischen Forschung die primäre Arbeitsweise darstellt, erklärt sich möglicherweise, weshalb der bisherige Fokus im Bereich von *Law and Film* auf der Analyse von rechtlichen Erzählungen und weniger auf den Eigenheiten der Inszenierung liegt. Ungeachtet dieser Erklärung ist der in der Literatur geäusserten Kritik beizupflichten. Möchte man die Prämisse von Sherwin, der einen multidisziplinären Ansatz zur Ergründung des Zusammenspiels von Recht und Popkultur anregte, ernstnehmen, dürfen filmwissenschaftliche Methoden, die über den deskriptiven Ansatz von Greenfield, Osborn und Robson hinausgehen, nicht weiter aussen vorbleiben.

---

104 Ausführlich Hickethier, „Genretheorie", 87 ff., mit weiteren Hinweisen.
105 Seymour, „Film and Law", 107.
106 Kamir, „Why 'Law-and-Film' and What Does It Actually Mean?", 261.

Diesen unbefriedigenden Feststellungen zum Trotz ist den Autoren zugute zu halten, dass sich die eingehende Beschäftigung mit rechtlichen Narrativen, ikonografischen Figuren und rechtsbezogenen Mythen für die Frage der Rezeption des Rechts im Film sicherlich als erkenntnisbringend erweist. So ist es unbestrittenermassen nicht nur das *Wie*, sondern auch das *Was* des filmischen Erzählens, welches für die Genese von Bedeutung entscheidend ist. Insbesondere sind es die immergleichen rechtsbezogenen Geschichten, Stereotypen und Erzählungen, welche bis heute die Fantasie des Publikums anregen. Die Faszination, sich mit rechtlichen Motiven im filmischen Spiegel in diversen Genres, Gestalten, Figuren und Motiven zu befassen, ist gleichbedeutend mit der Lust, sich wieder und wieder mit den grossen Fragen des Rechts zu befassen und deren Geheimnisse zu ergründen – sei es bei der Suche nach Gerechtigkeit, Schuld oder Wahrheit in der Gestalt unzähliger Western, Kriminalgeschichten oder Gerichtsfilmen. Insofern ist das Phänomen des Mythos wichtiger Bestandteil für das Verständnis der bis heute andauernden Beliebtheit von filmischen Inszenierungen des Rechts. Diesem Phänomen ist deshalb auch im Rahmen der vorliegenden Untersuchung Gewicht beizumessen.

4 Zusammenfassung der wichtigsten Parameter für die weitere Untersuchung

Aus den vorstehenden Ausführungen lassen sich die folgenden, für den Gang der weiteren Untersuchung zentralen Parameter festmachen:

Es wurde festgehalten, dass die Frage nach einer möglichen Wirkung von Recht im Film sowie die Suche nach einem hierfür geeigneten theoretischen Fundament Dreh- und Angelpunkt eines von interdisziplinären Zugängen gezeichneten Forschungsfeldes ist. Die vorliegende Untersuchung knüpft daran an und verfolgt das Ziel, einen eigenständigen theoretischen Ansatz zu formulieren.

Es wurde als erste Prämisse einer solchen Theorie ausgeführt, dass sich die Wirkung von Recht im Film offensichtlich nicht an einer hoheitlichen Position des Autors festmachen lässt, sondern sich im Moment der Rezeption selbst und damit im Verhältnis zwischen Publikum und Film entfaltet. Entscheidend ist ferner, dass dem Medium Film in diesem gegenseitigen Verhältnis – als herrisch auftretendes Kunstwerk – die dominantere Stellung zukommt. Weiter wurden die Möglichkeiten der empirischen Medienwirkungsforschung dargelegt und es wurde aufgezeigt, dass sich diese hinsichtlich konkreter Beeinflussungen von bewusst agierenden Rezipierenden als erkenntnisbringend erweist, darüber hinaus jedoch keine Aussagen über die Ausgestaltung dieser Beeinflussungen zu treffen vermag – insbesondere solchen, die sich der Erkenntnis des Publikums entziehen. Diesen Erkenntnissen ist insofern Rechnung zu tragen, als ein am filmischen Kunstwerk selbst ausgerichteter Ansatz zu erarbeiten ist. Dieser soll es ermöglichen, anhand einer Analyse der filmischen Inszenierung Hinweise über die dem Bewusstsein der konkreten rezipierenden Person verborgenen Wirkmechanismen zu finden und dabei mögliche Erklärungen für die grundsätzliche Faszination filmischer Inszenierungen des Rechts zu geben.

Im Weiteren wurde unter Berücksichtigung des genretheoretischen Ansatzes von Greenfield, Osborn und Robson sowie anderen Arbeiten aus dem Bereich von Recht im Film erläutert, dass sich eine rein an den erzählerischen Mythen orientierte Interpretationsweise in mehrerlei Hinsicht als zu einseitig erweist und konzeptionelle Lücken hinsichtlich der Erfassung des komplexen Zusammenspiels von filmischem Werk und Publikum aufweist. Entsprechend muss ein Theorieansatz nicht nur die erzählerische und ikonografische Kraft des Gezeigten berücksichtigen, sondern auch der Art und Weise der Vermittlung mittels der inszenatorischen Möglichkeiten des Filmes (Ton, Bewegung, Schnitt, Körperlichkeit, Klang) Rechnung tragen. Ebenfalls muss der Ansatz so ausgestaltet sein, dass er eine Interpretation von bestimmten rechtlichen Motiven ungeachtet einer übergeordneten Vergleichsgruppe zulässt. Schliesslich ist aufgrund der Negierung einer eigentlichen Taxonomie eines Rechtsfilmgenres eine anderweitige Umgrenzung und Strukturierung des Untersuchungsfeldes vorzunehmen.

Zusammengefasst liegt der Fokus der Arbeit auf einer filmwissenschaftlichen Annäherung an das Forschungsfeld von *Law and Film*; dies verbunden mit dem Ansporn, die diskutierten konzeptionellen Lücken zu schliessen und Erklärungsmuster für die angeführten offenen Fragen zu finden. Als eigenständiger theoretischer Ansatz, der diese aufgestellten Prämissen erfüllt, erweist sich dabei die vom österreichischen Filmwissenschaftler Marcus Stiglegger entwickelte Seduktionstheorie des Filmes.

III Seduktionstheorie des Filmes

Die Seduktionstheorie bildet eine neuere Strömung innerhalb der Filmtheorie, welche das Medium Film im weiteren Sinne als ein Medium der Verführung erfasst und die klassische Filmanalyse mit psychoanalytischen Ansätzen sowie der auf der Filmphänomenologie aufbauenden Performance-Theorie des Filmes verbindet.[107] Der Begriff der Verführung erschien in einem filmwissenschaftlichen Kontext erstmals bei Dianne Hunter sowie Patrick Fuery, welche sich ihrerseits wiederum auf das philosophische Werk Jean Baudrillards bezogen, der mediale Kommunikationsprozesse als verführerisches Spiel verstand.[108] Eine eingehende Theoriebildung unter Zugrundelegung des Prinzips der Verführung erfolgte sodann im Rahmen des von Marcus Stiglegger veröffentlichten Habilitationsprojektes *Ritual und Verführung*. Stiglegger entwickelte darin, basierend auf den Gedanken der genannten Autoren, einen Analyseansatz, welcher die Ergründung und Freilegung von verschiedenen verführerischen Strukturen im Zusammenspiel von Publikum und Film ermöglicht. Gemäss Stiglegger zeigt sich das Prinzip der Verführung dabei auf drei unterschiedlichen Ebenen: Auf einer ersten Ebene verführt der Film das Publikum zu sich selbst, um dessen Interesse für den Film zu wecken. Auf der zweiten Ebene kann der Film konkrete Aussagen propagieren und gegenüber dem Publikum vorgeben. Auf der dritten Ebene, welche den Hauptteil von Stigleggers Untersuchung und entsprechend auch den Schwerpunkt der vorliegenden Arbeit darstellt, kann der Film sein Publikum schliesslich zu unterschwelligen, sich dem Bewusstsein entziehenden Botschaften verführen oder spezifische Begehrensstrukturen anrufen, wodurch die verführerischen Strukturen zu einer Herausforderung des Publikums werden.[109] Die Triebfeder dieser dritten Möglichkeit der filmischen Verführung erkennt Stiglegger zum einen im performativen Potenzial der Inszenierung und

107 Stiglegger, *Ritual & Verführung*, 9, 109 f.

108 Fuery, *New Developments*, 168 f.; Hunter, *Seduction and Theory*, 8, 10, 58, 68 f., 214–55, 237, 240.

109 Stiglegger, *Ritual & Verführung*, 9.

zum anderen in der Eigenschaft des Filmes als Transformator klassischer und filmbezogener Mythen.[110]

1 Recht, Film, Verführung – eine Annäherung

Im Rahmen einführender Gedanken weist Stiglegger nach, dass das Prinzip der Verführung zwar erst im Rahmen gegenwärtiger Filmtheorien diskutiert wird, aber schon seit jeher ein dem Film inhärentes Prinzip darstellt. Stiglegger bezieht sich dabei auf Rudolf Arnheim und Siegfried Kracauer, die das Medium Film auf dessen propagandistische Qualität hin untersuchten, auf den Filmtheoretiker und -praktiker Béla Balász und dessen Abhandlungen zum Geist und Zauber des Films sowie auf das filmwissenschaftliche Werk von André Bazin.[111] Auch wenn die besagten Autoren nirgendwo ausdrücklich die Begrifflichkeit der Verführung verwendet haben, sondern stattdessen von der Intensität, der Attraktivität, der Suggestion oder der Manipulation des Filmes sprechen,[112] ist damit implizit nichts anderes gemeint als eine dem Film gemeinhin zugeschriebene verführerische Eigenschaft – nämlich jene, dass der Film kraft seiner überwältigenden Ausstrahlung das Publikum vereinnahmen und dazu verführen kann, zuvor als fremd erscheinende Positionen und Ansichten zu übernehmen.

Nachstehend ist anhand von thematischen sowie methodologischen Prämissen aufzuzeigen, weshalb sich die Seduktionstheorie für die Ergründung des Zusammenspiels von Recht und Film als besonders geeignet erweist.

1.1 Thematische Schnittpunkte

Arrest that girl for unlawful seduction!
— Crispin Glover, *Alice in Wonderland*

Während angesichts der dem Film schon seit längerem zugeschriebenen suggestiven und überwältigenden Kraft eine Verbindung der Phänomene von Film und Verführung naheliegt, scheinen die Begrifflichkeiten von Recht und Verführung auf den ersten Blick wenig gemein zu haben. So findet das Recht, wie einleitend gesehen, seine Bestimmung vorrangig in einer

110 Stiglegger, 9.
111 Stiglegger, 10 ff.
112 Stiglegger, 9, 30 (Fussnote 1).

Ordnungs- und Sicherungsfunktion, indem es gewisse Regeln aufstellt, die von den Beteiligten als verbindlich akzeptiert werden. Die Verführung widersetzt sich demgegenüber dem Bestreben nach Ordnung und Sicherheit; stattdessen gründet sie im Abjekten,[113] im Bösen und in der Dekonstruktion von Rechtmässigkeit. Die Verführung stellt damit einen eigentlichen Gegenentwurf zur Regelhaftigkeit des Gesetzes dar. Doch genau in dieser Abkehr von Ordnung, Regel und Gesetz lässt sich eine erste Verkettung der beiden vermeintlich entgegengesetzten Phänomenen ausmachen: So spricht Baudrillard denn auch vom Phantasma, das einen dahingehend leite, die Ordnung des Gesetzes ausser Kraft setzen zu wollen.[114] In anderen Worten beruht die Verführung auf dem ureigenen Drang des Menschen, die Grenzen des Rechts zu überwinden, was sinngemäss immer einer Faszination für das Verbrecherische und Böse entspricht. Der Topos einer Verführung zum Normbruch ist denn auch ein Motiv, das in unzähligen filmischen und literarischen Spiegelungen seinen Niederschlag findet. So beispielsweise im Drang des in ärmlichen Verhältnissen lebenden russischen Studenten Rodion Raskolnikow aus Fjodor Dostojewskis Roman *Verbrechen und Strafe*, seiner Idee vom aussergewöhnlichen Menschen – dem zum Zwecke des allgemeinen menschlichen Fortschritts ein genuines Recht zum Normbruch zukommt – durch eine eigene Straftat Ausdruck zu verleihen:

> «Bring sie um und nimm ihr Geld, um dich mit seiner Hilfe dem Dienst an der Menschheit und der Allgemeinheit zu widmen: Glaubst du nicht, dass ein einziges, allerwinzigstes Verbrechen durch Tausende von guten Taten wettgemacht wird? Ein Leben als Preis für Tausende von Leben, die vor Verfall und Fäulnis gerettet werden – ein Tod gegen hundert Leben – das ist doch Arithmetik! Und was bedeutet überhaupt auf der allgemeinen Waage das Leben dieser schwindsüchtigen, beschränkten und bösen alten Frau? Kaum mehr als das Leben einer Laus, einer Küchenschabe, ja nicht einmal so viel, weil diese alte Frau Schaden anrichtet.»[115]

Freilich kann die Lust am Normbruch nur insofern verführerisch bleiben, als das entsprechende Begehren nicht mehr als ein gedankliches Spiel bleibt. Denn mit seiner Erfüllung weicht ein potenziell verführerischer

113 Ausführlich hierzu in Kapitel III, 4.1.
114 Baudrillard, *Von der Verführung*, 150.
115 Dostojewskij, *Verbrechen und Strafe*, 90 f.

Gedanke jeweils zwangsläufig der nüchternen Realität. Eine solche Ernüchterung muss auch Raskolnikow erfahren, als ihm das Verbrechen an der verhassten Pfandleiherin Aljona Iwanowna sowie deren Schwester nicht die erhoffte Befreiung ermöglicht, sondern ihn in eine dunkle Sinneskrise stürzt. Wenn also die Verführung auf dem unerfüllbaren Wunsch nach Normbruch und nicht in der Vergegenständlichung desselben basiert, offeriert die Welt des Filmes seinem Publikum eine Möglichkeit, um sich dem erwähnten Phantasma auf eine spielerische Art anzunähern, geht doch der Akt der Rezeption zwangsläufig mit einer Annäherung an eine fiktive und damit unerreichbare Realität einher. Vielleicht erklärt sich deshalb auch, weshalb es regelmässig die wiederkehrende Konfrontation mit schweren Verbrechen oder mit kriminellen Figuren wie Michael Myers, Norman Bates, Hannibal Lecter oder Batmans Erzfeind Joker ist, welcher bis heute eine ungebrochene Beliebtheit zukommt. Eine Beliebtheit, die – wie später noch auszuführen sein wird – auf dem durch die Inszenierung eröffneten dialogartigen Spiel hinsichtlich des von Baudrillard beschriebenen Phantasmas des Normbruchs oder generell auf der Faszination für das Böse beruht.

Abb. 8: Eine Annäherung des Publikums an den Normbruch: die Figur des Jokers (*The Dark Knight*).

Wenn also dem Begehren nach dem Normbruch ein verführerisches Momentum inhärent ist, gilt dies sinngemäss auch für das antagonistische Prinzip der Normrestitution beziehungsweise für die Wiederherstellung eines rechtmässigen Zustands. Auch wenn Stiglegger anführt, dass es etwas vereinfacht sei, von einer «Verführung zum Guten» zu sprechen,[116] so ist

116 Stiglegger, *Ritual & Verführung*, 175.

doch ein durch alle Zeiten hindurchreichendes, universales menschliches Bedürfnis zu erkennen, die Welt zu einem gerechteren Ort zu machen. Besonders treffend brachte den verführerischen Gehalt dieses Gerechtigkeitsdenkens der polnisch-belgische Moral- und Rechtsphilosoph und Jurist Chaïm Perelman zum Ausdruck:

> «Die Sehnsucht nach Gerechtigkeit, welche Menschen veranlasst, das Ideal einer Gesellschaft ihrer Wunschträume zu verwirklichen, sich gegen die Ungerechtigkeit gewisser Handlungen, gewisser Situationen, gewisser Einrichtungen zur Wehr zu setzen, liefert einen ausreichenden Beweggrund für die erhabensten Opfer wie für die schlimmsten Untaten. Derselbe Schwung der Begeisterung, der Menschen zur Erringung einer besseren Welt mitreisst, kann ohne Gnade alles hinwegfegen, was sich ihm entgegenstellt: ‹pereat mundus, fiat justitia›.»[117]

Die verführerische Kraft dieser Sehnsucht nach Gerechtigkeit basiert also darauf, dass diese im Sinne einer Naturgewalt Anstoss und Anlass sein kann, Neues zu erschaffen und Altes zu zerstören. Und wenn der Film, wie gesehen, mit dem im Menschen angelegten Drang zum Normbruch produktiv spielen kann, dann muss Vergleichbares auch für die Verführung zur Gerechtigkeit gelten. Entsprechend ist es ein wiederkehrender Topos von unzähligen Gerichts- oder Kriminalfilmen, dass ein vormals ungerechter Zustand durch ein Urteil oder die Überführung der Täterschaft ausgeglichen wird. Es scheint, als sei der Mensch bisweilen darauf angewiesen, sich in Zeiten von allgegenwärtigen Kriegen, Armut und Elend wenigstens im filmischen Spiegel der Illusion hingeben zu können, dass das Gute obsiegt, das Verbrechen gesühnt wird und die Welt ein harmonischer Ort bleibt.

Ein weiterer Konnex zwischen der Verführung und dem Recht stellt das von Baudrillard untersuchte Phänomen des *Geheimnisses* dar. Dieses schöpfe seine verführerische Kraft aus der in sich angelegten Bestimmung, dass es niemals ausgesprochen oder gelüftet werden könne und dürfe – daraus beziehe «es seine Kraft, seine Macht des allusiven und rituellen Tausches.»[118] Damit gibt sich das Geheimnis als etwas zu erkennen, was in mysteriöser «Weise seine eigene Lösung in sich trägt und nur danach strebt, im Geheimen und in der Freude am Geheimnis zu verbleiben».[119] Deutlich zeigt sich eine solche Faszination für das sich-nicht-offenbaren-

117 Perelman, „Über die Gerechtigkeit", 168.
118 Baudrillard, *Von der Verführung*, 90 f.
119 Baudrillard, 92.

sollende Geheimnis in der öffentlichen Wahrnehmung von grossen Strafverfahren oder Straftaten, insbesondere jenen, die bis heute eine Aura des Mysteriösen, Enigmatischen und Ungelösten ausstrahlen. Man denke an das Tötungsdelikt an Meredith Kercher, in dessen strafrechtlicher und medialer Aufbereitung nicht nur die Frage nach strafrechtlicher Schuld, verbunden mit schauerlichen Geschichten über Satanismus und Sex, sondern auch die geheimnisvoll-verführerische Figur der einstmaligen Verdächtigen Amanda Knox herausstach. Amanda Knox war es, die aufgrund ihrer längst von der individuellen Person verselbständigten ikonografischen Wirkung Grundlage für unzählige, angesichts der reisserischen und misogynen Aufbereitung oftmals dem reinen Selbstzweck dienende literarische und filmische Adaptionen bot.[120] Es scheint, als ob sich die von Baudrillard beschriebene Sehnsucht nach dem Geheimnis und dem Mysteriösen deshalb immer auch in nicht restlos geklärten Straffällen oder geheimnisvollen Figuren sowie der wiederkehrenden künstlerischen Beschäftigung mit diesen ihren Niederschlag findet. Und gerade weil der Film ein in sich geschlossenes System darstellt, ist es dem Publikum von vornherein nicht möglich, das fiktiv geschilderte Geheimnis aus eigener Anstrengung aus dem Schleier des Verborgenen zu lüften.

Eng verwandt mit dem Geheimnis ist gemäss Baudrillard schliesslich das Prinzip der *Herausforderung*. Dieses stelle einen gleichsam bezaubernden wie auch sinnlosen Diskurs dar, der es aufgrund seiner Sinnlosigkeit unmöglich mache, ihm nichts entgegenzuhalten. Die Herausforderung sei demnach ein ideeller, duellartiger und ritualisierter Pakt im Sinne einer unaufhörlichen «Verpflichtung, zu entgegnen und zu überbieten».[121] Nimmt man dies als Grundlage der Betrachtung von juristischen Auseinandersetzungen, lässt sich feststellen, dass auch diese regelmässig auf einem duellartigen Kommunikationsprozess – zwischen Privaten oder zwischen Privatpersonen und Behörden – beruhen. Grundsätzlich lässt sich das Recht, ganz im Sinne von Baudrillard, als ritualisierter Pakt verstehen, dessen Bestimmung darin liegt, auf Lebenssachverhalte zu reagieren und diese in der Form von Gesetzen, Prozessen oder Verfahren zu regeln. Die aus solchen

---

120 Vgl. beispielhaft und ohne Anspruch auf Vollständigkeit: Burleigh, *The Fatal Gift of Beauty*; Dempsey, *Murder in Italy*; Girlanda, *Io vengo con te*; King, *The Murder of Meredith Kercher*; Follain, *A Death in Italy*; Preston u. a., *Der Engel mit den Eisaugen*; sowie auch die filmischen Adaptionen *Amanda Knox: Murder on Trial in Italy* (USA 2011) oder *The Face of an Angel* (Vereinigtes Königreich/Italien/Spanien 2014).

121 Baudrillard, *Von der Verführung*, 94.

Verfahren erwachsenden Gesetze und Regeln werden mittels Subsumption wiederum auf neuerliche Lebenssachverhalte übertragen, wobei die Vornahme einer Subsumption nicht das Ende des Rituals bedeutet, sondern lediglich einen Prozess innerhalb eines sich stetig wandelnden Geschehens darstellt. In diesem Sinne kommt jedes Strafverfahren, jedes Urteil oder jede Gesetzesanwendung nicht einer Determination von Recht gleich, sondern steht immer auch für den Anfang eines auf Wiederholung gerichteten Vorgangs. Die verführerische Kraft der Herausforderung tritt innerhalb dieses Prozesses wiederkehrend, etwa im Rahmen der Wahrheits- und Urteilsfindung, der vorab beschriebenen Suche nach Gerechtigkeit oder aber der Schaffung von neuen Normen und Regelungen in Erscheinung.

Entwickelt man diese zu den Phänomenen von Recht, Geheimnis und Herausforderung formulierten Gedanken weiter, finden sich wiederum diverse Anknüpfungsmöglichkeiten zum Akt der filmischen Rezeption. Beispielhaft sei erwähnt, dass gerade der Kriminalfilm seine Beliebtheit aus einem duellartigen Spiel mit dem Publikum schöpft, in dessen Zentrum die Ergründung eines rechtlichen Geheimnisses – in der Gestalt der Überführung einer unbekannten Täterschaft oder der Frage nach strafrechtlicher Zurechnung – steht. Solche diskursiven Perspektiven der Rezeption sind denn immer auch als genuine Herausforderungen des Publikums, in das filmische Artefakt einzugreifen und sich der inszenierten Rechtsfragen anzunehmen, zu verstehen; ganz deutlich beispielsweise in der Form der in *Terror – Ihr Urteil* dem Publikum eröffneten Abstimmungsmöglichkeit oder – etwas subtiler – in der Möglichkeit des Miträtselns bei der Rezeption diverser Detektiv-Filme.

All diese nunmehr auf einer abstrakten Ebene besprochenen Verknüpfungen von Recht, Film und Verführung werden in den folgenden Kapiteln anhand von filmischen Beispielen noch zu verdeutlichen sein. Diese einleitenden Gedanken sind deshalb nicht als abschliessende Aufzählung sämtlicher möglicher Überschneidungen, sondern als thematische Hinführung zum Leitthema der Untersuchung zu verstehen. Eine Konkretisierung der Gedanken wird insbesondere in den Kapiteln betreffend «Verführung zum Bösen und zum Heiligen» sowie «Recht im Film als seduktive Herausforderung» erfolgen.[122]

122 Siehe die Kapitel IV, 1.1 und I, 2.

1.2 Methodologische Überlegungen

Rules are for rule people.
— Jack Dylan Grazer, *Luca*

Es sind nicht nur die genannten thematischen Überschneidungen, sondern auch methodologische Überlegungen, weshalb sich für die vorliegende Untersuchung der Ansatz der Seduktionstheorie anbietet. Zur Veranschaulichung dessen sind die im vorangegangenen Kapitel ausdefinierten Parameter in Erinnerung zu rufen.[123]

Es wurde ausgeführt, dass im Zentrum der Untersuchung nicht die hoheitliche Position des Autors, sondern der konkrete Rezeptionsakt stehen soll. Diese Prämisse erweist sich insofern als zutreffend, als die Methodik der *Seduktionstheorie* auf dem Verständnis aufbaut, dass die filmische Rezeption weitestgehend einer dialogartigen Situation zwischen filmischem Artefakt und Publikum entspricht. Innerhalb dieses wechselseitigen Verhältnisses misst Stiglegger – anders als die Ansätze des *Viewer-Response* – dem Film selbst die wichtigere Rolle zu, welchen er als ein gegenüber dem passiven Publikum autoritär auftretendes Kunstwerk versteht.[124]

Diesem Verständnis folgend ermöglicht es die Seduktionstheorie eben auch – und darin liegt ein weiterer Vorteil der Methodik – Hinweise und Einblicke über Wirkmöglichkeiten rechtlicher Motive zu geben, die sich dem Bewusstsein eines konkreten empirischen Betrachtenden gerade nicht erschliessen. Solche versteckten Wirkmechanismen finden sich – wie anhand des Beispiels von *Terror – Ihr Urteil* gesehen – im täuschenden Potenzial der Inszenierung oder in anderen, im filmischen Subtext liegenden Botschaften und rechtsbezogenen Begehrensstrukturen.[125] Dasselbe gilt für das in den vorhergehenden Kapiteln angesprochene Affektpotenzial der Inszenierung, welches sich in schwer intellektualisierbaren Gefühlsregungen wie Lust, Ekel und Angst[126] oder in der sinnlichen Erfahrbarmachung gewaltsamer Straftaten äussert – letztlich alles Phänomene, die für das Verständnis der Wirkung von Recht im Film wesentlich sind. Für die Analyse solcher Phänomene liefert die Seduktionstheorie somit ein analytisches Werkzeug.

123 Vgl. Kapitel II, 4.
124 Stiglegger, *Ritual & Verführung*, 217.
125 Stiglegger, „Die Seduktionstheorie des Films", 88.
126 Stiglegger, 89.

Ferner wurde mit Blick auf die im Bereich von *Law and Film* vorherrschenden genretheoretischen Ansätze dargelegt, dass sich eine rein an den Erzählungen orientierte Interpretationsweise in mehrerlei Hinsicht als zu einseitig erweist und konzeptionelle Lücken hinsichtlich der Erfassung des komplexen Zusammenspiels von filmischem Werk und Publikum aufweist. Anders als diese das Forschungsfeld dominierenden Zugänge verfolgt die Seduktionstheorie einen breiteren Ansatz, der sowohl das *Was* als auch das *Wie* des filmischen Erzählens in die Analyse einbezieht. So befasst sich Stiglegger zum einen mit dem Bereich der Narration und zum anderen mit der sinnlich-suggestiven Vermittlung filmischer Inhalte. Diese sinnliche Ebene bezeichnet Stiglegger dabei – in Anlehnung an die von der deutschen Theaterwissenschaftlerin Erike Fischer-Lichte geprägten «Ästhetik des Performativen» – als die «Performanz des Filmes».[127] Diese Ebene umfasst jene Elemente der Rezeption, die – ähnlich einer Performance-Darbietung – kraft ihrer Unmittelbarkeit und Ereignishaftigkeit das affektive Gedächtnis des Publikums ansprechen.[128] Auf der Grundlage dieser performativen, also nichtnarrativen Qualitäten des Filmes lässt sich auch der von diversen Autoren im Bereich von *Law and Film* bemängelten, durch das Auslassen spezifischer Eigenheiten der filmischen Rezeption entstandenen methodologischen Lücke begegnen.

Die Seduktionstheorie stellt sodann einen interpretativen Analyseansatz dar, der – anders als die genretheoretischen Ansätze von Greenfield, Osborn und Robson – die Interpretation von bestimmten rechtlichen Motiven ungeachtet einer übergeordneten Vergleichsgruppe zulässt. Die nationale Herkunft eines Werks, die Person des Autors, die Entstehungsepoche oder die generischen Eigenschaften stellen dabei höchstens marginal zu beachtende Nebenpunkte dar, während die Analyse ganz dem spezifischen Film und dessen Inszenierung gewidmet ist.[129] Damit entfällt auch der von diversen Autoren in der Vergangenheit unternommene illusorische Versuch, rechtliche Spiegelungen im Film in ihrer Gesamtheit erfassen zu wollen. Mit der Seduktionstheorie eröffnet sich stattdessen die Möglichkeit, ganz unterschiedliche Inszenierungen des Rechts einer Interpretation zu unterziehen, wobei nicht eine materielle Vergleichbarkeit der einzelnen Motive, sondern einzig deren verführerisches Potenzial die Grundlage der Betrachtung darstellt. Konkrete rechtsbezogene Motive, die im Rahmen der Arbeit

127 Stiglegger, 88, 90.
128 Stiglegger, 91.
129 Stiglegger, 89.

zu thematisieren sind, umfassen universelle rechtliche Grundprinzipien wie Vergeltung, Gerechtigkeit oder Wahrheitsfindung, bestimmte Figuren des Rechts sowie deren Funktion (so etwa John Milton als teuflischer Rechtsvertreter in *The Devil's Advocate* oder Hank Quinlan als ein dem Bösen anheimfallender Polizeichef in *Touch of Evil*) bis hin zur sinnlichen Erfahrbarkeit von gewissen Rechtsgutsverletzungen. Auch wenn der Grossteil der untersuchten Motive damit dem Strafrecht, dem Strafprozessrecht oder der Rechtstheorie zuzuordnen ist, ist diese Zuordnung weder abschliessend noch massgebend; massgebend ist einzig und allein – wie dargelegt – das verführerische Potenzial der Inszenierung selbst. Die Erkenntnis der Untersuchung lässt sich deshalb auch auf folgende, radikale Essenz herunterbrechen: Nicht das Recht an sich ist verführerisch, sondern dessen Inszenierung.

Dieses also erst durch die Inszenierung eröffnete verführerische Potenzial des Rechts ist denn auch das massgebende Kriterium, gemäss welchem vorliegend die Auswahl an filmischen Beispielen erfolgt. Ganz grundsätzlich wurden bei der Auswahl aber jene Filme berücksichtigt, die in der bisherigen Forschung von *Law and Film* kaum oder nur wenig Beachtung gefunden haben – und damit Filme, bei welchen sich das Recht weitestgehend losgelöst von den Räumlichkeiten eines Gerichts oder anderweitigen Örtlichkeiten des Rechts entfaltet. Da die Seduktionstheorie ausserdem auf eine Rezeption im Kino abzielt, folgt, dass vorwiegend Kinofilme Gegenstand der Analyse sind. Ganz zum Schluss der Untersuchung wird im Sinne eines kurzen Ausblicks allerdings skizziert, wie sich die Erkenntnisse auch auf andere filmische Darstellungen wie Fernsehfilme, Direct-to-DVD-Produktionen oder Videospiele übertragen lassen.

Da es sich bei der Seduktionstheorie um einen interpretativen Ansatz handelt, stehen konsequenterweise das filmische Werk sowie einzelne Szenen desselben im Zentrum der Analyse. Ziel der Interpretation ist es, das mögliche Wirkpotenzial einzelner Inszenierungen von Recht freizulegen beziehungsweise dominante Lesarten rechtlicher Motive im Film aufzuzeigen. Diese durch die Interpretation eröffneten Einblicke könnten alsdann wiederum Ausgangspunkt für weitergehende empirische Erhebungen oder kultursoziologische Arbeiten zur Erforschung der weiteren Interdependenzen von Film, Recht und Rechtskultur darstellen. Die Untersuchung ist insofern auch Grundlage, um das Verhältnis zwischen diesen Phänomenen neu zu ergründen. Ein solches umfassendes Unterfangen war freilich nicht das erklärte Ziel der Arbeit und würde dessen Möglichkeiten auch bei Weitem übersteigen. Ungeachtet dessen versteht sich die Untersuchung als mögliche Basis für weitere, noch zu erarbeitende Erkenntnisse in diesem interdisziplinären Forschungsfeld.

Über diese analytischen Möglichkeiten hinaus lässt sich mittels der Seduktionstheorie auch eine generelle Erklärung formulieren, worauf die Beliebtheit der allgegenwärtig scheinenden Konfrontation mit rechtsbezogenen Motiven und Spiegelungen im Film zurückzuführen ist. Weil sich mit der Seduktionstheorie somit verschiedenste Aussagen und Feststellungen über die Wirkweise von Recht im Film treffen lassen, was nicht zuletzt einem erklärten Ziel des *Law and Film Movement* entspricht, integriert sich die vorliegende Untersuchung gleich in mehrfacher Hinsicht in dieses übergeordnete Forschungsfeld, zu welchem sie auch einen wesentlichen Beitrag leisten möchte.

Mit Blick auf die Konzepte von Film, Recht und Verführung ist abschliessend anzumerken, dass der Seduktionstheorie die Prämisse zugrunde liegt, dass die Rezeption von Filmen – insbesondere im Kino – einen verführerischen, kommunikativen Prozess darstellt. Einen Film zu sehen, bedeutet folglich, in gewisser Weise von diesem verführt zu werden.[130] Stiglegger weist in diesem Kontext mit einem gewissen Recht aber darauf hin, dass der Begriff der Verführung aufgrund seiner meist inhärenten sinnlich-erotischen Konnotation missverständlich sein könnte. Er schlägt zwecks Differenzierung vor, diesen durch den neutralen Begriff der *Seduktion* zu ersetzen und den Begriff der *Verführung* nur dort zu verwenden, wo effektiv eine erotisch-sinnliche Strategie der Verführung im Zentrum der Analyse steht.[131] Da in der vorliegenden Analyse die sinnlich-erotische Verführung im engeren Sinne jedoch kaum von Bedeutung ist, folglich auch keine Notwendigkeit einer derartigen Differenzierung besteht, werden die beiden Begriffe der Einfachheit halber synonym verwendet.

130 Stiglegger, *Ritual & Verführung*, 33.
131 Stiglegger, 33.

2 Die erste und zweite Ebene der Seduktion

Nach der Seduktionstheorie offenbart sich die verführerische Qualität des Filmes auf insgesamt drei Ebenen, wobei der Schwerpunkt der Theorie auf der dritten Ebene der Seduktion liegt.[132] Auch wenn der Untersuchung ebenfalls diese dritte Ebene zugrunde liegt, ist vorweg ein kurzer Überblick über die erste und zweite Ebene der Seduktion sowie deren mögliche Bedeutungen für das Verständnis von Recht im Film zu verschaffen.

2.1 Die erste Ebene

In the world of advertising, there's no such thing as a lie.
There's only expedient exaggeration.
— Cary Grant, *North by Northwest*

Auf einer ersten Ebene kann der Film zu sich selbst verführen und damit das Interesse seines Publikums wecken. Dieser Vorgang umfasst gemäss Stiglegger den Trailer, die Promotion und weitere direkt mit dem Film zusammenhängende Aspekte wie Besetzung, Budget oder Genrezuschreibungen sowie die unmittelbar populären Qualitäten des Mediums.[133] Davon sind zwei Aspekte kurz auszuführen: das Genreprinzip als genuine Vermarktungsstrategie von bestimmten (rechtlichen) Botschaften sowie die Bedeutung der Promotion mittels Trailer.

Zunächst sind die Ausführungen zum Konzept des Genres in Erinnerung zu rufen, wobei in Ergänzung zu diesen anzumerken ist, dass das Genre nicht nur einen filmanalytischen Ansatz darstellt, sondern auch als Kommunikationsbegriff im Zusammenhang mit der Vermarktung von Filmen dient. Die Genrezuordnung ermöglicht es dem Publikum gewissermassen, eine Vorabeinschätzung der Rezeption vorzunehmen; also darüber, mit welchen erzählerischen Strukturen, Motiven und Bildern das Publikum anlässlich der Rezeption konfrontiert werden könnte.[134] In diesem Sinne insinuiert die Etikettierung als *Gerichtsfilm* dem Publikum beispielsweise eine mögliche Begegnung mit folgenden von Greenfield, Osborn und Robson als für das Genre wesentlich erachteten rechtlichen Merkmalen: dem

---

132 Stiglegger, „Die Seduktionstheorie des Films", 87 f.; Stiglegger, *Ritual & Verführung*, 9.

133 Stiglegger, „Die Seduktionstheorie des Films", 87.

134 Scheinpflug, *Genre-Theorie*, 23; Hickethier, „Genretheorie", 63.

ikonografischen Bild des Gerichtssaals, der Bebilderung einer mündlichen Beweisabnahme und der Schilderung einer sinngemässen David-gegen-Goliath-Konstellation.[135] Selbiges gilt auch für die Genrebezeichnungen des Kriminal- oder Gangsterfilms, bei welchem die an das Recht gerichtete Erwartung bereits in der Terminologie der Zuschreibung enthalten ist. Solche Zuordnungen sind insoweit schon seduktiv, als sie die Erwartungshaltung des Publikums vorbestimmen und dieses so zum Film verführen.

Freilich muss die aus der Zuordnung folgende Erwartung des Publikums nicht immer mit der effektiven Rezeption übereinstimmen. Vielmehr kann der Film mit den Konventionen und Motiven des zugewiesenen Genres brechen und so mit der Erwartungshaltung seines Publikums produktiv spielen. Ein solcher Bruch der Erwartung zeigt sich etwa in der von Greenfield, Osborn und Robson geführten Diskussion, inwieweit *12 Angry Men* (USA 1957) überhaupt unter das Genre des Gerichtsfilms falle, obschon der Film die hierfür massgebenden Konventionen – die Bebilderung von Verfahrenshandlungen unter Involvierung von Angeklagtem, Staatsanwaltschaft und Richter in den Räumlichkeiten des Gerichtssaals – gar nicht erfülle.[136] Die Etikettierung als *Gerichtsfilm* mag deshalb nicht nur für Greenfield, Osborn und Robson, sondern auch für das Publikum bisweilen trügerisch sein. Noch deutlicher wird der Bruch zwischen Genrezuordnung und effektiver Rezeption bei dem noch ausführlich zu besprechenden Film *Irréversible* (Frankreich 2002). Obwohl *Irréversible* bisweilen dem Subgenre des Rape-and-Revenge-Films zugerechnet wird, unterläuft der Film die dem Genre inhärente Handlungschronologie schon dadurch, dass der erste Akt der Rache gewidmet ist, während erst zum Schluss der Geschichte die dafür vermeintlich ursächliche Straftat gezeigt wird. Die beiden Beispiele machen deutlich, dass Genrezuordnung und konkrete Rezeption nicht zwangsläufig deckungsgleich sein müssen, das Publikum also immer auch das Risiko eingeht, durch die Zuordnung getäuscht zu werden. Diese Einschätzung ändert jedoch nichts an der verführerischen Qualität der Zuordnung an sich, die letztlich unabhängig davon wirkt, ob und inwiefern die dadurch generierten Erwartungen alsdann erfüllt werden oder nicht.

Fast noch wichtiger als die Zuordnung zu einem spezifischen Genre ist die Möglichkeit der Vermarktung rechtlicher Motive im Film mittels des Instruments des Trailers. Trailer stellen bei der Vermittlung und Vermark-

---

135 Greenfield, Osborn, und Robson, *Film and the Law*, 53 ff.

136 Greenfield, Osborn, und Robson, 52.

tung von Filmen eine wesentliche Schnittstelle dar, die beim Publikum noch vor der eigentlichen Rezeption das Begehren auf den jeweiligen Film wecken sollen, dieses also zum Film verführen möchten. Der Filmtheoretiker Vinzenz Hediger hat sich in seiner gleichnamigen Untersuchung mit dieser *Verführung zum Film* auseinandergesetzt und ist zum Schluss gekommen, dass sich die verführerische Qualität des Trailers daraus ergebe, dass Trailer regelmässig eine Form aufweisen, die mit der Art und Weise in Einklang stehe, wie sich das Publikum an Filme erinnere. Der Trailer sei demnach «zugleich ein zeitlich vorwärts- und rückwärtsgewandtes [Begehren], eine Liebe der Wiederholung und eine ‹nostalgia for the coming attraction›».[137] Trailer würden gemäss Hediger also Begehren wecken, indem sie den Unterhaltungswert des Films simulieren und das Publikum so eine emotionale Episode durchleben lassen. Insbesondere würden Trailer – unter sinngemässer Aktivierung des von Stanislowski umschriebenen *emotionalen Gedächtnisses*[138] – die Erinnerung an frühere Kinobesuche heraufbeschwören, diejenige an den kommenden Film simulieren und ihre anziehende Kraft auf die komplexe Anziehungskraft von Genussvorbildern abstützen.[139] Trailer sind demnach immer auch Grundlage dafür, welche rechtlichen Motive und Darstellungen sich ein Publikum von einem filmischen Werk erhofft und erwartet.

Da Trailer in erster Linie darauf ausgelegt sind, ein Publikum zu einem Film zu verführen, folgt, dass ein Trailer kaum ein exaktes Abbild des beworbenen Werkes wiedergeben kann; ansonsten bestünde für das Publikum keine Veranlassung mehr, sich das Endprodukt anzusehen. Demnach sind Trailer bisweilen so konzipiert, falsche Erwartungen zu wecken oder das Publikum zu täuschen – etwa indem der Trailer suggeriert, dass im beworbenen Film rechtsbezogene Fragen dominant thematisiert würden, ohne dass dem effektiv so ist; so beispielsweise im Trailer zu Jean-Luc Godards *Détective* (Frankreich 1985), der formal im Sinne einer Nötigung funktioniert: Es erscheint ein klischiert gezeichneter Detektiv, der eine im Bett liegende Frau zum Mitkommen auffordert. Nachdem die Frau dreimal widerspricht und entgegnet, sich ausruhen zu wollen, nimmt der Detektiv eine Pistole und erschiesst sie. Danach richtet der Detektiv seinen Revolver direkt drohend an das Publikum und fordert dieses auf, sich den neuen Film von Jean-Luc Godard anzusehen.

---

137 Hediger, *Verführung zum Film*, 17.
138 Stanislawski, *Stanislawski-Reader*, 86.
139 Hediger, *Verführung zum Film*, 265 f.

Abb. 9 bis 12: Eine Nötigung des Publikums: der Trailer zu Jean-Luc Godards *Détective*.

Freilich findet dieser nötigende, direkt in eine Straftat involvierende Kommunikationsprozess zwischen Publikum und Medium keinen Niederschlag im beworbenen Werk - ein aus Versatzteilen des Film Noirs sowie literarischen und filmgeschichtlichen Verweisen zusammengesetztes Potpourri, das in seiner Rätselhaftigkeit letztlich auf sich selbst und das Medium Film als solches verweist. Der Trailer von *Détective* ist jedoch ein anschauliches Beispiel dafür, wie Trailer - ähnlich wie schon Genrezuschreibungen - rechtsbezogene Publikumsbegehren wecken können, um diese dann doch nicht vollends zu erfüllen. Umso erstaunlicher ist es deshalb, dass sich das Publikum von solchen Täuschungsmanövern offenkundig nicht beirren und sich doch immer wieder von Trailern neu verführen lässt. Hediger stellt in diesem Kontext die überzeugende Hypothese auf, wonach das Publikum um die mögliche Enttäuschung immer schon wisse, weil es zum Begehren gehöre, immer mehr zu erwarten, als man bekomme.[140] Diese Beobachtung, dass das Publikum in filmische Bilder mehr hineinlesen möchte als das vordergründig Dargestellte, ist nicht nur für die Wirkung

140 Hediger, 228.

von Trailern, sondern für das Konzept der Verführung generell bedeutsam. Dieser sich-täuschen-lassen-wollende Blick in den filmischen Spiegel sowie das verführerische Spiel mit der Differenz von Darstellung und Dargestelltem werden deshalb an späterer Stelle anhand des Films *Blow Up* noch zu untersuchen sein. Ohnehin ist davon auszugehen, dass die Strategien der Bewerbung rechtlicher Motive mittels Filmtrailer weitestgehend deckungsgleich sind mit den grundsätzlichen seduktiven Inszenierungen von Recht im Film.

2.2 Die zweite Ebene

> [Fred:] *One of the things that keeps popping up is this about "subtext". Plays, novels, songs – they all have a "subtext". Which I take to mean a hidden message or import of some kind. So subtext we know. But what do you call the message or meaning that's right there on the surface, completely open and obvious? They never talk about that. What do you call what's above the subtext?*
> [Ted:] *The text.*
> [Fred:] *Ok, that's right, but they never talk about that.*
> — Chris Eigeman und Taylor Nichols, *Barcelona*

Die zweite Ebene der Seduktion umfasst gemäss Stiglegger die offensichtliche Form der filmischen Seduktion, mittels welcher der Film spezifische (rechtliche) Aussagen unmittelbar an das Publikum weitergeben kann.[141] Die Bedeutung dieser zweiten Ebene der Seduktion liegt im politischen Propagandafilm oder generell in Spielfilmen mit eindeutigen (rechtlichen) Botschaften sowie klaren Zuweisungsmustern.[142] So ergreifen die Filme von Ken Loach – wie *Kes* (Vereinigtes Königreich 1969), *Riff-Raff* (Vereinigtes Königreich 1991) oder *Raining Stones* (Vereinigtes Königreich 1993) – Partei für die sozial benachteiligte Arbeiterklasse und fordern mehr soziale Gerechtigkeit. Sidney Lumets *12 Angry Men* (USA 1957) lässt sich als Plädoyer für das Geschworenensystem interpretieren, und Wes Craven ruppiges Erstlingswerk *The Last House on the Left* (USA 1972) zeigt vordergründig auf, dass in jedem Menschen ein dunkler Trieb nach Rache schlummert. Alle diese Botschaften lassen sich ohne vertiefte Auseinandersetzung mit den jeweiligen Subtexten aus der Erzählung selbst herauslesen. Aufgrund der Vordergründigkeit und leichten Durchschaubarkeit der vermittelten

141 Stiglegger, „Die Seduktionstheorie des Films", 88.

142 Vgl. die Anmerkungen zum ideologischen Propagandafilm bei Stiglegger, *Ritual & Verführung*, 218 ff.; vgl. auch Fuery, *New Developments*, 159 f.

Botschaften bezeichnet Baudrillard diese Form der Seduktion als kraftlose Verführung, welche er von einer nur schwer als solchen erkennbaren verborgenen Verführung abgrenzt.[143] Bereits Fuery nahm eine Unterscheidung hinsichtlich der Erkennbarkeit des Verführungsaktes vor und unterschied zwischen den *signs of seduction* im Sinne einer offensichtlichen Form der Verführung sowie den *seductive signs*, also den Zeichen, die letztlich zu sich selbst verführen.[144]

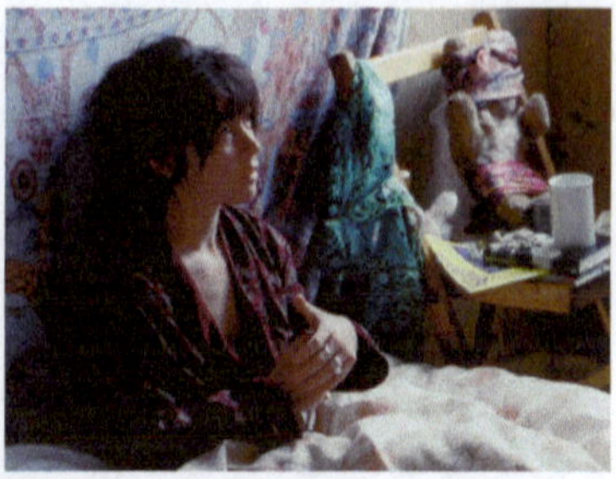

Abb. 13 und 14: Plädoyers für mehr soziale Gerechtigkeit: *Kes* (links) und *Riff-Raff* (rechts).

Auch wenn eine solche Unterscheidung zwischen einer offensichtlichen und einer verdeckten Form der Seduktion konzeptionell logisch klingt, ist eine strikte Trennung der beiden Strategien im Einzelnen nur schwer möglich. Vielmehr scheint es, dass das Publikum bisweilen von einem filmischen Werk auf einer offensichtlichen wie auch einer verdeckten Ebene gleichermassen verführt wird, wobei diese Ebenen in ihrer Wirkung auch zusammenfallen können. Deutlich zeigt sich ein solches Zusammenfallen, wenn die auf einer erzählerischen Ebene angelegten rechtlichen Botschaften im sinnlich-affektiven Potenzial der Inszenierung wiederum aufgegriffen werden. So wird der Drang nach Rache der filmischen Protagonisten in *The Last House on the Left* aufgrund der körperlich-übergriffigen Inszenierung der geschilderten Straftaten auch für das Publikum erfahrbar gemacht,[145] und in der von Stiglegger besprochenen Verfolgungsszene aus *The French Connection* scheint die körperliche Erschöpfung des nach dem flüchtigen Täter jagenden Drogenfahnders Jimmy Doyle angesichts der Tour de Force der Inszenierung auch vom Publikum Besitz zu ergreifen.[146]

143 Baudrillard, *Von der Verführung*, 7 f.

144 Fuery, *New Developments*, 159 f.

145 Ausführlich hierzu unter Kapitel IV, 1.2.

146 Stiglegger, *Ritual & Verführung*, 124, vgl. hierzu auch Kapitel III, 3.3.

In beiden Beispielen ist damit kaum mehr eine Trennung zwischen den in den filmischen Texten angelegten Botschaften und den für das Publikum im Subtext erfahrbaren Empfindungen möglich. Vielmehr entpuppt sich das Wechselspiel von oberflächlichen Botschaften und der gleichzeitigen Adressierung an das emotionale Potenzial des Publikums als Teil des filmischen Verführungskonzeptes an sich, wobei auf der Metaebene gewisse Begehrensstrukturen verdeutlicht werden können oder alternativ auch mit diesen gebrochen werden kann, was zu einer Differenz zwischen der diegetischen und extradiegetischen Ebene führt. Damit erweist sich eine streng apodiktisch anmutende Differenzierung zwischen einer zweiten und dritten Ebene der Seduktion zur Ergründung des wechselseitigen Zusammenspiels von filmischem Werk und Publikum eher als unnötige, konzeptionelle Einschränkung. Ohnehin scheint es doch auch etwas gewagt, Propagandafilmen ganz grundsätzlich die Möglichkeit der Ausbildung von extradiegetischen Ebenen absprechen zu wollen. Implizit bringt selbst Stiglegger diesbezüglich einen gewissen Vorbehalt zum Ausdruck, insofern er darauf hinweist, dass die inszenatorischen Strategien des künstlerischen Spielfilms jenen des ideologischen Propagandafilms in letzter Konsequenz ähneln würden.[147]

Dementsprechend ist in der Untersuchung keine streng formalistische Differenzierung nach der Kraft der Seduktion vorzunehmen, sondern eher danach, ob auf einer Metaebene gewisse Botschaften verdeutlicht werden oder aber das Publikum infolge der Inszenierung unbewusst zu etwas Neuem, sich mit den oberflächlichen Geschichten nicht mehr deckenden Empfindungen verführt wird, was möglicherweise zu einer Differenz zwischen der diegetischen und der extradiegetischen Ebene führt. Entsprechende Strategien wie auch deren seduktives Potenzial werden in der Analyse der einzelnen Filme noch zu untersuchen sein.

3 Die dritte Ebene der Seduktion

Die durch eine seduktionstheoretische Analyse eruierbare dritte Ebene der Seduktion verdeutlicht schliesslich, wie der Film sein Publikum zu einem verdeckten, auf der Metaebene liegenden Ziel verführt, was wiederum Schlüsse auf spezifische Begehrensstrukturen oder ideologische Subtexte

147 Stiglegger, 218.

zulässt.[148] Diese dritte Ebene bildet den Schwerpunkt des Konzepts der filmischen Verführung, dessen Ziel darin liegt, das Publikum gegen seine vermeintlich gefestigte Position vom vertrauten Weg abzubringen. Um diese dritte Ebene der Seduktion fassbar zu machen, bedarf es einer vertieften Interpretation der unterschiedlichen, dem Film zur Vermittlung von versteckten Botschaften zur Verfügung stehenden Mittel. Als solche Mittel der Seduktion kommen gemäss Stiglegger drei sich ergänzende Möglichkeiten in Betracht: erstens die Performanz (im Sinne der Inszenierung von Bewegung, Körper und Sinnlichkeit); zweitens der Bereich der Narration (als epische Erzählung oder verdeckte Mythologie); und drittens die ethische Ebene (indem das Publikum einem Ambivalenz-Erlebnis ausgesetzt wird).[149]

Bei genauerer Betrachtung erscheint die konzeptionelle Aufteilung in drei Mittel der Seduktion allerdings nicht ganz schlüssig; denn während es sich bei der Performanz wie auch beim Mythos um sinnliche und narrative Mittel der filmischen Inszenierung handelt, stellt das Ambivalenz-Erlebnis eher eine mögliche Begleiterscheinung des seduktiven Vorgangs dar. Ein Ambivalenz-Erlebnis kann dann auftreten, wenn das Publikum – unter Zuhilfenahme der angeführten sinnlichen und narrativen Mittel – zu einer Position verführt wird, welche nicht seinen angestammten ethischen Grundsätzen entspricht. Das Auftreten von Ambivalenzen lässt wiederum auf eine implizite Bewusstwerdung der verführerischen Vorgänge seitens des Publikums schliessen, was dessen ethischen Konflikt erst begründet. Selbst Stiglegger hält richtigerweise fest, dass zur Erzeugung von Ambivalenz die beiden Ebenen der Performanz und der Narration instrumentalisiert werden können.[150] Demnach wird – in leichter Abänderung von Stigleggers Verständnis – die ethische Ebene nicht als genuines Mittel der filmischen Verführung, sondern vielmehr als mögliches Ergebnis des seduktiven Prozesses begriffen. Die konkrete Bewandtnis und Bedeutung dieser Möglichkeit des Hervorbringens von Ambivalenzen werden im Kapitel betreffend *Motive des Rechts als seduktive Herausforderung* noch zu untersuchen sein.[151]

Zusammenfassend ist festzuhalten, dass sich das Recht im Film dann als verführerisches Konstrukt erweist, wenn es gegenüber dem Publikum in

148 Stiglegger, „Die Seduktionstheorie des Films", 88.
149 Stiglegger, 88; Stiglegger, *Ritual & Verführung*, 33.
150 Stiglegger, „Die Seduktionstheorie des Films", 88.
151 Siehe Kapitel IV, 2.

der Form der Performanz oder des Mythos in Erscheinung tritt. Was dies genau bedeutet und welche Rolle dabei dem Begriff des Unterbewusstseins zukommt, ist in den folgenden Ausführungen zu klären.

3.1 Recht, Film und Unterbewusstsein

I never go anywhere, I just dream about it.
— Jacob Tremblay, *Luca*

Wie gesehen, liegt die seduktive Wirkung des Filmes darin, das Publikum vom vertrauten Weg abzubringen und zu einem ihm bislang verborgen gebliebenen Ziel zu verführen. Die verführerische Kraft des Films ist damit untrennbar mit dem menschlichen Unterbewusstsein verbunden, welches sich *per se* offensichtlichen Deutungen und klaren Zuweisungsstrukturen entzieht. Befasst man sich mit den möglichen Interdependenzen von Film und Unterbewusstsein, so bedient man sich des Vokabulars jener filmtheoretischen Ansätze, welche – unter Berufung auf Sigmund Freud sowie Jacques Lacan – die Methode der Psychoanalyse für die Erforschung des Films und des Kinos fruchtbar gemacht haben. Nachfolgend ist auf jene Aspekte solcher Theoriemodelle einzugehen, welche für die Ergründung der verführerischen Wirkung von Recht im Film von Bedeutung sind: Es sind dies die Konzepte des *Blickes*, des *Begehrens*, des *Anderen*, des *Tabus*, des *Spiegels* sowie die von *Traum* und *Verdichtung*.

Aus Jean-Paul Sartres philosophischem Werk *Das Sein und das Nichts* ist zunächst die Idee zu übernehmen, dass die Seinsweisen des Menschen – das *An-sich-sein*, das *Für-sich-sein* sowie das *Für-andere-sein* – aufgrund ihrer Beziehung zueinander jeweils die Identitätsbildung des Ichs beeinflussen.[152] Aufbauend auf diesem Konzept verweist Stiglegger auf die Beziehung zwischen dem Subjekt und dem Anderen sowie auf den Blick als Möglichkeit, sich des Anderen zu bemächtigen.[153] Der Blick verläuft dabei nicht nur einseitig vom Subjekt zum Anderen, sondern es besteht die Möglichkeit, dass der Andere zurückblicken kann: «‹Das Vom-Andern-

152 Sartre, *Das Sein und das Nichts*, 37 ff., 162 ff., 404 ff.

153 Stiglegger, *Ritual & Verführung*, 21; vgl. hierzu Sartre, *Das Sein und das Nichts*, 638: «Wenn wir von der ersten Enthüllung des Anderen als Blick ausgehen, müssen wir anerkennen, dass wir unser unerfassbares Für-Andere-sein in Form eines Besessenwerdens erfahren.»

gesehen-werden› ist die *Wahrheit* des ‹*Den-Andern-sehens*›.»[154] In ebendiesem Moment des Zurückblickens kann das Subjekt gleichermassen Scham und Stolz empfinden, wobei die Scham Ausdruck dessen ist, dass «der Andere anblickt und beurteilt».[155]

Im Film ist – um die abstrakten Konzepte von Sartre auf die Situation im Kino zu übertragen – die Blickrichtung grundsätzlich eindimensional und verläuft vom Auge der rezipierenden Person direkt auf die Projektion auf der Kinoleinwand. Die Bilder verleihen dem Publikum insofern die Macht, sich der fiktiven Objekte und Figuren als Andere zu bemächtigen und über diese während der Rezeption zu verfügen.[156] Diese Prämisse ist für die Untersuchung deshalb von Bedeutung, weil – wie noch zu zeigen sein wird – filmische Bilder von drastischen Rechtsgutsverletzungen das Publikum unbewusst zu einer täterschaftsähnlichen Position verführen und ihm die vermeintliche Souveränität über die filmischen Verletzungen verleihen. Handkehrum können sich die Rezipierenden jedoch auch der Übermacht der filmischen Bilder völlig unterordnen und so zum unterworfenen Subjekt der sie anblickenden und beurteilenden Inszenierung degradiert werden.[157] Stiglegger erkennt das Andere also im filmischen Bild an sich, welches in der Art eines kommunikativen Prozesses eine Macht über seine Betrachter ausübt.[158]

Im Kontext des gegenseitigen Wechselverhältnisses des filmischen Bildes als Objekt und der rezipierenden Person als Subjekt verweist Stiglegger auf den Begriff des *Begehrens* gemäss dem psychoanalytischen Vokabular von Jacques Lacan. Bei diesem handelt es sich nicht primär um einen biologischen Instinkt, sondern um ein artikuliertes Verlangen, das nach Erwiderung verlangt und nichts anderes darstellt als «das Begehren nach dem Begehren des Anderen».[159] Aus diesem Begehren leitet Stiglegger wiederum zwei seduktive Möglichkeiten der Rezeption ab: Erstens könne der Film die Erfüllung des Begehrens und damit die Anerkennung des Publikum verweigern, und zweitens könne das filmische Bild einen Blick auf das Publikum zurückwerfen, um von diesem ebenfalls etwas einzufordern.[160] Wichtig ist damit, dass dem Film die Möglichkeit zukommt, die an das

154 Sartre, *Das Sein und das Nichts*, 464.
155 Sartre, 471.
156 Stiglegger, *Ritual & Verführung*, 21.
157 Ausführlich zu diesen Konzepten vgl. Kapitel IV, 1.2.
158 Stiglegger, *Ritual & Verführung*, 22.
159 Stiglegger, 22 f.; mit Verweis auf Biti, *Literatur- und Kulturtheorie*, 99.
160 Stiglegger, *Ritual & Verführung*, 23.

Recht und dessen Inszenierung gerichteten Erwartungen zu unterlaufen – etwa durch den Bruch mit gewissen genretypischen Erzählformen oder mit rechtsbezogenen Mythen. Die enttäuschte Erwartung, als das Zurückblicken des Films, hält seinerseits das Publikum dazu an, seine eigenen (rechtlichen) Vorstellungen zu überdenken und sich gegebenenfalls neu zu positionieren. Ebenfalls unter dieses Zurückblicken fällt die inszenatorische Strategie, vom Publikum die Beantwortung bestimmter rechtlicher Fragen einzufordern oder es aktiv an rechtsbezogenen Prozessen teilhaben zu lassen. Gerade Kriminal- oder Gerichtsfilme sind oftmals so inszeniert, dass sich das Publikum durch eigenes Miträtseln an einer Täter- und Wahrheitsfindung (im Sinne des zu begehrenden Anderen) beteiligen kann. Ganz offensichtlich zeigt sich ein solches Einfordern in Filmen wie *Funny Games* (Österreich 1997) oder *Terror – Ihr Urteil*, wo sich die filmischen Figuren ganz unmittelbar und in direkter Rede an ihr Publikum wenden und von diesem eine Reaktion auf die gezeigten Straftaten oder die Ausfällung eines gerechten Strafurteils einverlangen. Angesichts der Offenkundigkeit und Unmittelbarkeit dieses Einforderns stellt sich allerdings die Frage, ob und inwiefern noch von einer verdeckten Verführung im Sinne der von Stigleggger postulierten dritten Ebene gesprochen werden kann.

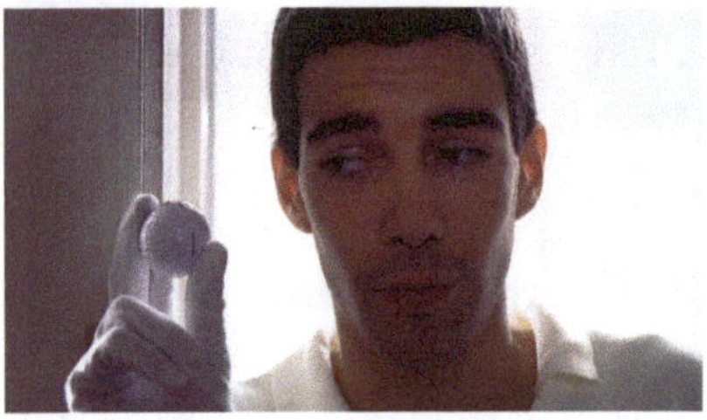

Abb. 15 und 16: Das Einverlangen einer Positionierung des Publikums (*Funny Games*).

Ein konkretes, für die verführerische Kraft rechtlicher Motive im Film wichtiges Begehren ist jenes nach dem Verbotenen und dem Tabubruch. Sigmund Freud legte unter Verweis auf Wilhelm Wundt dar, dass das Tabu den ältesten ungeschriebenen Kodex der Menschheit darstellt[161] – und insofern auch die Wurzel all unserer neuzeitlichen normativen Gebote und Gesetze. Er erkannte ausserdem, dass sich das Tabu in mehrfacher Hinsicht mit den Zwangsneurosen der Gesellschaft überschneidet und stellte folgende fünf Übereinstimmungen fest:

161 Freud, *Totem und Tabu*, 27.

> «1. In der Unmotiviertheit der Gebote, 2. in ihrer Befestigung durch eine innere Nötigung, 3. in ihrer Verschiebbarkeit und in der Ansteckungsgefahr durch das Verbotene, 4. in der Verursachung von zeremoniösen Handlungen, Geboten, die von den Verboten ausgehen.»[162]

Vieles, wenn nicht das meiste hiervon lässt sich sinngemäss auf die rechtlichen Konzepte von Straftat (als ansteckend wirkendes Tabu im Sinne des Verbotenen) sowie von Strafe und Gesetz (als zeremonielle [prozessuale] Handlungen verursachendes, der Vermeidung des Tabubruchs dienendes Konstrukt, dessen nötigender Kraft sich die Gesellschaft regelmässig unterwirft) übertragen. Einzig hinsichtlich des Kriteriums der «Unmotiviertheit» ist, wie auch von Stiglegger festgestellt, zu bemerken, dass die nötigende Einhaltung der Tabugrenzen in den westlichen Industriegesellschaften meist mit einer rationalen Begründung einhergeht.[163] Mit Blick auf das Recht findet sich eine solche Begründung, um nicht gegen unter Strafe gestellte Tabus zu verstossen, im Konzept des Rechtsgüterschutzes, das die Strafe rationalisiert und gegenüber rein moralischen Empfindsamkeiten abgrenzt. Dass das Verständnis von Strafe auch heute jenem einer Bewahrerin der Tabugrenze entspricht, zeigt sich deutlich an der Theorie der negativen Generalprävention, welcher der Gedanke zugrunde liegt, dass die abschreckende Wirkung und Androhung von Strafe den Normbruch (als das vermeidenswerte Andere) verhindern soll.[164] Dabei basieren solche Ansätze jeweils auf dem Verständnis, dass erst mittels Strafdrohung dem gesellschaftlichen Begehren nach dem Verbotenen sowie der vom Tabu ausgehenden «Ansteckungsgefahr» Einhalt geboten werden kann; denn «Wo ein Verbot vorliegt, muss ein Begehren dahinter sein», meinte schon Freud.[165]

Vor dem Hintergrund dieses Begehrens des Verbotenen erklärt sich möglicherweise, weshalb sich der Topos des Normbruchs als filmisches Narrativ bis heute einer ungebrochenen Beliebtheit erfreut.[166] Insbesondere im Thriller, im Gerichts- oder Polizeifilm bildet das Gesetz regelmässig eine Grenze, welche sich einzig mittels Selbstjustiz überwinden lässt, wobei seduktiv – also in einem wechselseitigen Spiel zwischen Publikum und Film – mit dem Überschreiten dieser Grenze gespielt wird. Man denke beispielsweise an die Figur des Polizisten Callahan respektive *Dirty Harry*

162 Freud, 39.
163 Stiglegger, *Ritual & Verführung*, 23.
164 Stratenwerth und Bommer, *Schweizerisches Strafrecht, Allgemeiner Teil II*, § 6 N 75.
165 Freud, *Totem und Tabu*, 94.
166 Stiglegger, *Ritual & Verführung*, 23.

(USA 1996), der angesichts der Ohnmacht der Strafverfolgungsbehörden selbst zum Normbrecher werden muss und durch seine rechtswidrigen Aktionen die Grenzen des Rechts – und damit auch des Tabus – überschreitet.

Abb. 17 bis 19: Surrogat des begehrenswerten Verbotenen: Leatherface (*The Texas Chainsaw Massacre*, oben), Inspektor Callahan respektive Dirty Harry (*Dirty Harry*, links unten) und Ernst Stravo Blofeld (*You Only Live Twice, rechts* unten).

Die filmische Inszenierung eröffnet seinem Publikum damit die Möglichkeit, seinem Begehren nach der Überschreitung der Tabugrenze in der Gestalt von Figuren wie Dirty Harry – oder ganz grundsätzlich fiktiven Verbrechertypen wie Michael Myers (*Halloween*), Leatherface (*The Texas Chainsaw Massacre*) oder Ernst Stavro Blofeld («James Bond»-Filme) – Ausdruck zu verleihen. Da solche Figuren immer auch ein Surrogat des vom Publikum begehrten Verbotenen darstellen, läuft das Publikum nie Gefahr, sich den tatsächlichen Konsequenzen seines gedanklichen Spiels zu stellen.[167]

167 Vgl. hierzu Freud, *Totem und Tabu*, 41, wonach sich die Trieblust beständig auf neue Objekte verschiebe und Surrogate für das Verbotene suche.

In engem Zusammenhang mit dem Begehren nach dem Verbotenen steht das von Julia Kristeva entwickelte und auf Sigmund Freuds Schriften zu Angst, Phobie und Psychosen zurückgehende Konzept des *Abjekts*. Unter *Abjekt* versteht Kristeva alles, was dadurch, dass es – ähnlich dem Tabu – keine Grenzen, Regeln oder Positionen anerkennt,[168] in einem Menschen Aversionen hervorrufen kann.[169] Darunter fallen beispielsweise Bilder von entstellten Leichen, schweren Verletzungen des Körpers oder sexuellen Übergriffen – in anderen Worten allesamt Bilder von Verbrechen oder Straftaten. In Übertragung dieses Gedankens auf die filmische Inszenierung ermöglicht die Konfrontation mit abjekten Straftaten sowie den hierfür verantwortlichen Personen dem Publikum immer auch eine unbewusste Auseinandersetzung mit dem Verdrängten, Verworfenen, Bedrohlichen und Tabuisierten des eigenen Ichs.[170]

Wenn also der Film im Moment der Rezeption eine Konfrontation mit dem eigenen Ich und dessen Begehrlichkeiten und Ängsten zulässt, dann lässt sich die Funktionsweise des filmischen Bildes ganz grundsätzlich ähnlich der eines Spiegels auffassen. Solche funktionalen Gemeinsamkeiten der Konzepte von Rezeption und Spiegel sind nicht eine genuine Entdeckung der unter Rückgriff auf Freud und Lacan ausgearbeiteten psychoanalytischen Ansätze von Laura Mulvey, Christian Metz oder J.-L. Baudry, sondern reichen weit in die Filmtheorien des 20. Jahrhunderts zurück.[171] Auch Sartres Blicktheorie, die durch die wechselseitigen Blickrichtungen ermöglichte Konfrontation mit dem *Anderen*, ist letztlich nichts anderes als eine spiegelbildliche Reflektion von imaginären Realitäten. Ein solcher, dem Publikum eröffneter Blick in den Spiegel geht dabei insofern regelmässig mit einem verkennenden beziehungsweise regressiven Momentum einher, als das Publikum im Moment der Rezeption so weit in eine rein aufs Sehen reduzierte Passivität zurückgebunden wird, dass es den Unterschied zwischen Repräsentation und Realität verkennen und das Geschehen auf der Leinwand als Realität empfinden möchte.[172] Ein solches Verkennen ist *per se* verführerisch, da es immer auch dem latenten Wunsch des Publikums entspricht, reproduzierte Bilder nicht als das wahrnehmen zu müssen, was

168 Elsaesser und Hagener, *Filmtheorie zur Einführung*, 155.
169 Kristeva, *Powers of Horror*, 1 f.
170 Stiglegger, *Ritual & Verführung*, 94.
171 Elsaesser und Hagener, *Filmtheorie zur Einführung*, 77, wonach bereits Béla Balász in der Grossaufnahme zwei Gesichter ausmachte, welche sich wie in einem Spiegel gegenübertreten und gegenseitig anblicken.
172 Stiglegger, *Ritual & Verführung*, 25.

sie letztlich sind: Fiktionen, einzig für das Publikum konstruierte Illusionen.[173]

Entscheidend ist bei alledem, dass die Rezeption von Filmen nicht nur als Spiegel des Innenlebens funktioniert, sondern ganz grundsätzliche Übereinstimmungen mit den Strukturen des menschlichen Unterbewusstseins aufweist; sinngemäss wird die Rezeption deshalb selbst zum Traumspiel.[174] Stiglegger verweist in diesem Zusammenhang wiederum auf Freud, der den Traum als eine Verdichtung erlebter Realität kategorisierte: «Die Verdichtungsarbeit produziert Mischgebilde, indem sie verschiedene Elemente – Ideen, Gegenstände, Personen – zusammenwirft, dergestalt den unbewussten Wunsch kaschiert und zugleich enthüllt.»[175] Die mit dem Moment der Rezeption einhergehende Verdichtung von Realität im Sinne einer hyperrealen Wahrnehmung[176] ist für die Untersuchung insofern von Relevanz, als sich der rechtliche Bezug einzelner Motive auf der Ebene des Signifikanten – also der filmischen Subtexte – verdeutlichen kann, etwa indem die körperliche Erfahrung von filmisch reproduzierter Selbstjustiz das Publikum unbewusst zur Übernahme von vergeltungstheoretischen Positionen verführt. Die Verdichtungsarbeit des Filmischen kann jedoch auch zu einer Entfremdung von rechtlichen Realitäten führen: So hängt die Faszination für die Figur des diabolischen Rechtsvertreters John Milton aus *The Devil's Advocate* (USA 1997) weniger mit dessen Anwaltstätigkeit zusammen, sondern gründet – zumindest auf einer unbewussten Ebene – in der dem Publikum ermöglichten Konfrontation mit der überlebensgrossen Figur von Al Pacino sowie dessen Interpretation eines Verführertypus, der nicht mehr an irdischen Massstäben messbar scheint.

Für die verführerische Wirkung des Rechts ist es letztlich nicht derart entscheidend, ob ein rechtliches Motiv im Rahmen des seduktiven Akts seinen rechtlichen Bezug verliert und das Publikum zu einem anderen, möglicherweise rechtsfremden Ziel verbringt oder aber ob sich ein Konnex zum Recht erst im filmischen Subtext verdichtet. Insofern ist es unerheblich, ob das Recht auf einer diegetischen oder extradiegetischen Ebene des Filmes in Erscheinung tritt – die Prämisse, wonach gewisse Inszenierungen rechtlicher Motive verführerisch sind, bleibt nämlich in beiden Fällen die gleiche.

173 Stiglegger, 25.
174 Stiglegger, 25.
175 Freud, *Die Traumdeutung*, 318 ff.
176 Stiglegger, *Ritual & Verführung*, 25, mit Verweis auf Baudry, der filmische Bilder als „more-than-real representations" beschrieb.

Abb. 20: Al Pacino als diabolischer Rechtsvertreter in *The Devil's Advocate.*

Zusammenfassend ist Folgendes festzuhalten: Die Wahrnehmung von Filmen funktioniert ähnlich einem Traumspiel, wobei der Film wechselseitig mit seinem Publikum interagiert und - mehr oder weniger offensichtlich - dessen Begehren nach dem *Anderen* spiegelt und reproduziert. Im *Anderen* können sich dabei verschiedene an die Inszenierung von Recht gerichtete Sehnsüchte, Ängste und Wünsche manifestieren - sei es die Lust an der Tabuüberschreitung, das Verlangen nach Gerechtigkeit, die Suche nach Wahrheit oder aber die wiederkehrende Befassung mit spezifischen ikonografischen oder narrativen Mythen. Je offensichtlicher die filmische Aussage und das Begehren nach dem *Anderen* formuliert wird, desto durchschaubarer wirkt auch die Seduktion. Je versteckter demgegenüber diese Prozesse ablaufen, desto grösser ist das verführerische Potenzial. Als besonders verführerisch erweist sich die Inszenierung von Recht dann, wenn der Film - im Sinne eines Spiegels - einen Blick auf das Publikum zurückwirft und von diesem sinngemäss eine Auseinandersetzung mit rechtlichen Fragen einfordert. In diesem Moment wird Recht im Film denn auch zur genuinen Herausforderung seines Publikums.

Damit ist der Zusammenhang zwischen dem Unterbewusstsein und der verführerischen Qualität von Recht im Film dem Grundsatz nach dargelegt. Nicht dargelegt sind aber die filmspezifischen Mittel, welche den seduktiven Prozess erst ermöglichen. Als solche Mittel kommen die Narration im Sinne eines produktiven Spiels mit dem Mythos sowie die performativen Eigenschaften des Filmes in Frage.

3.2 Mythos, Ritual und Recht

I'll be back.
– Arnold Schwarzenegger, *The Terminator*

Ein auf die Möglichkeiten der Narration zurückgreifendes verführerisches Mittel des Filmes stellt das Spiel mit dem Mythos dar. Stiglegger versteht das Kino dabei ganz grundsätzlich als Mythenreservoir der Moderne;[177] er meint damit, dass der Film auf ein Reservoir verschiedener, im kulturellen Verständnis weithin verankerter Geschichten und Bilder zurückgreifen kann. Der Film befriedigt damit die Sehnsucht seines Publikums nach einer Wiederbegegnung mit dem Bekannten und gerne Gesehenen. Der Mythos ist freilich nicht eine eigenständige Entdeckung der Seduktionstheorie, sondern – wie bereits in den Darlegungen zu den Genretheorien ausgeführt – ein in der Film- und Literaturtheorie breit untersuchter Begriff. Im Hinblick auf die bereits bestehende theoretische Fülle werden deshalb lediglich die wichtigsten, für das Verständnis der verführerischen Kraft rechtlicher Inszenierungen grundlegenden Prämissen des Mythos-Begriffes kurz umrissen. Ergänzende Ausführungen werden alsdann – sofern notwendig – im Rahmen der Analyse der einzelnen Filme folgen.

Einer grundsätzlichen, der Ethnologie entliehenen Annahme zufolge ist ein Mythos zunächst eine mündlich, schriftlich oder in anderer Weise überlieferte Erzählung mit sakralem Gehalt.[178] Stiglegger fasst die wichtigsten Elemente des Mythos, die er aus Mircea Eliades *Die Religionen und das Heilige* entnimmt,[179] dabei wie folgt zusammen:

> «1. Der Mythos erzählt in letzter Instanz eine wahre, ewige Geschichte; damit kann unter Umständen eine so elementare, unleugbare Wahrheit wie die Geburt oder der Tod gemeint sein. 2. Die mythische Fabel ist heilig, das heißt, ihr Gehalt ist dem profanen Bereich entzogen. 3. Der Mythos ist stets der Zeit des Ursprungs oder der Schöpfung zugeordnet; dieser Ursprung muss nicht einer früheren Zeit angehören, sondern kann jede Form des Neubeginns bezeichnen. Folglich ist der gelebte Mythos eine Zeit, in der alle Zeiten in eine fallen. 4. Der Mythos enthält die Begründung und Basis der Rituale; der Mythos hat daher moralisch bindende normative Kraft. 5. Die Protagonisten der mythischen Fabel

---

177 Stiglegger, 26; Stiglegger, *Verdichtungen*, 39 f.
178 Stiglegger, *Ritual & Verführung*, 26.
179 Eliade, *Die Religionen und das Heilige*, 470–501.

sind übermenschliche Wesen. Der Mythos bezeichnet insofern den Einbruch des Heiligen ins Alltägliche – oder auch umgekehrt: den Moment des Alltäglichen im Heiligen.»[180]

Für die vorliegende Untersuchung als zentral erweist sich hiervon insbesondere der Gedanke, dass im Mythos eine Aussage formuliert und verdichtet werden kann.[181] Dies gilt nicht nur für den klassisch-anthropologischen Mythos-Begriff, sondern auch für dessen modernes, von seinem sakralen Ursprung befreites Verständnis nach Roland Barthes: Barthes versteht den Mythos nämlich als sinnstiftendes Mitteilungssystem, «als System der Kommunikation», innerhalb dessen kraft gesellschaftlicher Aneignung grundsätzlich alles zum Mythos erhoben werden kann, «was in einen Diskurs eingeht».[182] Ernst Cassirer und Claude Lévi-Strauss erblickten im Mythos wiederum eine Denkform im Sinne eines archaischen, auf die Anfänge der Zivilisation zurückgehenden *mythischen* oder *wilden* Denkens.[183] Wenn der Mythos folglich auch der Verdeutlichung von Aussagen oder als eine Art von Denken dient, bildet dies bereits einen Hinweis darauf, weshalb sich die Literatur oder der Film, die konzeptionell immer der Vermittlung von bestimmten Botschaften und Denkweisen dienen, als potenzielle Mythen-Träger anbieten.

Ein weiterer Wesensinhalt des Mythos stellt sein ritueller, stetig auf Wiederholung gerichteter Kern dar. Bereits einem anthropologischen Verständnis zufolge wird der Mythos durch sich wiederholende Handlungen, die Riten, verkörpert. Der Mythos ist also zyklisch angelegt und zielt auf eine ständige Wiederholung eines Schlüsselereignisses ab, was zu einer «Beschwörung der Dauerhaftigkeit der Welt im Ritual» führt.[184] Auch Eliade wies darauf hin, dass es sich beim Mythos «nicht um eine ‹Geschichte› im modernen Sinn des Ausdrucks – um irreversible und unwiederholbare Ereignisse –» handle, «sondern um eine exemplarische Geschichte, die sich (periodisch oder nichtperiodisch) wiederholen kann, deren Bedeutung und Sinn gerade in ihrer Wiederholung liegt.»[185] Hier schliesst sich der Gedanke von Ritual, Mythos und filmischem Rezeptionsakt: Denn auch die filmische Rezeption ist ein ritualisierter und stetig auf Wiederholung gerichteter

180 Stiglegger, *Ritual & Verführung*, 26 f.
181 Stiglegger, 27.
182 Barthes, *Mythen des Alltags*, 251.
183 Vgl. zum Charakter dieses archaischen Denkens Cassirer, „Das mythische Denken", 39–77; Lévi-Strauss, *Das wilde Denken*, 11–48.
184 Blumenberg, *Arbeit am Mythos*, 108.
185 Eliade, *Die Religionen und das Heilige*, 497.

Vorgang, anlässlich dessen wiederkehrende Geschichten, Erzählungen und Motive einer zyklischen Betrachtung unterzogen werden. Durch diese Ritualisierung – im Sinne einer wiederkehrenden Beschäftigung mit solchen strukturellen Merkmalen – ermöglicht der Film den von ihm transportierten Mythen eine Dauerhaftigkeit.

Die Funktion des Filmes als Mythenträger ist dabei eine doppelte: So kann der Film – im Sinne eines Mythenreservoirs – klassische Mythen (biblische Geschichten, griechische Tragödien, Sagen, Legenden, Volksmärchen, Fabeln oder andere vergleichbare Erzählungen) transportieren oder aber – im Sinne eines Mitteilungssystems – selbst seine eigenen Mythen erschaffen.[186] Diese zweite Funktionsweise erkannte zu Stummfilmzeiten schon der Filmtheoretiker Béla Balász, der bemerkte, dass das neue Medium des Films mittlerweile die Rolle übernommen habe, die früher einmal Legenden und Volksmärchen gespielt hätten.[187] Unter solche vom Film selbst produzierten Mythen fallen nicht nur gewisse mittlerweile zu Prototypen von Filmgenres gewachsenen Erzählstrukturen (die Genres von Western, Kriminalfilm, Horrorfilm oder dergleichen), sondern auch die vom Kino reproduzierten ikonischen Heldenfiguren sowie das damit verbundene Star-System. Dabei ist es nicht zuletzt der Körper der jeweiligen Stars selbst, der für das Publikum gewissermassen als Sehnsuchtsspiegel fungiert. Die Begegnung mit den von Bruce Lee, James Dean oder Marilyn Monroe verkörperten Figuren befriedigt immer auch den Wunsch des Publikums nach der Konfrontation mit dem Übermenschlichen, wozu nicht zuletzt auch die mysteriösen Todesumstände der Stars massgeblich beigetragen haben; übrig bleibt von ihnen bis heute ihr phantomhaftes, ewig gleichbleibendes Abbild, das sich längst von den dahinterstehenden Personen gelöst zu haben scheint.[188] Bei Romy Schneiders Interpretation der Figur der Kaiserin Sissi zeigt sich der Mythos damit gleich in einem doppelten Sinne: in jenem der Schauspielerin, die ein Leben lang gegen das ihr durch die Rolle zugeschriebene Image kämpfen musste, als auch in jenem der überlebensgrossen, tragischen Figur der Kaiserin von Österreich. Dem Film kommt – indem beispielsweise die Sissi-Filme immer zur Weihnachtszeit einer zyklischen Betrachtung unterworfen werden – die Funktion zu, seine eigenen Legendenbilder am Leben zu erhalten, sie quasi zu erretten.

---

186 Stiglegger, *Ritual & Verführung*, 28.
187 Balázs, *Der sichtbare Mensch*, 21.
188 Stiglegger, *Ritual & Verführung*, 28 f.

Abb. 21: Der Mythos im doppelten Sinne: Romy Schneider als Kaiserin Sissi (*Sissi*).

Und wenn sich mittels des Mythos - um nochmals auf dessen Funktion als Verständigungsbegriff zurückzukommen - elementare Antworten auf die grossen Fragen des Menschseins formulieren lassen, lässt sich bereits erahnen, dass dieser einen irgendwie gearteten Bezug zum Recht aufweisen muss. Denn auch das Recht dient, ähnlich wie der Mythos, als sinn- und ordnungsstiftender Kommunikationsbegriff des gesellschaftlichen Zusammenlebens, mit welchem sich Aussagen oder Bedeutungen formulieren lassen. Hierzu hat das Recht verschiedene Regeln, Prozesse und Verfahren entwickelt, mit welchen es auf bestimmte Lebenssachverhalte reagiert. Solche Verfahren, insbesondere jene der Rechtsschöpfung und Rechtsanwendung, sind aufgrund ihres auf Wiederholung abzielenden Wesens dabei eng mit der Idee des mythischen Denkens verknüpft: So werden gesellschaftliche Übungen und Regeln durch ihre Wiederholung zu Gewohnheitsrecht und alsdann zu Gesetz, welches wiederum auf immer neue Lebenssachverhalte angewandt wird. Das Recht schafft insofern seine eigenen exemplarischen Wahrheiten und reproduziert diese in der Gestalt von Urteilen, Rechtsprechungen, Gesetzestexten oder Lehrmeinungen fortwährend weiter. Bisweilen ähnelt der Ablauf solcher vom Recht geschaffenen rituellen Verfahren, zum Beispiel was den prozessual vorgeschriebenen Ablauf einer gerichtlichen Hauptverhandlung anbelangt, selbst mythischen Erzählstrukturen wie jener der klassischen griechischen Tragödie, die sich - wie eine gerichtliche Verhandlung auch - durch eine Einheit von Ort, Zeit und Handlung auszeichnet.[189] Zu alledem gehört auch, dass das Recht seine eigenen exemplarischen Figuren und Objekte wie beispielsweise die ikonografischen Bilder von Justitia und der Waage oder – ganz grundsätzlich – prozessuale Figuren wie Richter, Anwältinnen, Zeugen, Geschädigte, Täterinnen und Opfer hervorbringt. All diese Objekte und Figuren entfalten ihre Bedeutung aufgrund ihrer konzeptionellen und funktionalen Zuschreibung und damit weitestgehend losgelöst von konkreten individuellen Personen. Solche vom Recht erschaffenen Prozesse, Rituale, Verfahren, Objekte und Bilder können deshalb – im Sinne eines gesellschaftlichen Verständigungsbegriffs – als rechtliche Mythen in einem engeren Sinne bezeichnet werden.

Nebst solchen konzeptionellen Ähnlichkeiten lässt sich – im Sinne einer weiteren Überschneidung von Mythos und Recht – feststellen, dass vielen klassischen Mythen mehr oder weniger deutlich rechtsbezogene Themen, Topoi und Motive zugrunde liegen. Man denke beispielsweise an die einen solchen Bezug bereits begrifflich herstellende, den abrahamitischen Religionen immanente Vorstellung eines das Weltgeschehen abschliessenden Jüngsten Gerichts oder an die klassischen Erzählungen von Orestie, Ödipus und Elektra, die immer auch rechtsbezogene Topoi wie Inzest, Mord, Rache, Schuld und Gewalt zum Inhalt haben. Solche urtypischen Geschichten zeugen von einem bis in die Antike zurückreichenden Drang des Menschen, sich mit den grossen, ewigen Fragen des Menschseins – und damit auch mit jenen über Recht und Unrecht oder über Schuld und Sühne – zu befassen. Entsprechende Geschichten lassen sich, in Abgrenzung zu den erwähnten rechtlichen Mythen, als klassische Mythen mit einem Bezug zum Recht bezeichnen.

Wie gesehen, kommt dem Film die Funktion eines Mythenträgers zu. Ableitend aus dieser Funktion gehen – um die verschiedenen Überlegungen zu Mythos und Recht nunmehr auf den Film zu übertragen – folgende, seduktiven Inszenierungstypen hervor: Der Film kann rechtliche Mythen (in einem engeren Sinne wie auch klassische Mythen mit einem Bezug zum Recht) aufgreifen und transportieren oder sich zur Inszenierung des Rechts an anderweitigen, vom Recht losgelösten Spielarten des Mythos (narrative Codes oder ikonografische Figuren ohne direkten Bezug zum Recht) bedienen. Wie anhand der Analyse der einzelnen Filme noch aufzuzeigen sein wird, sind diese Möglichkeiten dabei nicht als isoliert stehende

189 Ausführlich hierzu in Kapitel IV, 2.5.

inszenatorische Prototypen, sondern als sich gegenseitig ergänzende und überlagernde verführerische Strategien zu verstehen.

Der Film kann zur Vermittlung des Rechts also zunächst auf klassische Mythen zurückgreifen, ohne dass diese zwingend einen Bezug zum Recht aufweisen müssen. Vielen der in der Untersuchung besprochenen Inszenierungen von Recht liegen letztlich biblische Geschichten (*The Devil's Advocate*), alte Legenden und Volksmärchen (*Jungfrukällan, The Last House on the Left*), Erzählstrukturen aus der Antike (*Terror – Ihr Urteil*) oder aber die

Abb. 22 und 23: Mythische Repräsentationen des Rechts: Marlene Dietrich in *Witness for the Prosecution* (oben) und Orson Welles in *Touch of Evil* (unten).

ewigen Erzählungen über das Böse und das Heilige (*Touch of Evil, Jungfrukällan, Bad Lieutenant*) zugrunde, und damit archaische Modelle, die ihre seduktive Wirkung losgelöst von einem genuin rechtlichen Kern entfalten. Es sind allerdings nicht nur solche rein erzählerischen Mythen, die im kulturellen Gedächtnis des Publikums weithin verankert sind, die für die verführerische Kraft bestimmter Inszenierungen von Recht ursächlich sind, sondern es ist bisweilen auch das von Stiglegger erwähnte Star-System: Sei es Marlene Dietrich als Zeugin der Anklage in *Witness for the Prosecution*, Orson Welles als missmutiger, dem Tod geweihter Ermittler in *Touch of Evil* oder Al Pacino als diabolischer Anwalt in *The Devil's Advocate* – die mythische Aura dieser Figuren befriedigt jeweils den Wunsch des Publikums, seine überlebensgrossen Stars in neuen Rollen – und damit auch jener als Repräsentantinnen des Rechts – zu entdecken. Insofern beruht die verführerische Kraft der Inszenierungen von Recht oftmals weniger auf der Beschaffenheit des Rechts an sich als vielmehr auf den das Recht umkleidenden und von diesen losgelösten mythischen Erzählformen oder Figuren.

Andererseits kann der Film, wie gesehen, auch genuin rechtliche Mythen (in einem engeren Sinne sowie klassische Mythen mit einem Bezug zum Recht) aufgreifen und diese in der Gestalt verschiedener Motive und Figuren wiedergeben. Rechtliche Mythen (in einem engeren Sinne) wie Gerechtigkeit, Verbrechen und Strafe, Schuld und Sühne oder materielle Wahrheitssuche wie auch die diese Konzepte vollziehenden Figuren (Polizisten, Richterinnen oder Verbrecher) finden sich beispielsweise dominant in den Genres des Kriminal- oder Gerichtsfilmes – im Sinne von nach bestimmten Codierungen verlaufenden und vom Film hervorgebrachten Geschichten – wieder. Der Film dient also nicht nur als Spiegel von rechtlichen Mythen, sondern er schafft sich bisweilen seine eigenen, diese vermittelnden Erzählformen und damit seine eigenen Mythen, innerhalb deren entsprechende rechtliche Botschaften eingebunden werden. So ist auch der Mythos des klassischen Western, die Entstehung einer staatlichen Ordnung durch die Kraft eines mythologischen Helden, wie er sich in den filmischen Werken John Fords wiederfindet, in letzter Konsequenz nichts anderes als die grundsätzliche Frage nach der Entstehung von Recht und Rechtsstaatlichkeit. Zu solchen selbst erschaffenen Mythen gehören auch die vom Film hervorgebrachten, rechtsbezogenen Figuren, deren Strahlkraft diejenige der diese imitierenden Schauspieler bisweilen in den Hintergrund drängt: Verbrechertypen wie Leatherface («The Texas Chain Saw Massacre»-Filme), Blofeld («James Bond»-Filme), Darth Vader («Star Wars»-Reihe) oder

Abb. 24: Christian Bale hinter der Maske Batmans (*The Dark Knight Rises*).

Abb. 25 und 26: Maskenhafte Antlitze des Bösen: Joker (Joaquin Phoenix) und Michael Myers (Nick Castle) in *Joker* und *Halloween*.

Michael Myers («Halloween»-Filme) oder selbst Verbrecherjäger wie Batman haben im kulturellen Verständnis längst eine eigenständige, ikonografische Bedeutung erlangt, die sich losgelöst von den die jeweiligen Figuren imitierenden Schauspielern entfaltet. Möglicherweise hängt diese Aura letztlich auch damit zusammen, dass die konkreten Personen und Stars hinter den maskenhaften Antlitzen der Figuren regelmässig zurücktreten müssen. All diese in den jeweiligen Geschichten und Figuren auftretenden rechtlichen Mythen appellieren immer auch an das latente Verlangen des Publikums auf eine rituelle Wiederbegegnung mit den vertrauten Repräsentationen des Rechts, welchen durch die fortwährende Betrachtung eine Dauerhaftigkeit ermöglicht wird.

Diese verschiedenen Spielarten von Mythos und Recht, welche anhand diverser Beispiele noch zu untersuchen sein werden, lassen sich schliesslich in offensichtliche oder eher verdeckt ablaufende Prozesse unterteilen. Auf einer offensichtlichen Ebene konstituiert der Mythos als ideologisches Modell die Erwartungshaltung des Publikums, die vertrauten Repräsentationen des Rechts im Gewande diverser filmischer Bilder und Geschichten sowie unter Aufbietung der jeweiligen Heldenfiguren neu zu erkunden. Zwangsläufig gehen solche mythischen Modelle – insbesondere dann, wenn sie derart offensichtlich operieren – immer auch mit einer gewissen Tendenz zur Vereinfachung und Simplifizierung der transportierten Botschaften einher. Diese Vereinfachung von Komplexität zeigt sich beispielsweise darin, dass komplizierte formelle Punkte wie Teilnahmerechte von Parteien oder der Beizug eines Verteidigers der ersten Stunde sowie die hieraus folgenden Beweisfragen nur selten Thema von Kriminalfilmen sind. Dasselbe gilt für die eigentliche juristische Arbeit: die mühselige Interpretation von Gesetzestexten per Analogien; Analysen von Rechtsprechung und Konsultation von Lehrmeinungen finden kaum je Repräsentation im Film. Der Film als Mythenreservoir bietet durch die Vereinfachung und Durchbrechung von Komplexität dem Publikum damit eine Fluchtmöglichkeit,[190] verschafft Orientierung und fördert die Zugänglichkeit rechtlicher Fragestellungen. Es lässt sein Publikum letztlich im trügerischen Glauben, das Recht sei ein intuitiv durchschaubares, jedermann zugängliches System. Gerade sein simplifizierender Gehalt hat dem Mythos deshalb auch wiederholt den Vorwurf der Regression und des Rückschritts eingebracht, wie ihn etwa Hartmut Heuermann formulierte:

---

190 Vgl. zum ideologischen Gehalt des Films auch Stiglegger, *Ritual & Verführung*, 14, mit Verweis auf Kracauers „Theorie des Films".

> «Wir entdecken Erfahrungsmuster, die gewissermassen Verrat am geschichtlich erreichten Entwicklungsstand begehen. Themen werden wiederbesetzt, die wir in der mentalen und kulturellen Evolution ‹abgehakt› wähnten. Symbole tauchen wieder auf, von deren geistigem Ableben wir schon überzeugt waren. Vertreter sowohl der ‹hohen› als auch der populären Kultur fallen in ihren Kreationen auf archaische Stufen der Menschheitsentwicklung zurück, die wir als überschritten ansahen.»[191]

Solche kulturpessimistischen Sichtweisen greifen freilich zu kurz. Entscheidend ist, wie von Stiglegger treffend festgestellt, ob man das Publikum effektiv entmündigen oder den Mythos nicht vielmehr als eine kreative Möglichkeit begreifen möchte, um das Publikum in ein kommunikatives Spiel über dessen Begehren nach dem Vertrauten und gerne Gesehenen miteinzubeziehen.[192] Solche kreativen Prozesse zwischen Film und Publikum finden sich insbesondere dort, wo der Mythos nicht derart offensichtlich, sondern im Verdeckten und Unbewussten, also im Subtext der Erzählung operiert – beispielsweise, wenn die Inszenierung zur Vermittlung von rechtlichen Botschaften auf althergebrachte Erzählformen zurückgreift. Bisweilen lässt sich sogar die Tendenz ausmachen, dass rechtliche Mythen selbst zum Diskurs erhoben werden – etwa, wenn das Publikum seine Erwartungshaltung in der Dekonstruktion von mythischen Erzählformen betrogen sieht und der Film damit zu einer Herausforderung wird. Ein solches Konzept der Herausforderung wird anhand des durch die Inversion von Sein und Zeit einhergehenden Bruchs mit dem Rachemythos in *Irréversible* (Frankreich 2002) noch zu untersuchen sein.[193] Ganz grundsätzlich ist aber jetzt schon festzustellen, dass der Mythos keinen kulturellen Rückschritt, sondern vielmehr einen unerschöpflichen kreativen Fundus darstellt, um neue und alte Bilder und Erzählungen (des Rechts) jeweils neu miteinander zu verbinden und zu diversen, verführerischen Ausdrucksformen und Geschichten zusammenzuführen. Das Kino wäre in all seinen Ausprägungen – sei es das überwältigende Mainstream-Kino Amerikas oder seien es kleine Nischenproduktionen – ohne solche Rückgriffe auf bereits Bestehendes denn auch schlicht gar nicht mehr denkbar; wie auch generell die Verführung ohne Rückgriff auf seine bewährten und eingespielten Strategien nicht mehr denkbar ist.

---

191 Heuermann, *Medienkultur und Mythen*, 9 f.

192 Stiglegger, *Ritual & Verführung*, 29.

193 Vgl. hierzu ausführlich in Kapitel IV, 2.2.

3.3 Performanz und Recht

People, they love blood. They love action.
Not this talky, depressing, philosophical bullshit.
— Michael Keaton, *Birdman (The Unexpected Virtue of Ignorance)*

Ein weiteres seduktives Mittel, um sich des Publikums zu bemächtigen, liegt in den performativen Eigenschaften des Filmes begründet – also darin, dass sich der Film von den eben erwähnten narrativen Elementen weitestgehend befreit, seine medienspezifischen Mittel bewusst ausschöpft und dadurch zu einer genuinen sinnlichen Erfahrung wird. Diese oberflächlichen und insofern nichterzählerischen Aspekte erkannte zu Stummfilmzeiten bereits Béla Balász in seinen Ausführungen zum Geist des Films, als er feststellte, dass die «Kamera überhaupt von einer ganz anderen Seite an das Leben» heranwolle. Die Kamera wolle «nicht Romane illustrieren, sondern selbst dichten auf ihre eigene Art». Insofern suche sie ihren Stoff nicht «in der Begebenheit, sondern in der Erscheinung» selbst.[194] Seinen Endpunkt findet dieser Gedanke im *cinéma pur* im Sinne eines von sämtlichen narrativen Mustern befreiten und insofern nichtliterarischen Experimentalfilms.[195]

Für das Konzept der Seduktion sind solche nichtnarrativen Aspekte der Inszenierung insoweit von Bedeutung, als das Publikum in den Bereichen der sinnlichen Erfahrung anfällig für emotionale Affektreaktionen, Manipulationen und Suggestionen scheint – etwa, indem dem Publikum eine Positionierung zu der über sie hereinbrechenden Bilder- und Tonflut abgenötigt wird. Diese Ebene der Seduktion bezeichnet Stiglegger deshalb als jene der Performanz.[196] Weil die von Stiglegger thematisierten sinnlichen Aspekte der Inszenierung in den Filmwissenschaften zwar nicht *per se* ein Novum darstellen, jedoch bis anhin kaum unter dem Begriff der *Performanz* beziehungsweise der *Performativität* diskutiert wurden, bietet es sich an, dazu einen kurzen kulturhistorischen Exkurs voranzustellen.

Der Begriff der *Performanz* beziehungsweise das davon abstammende Adjektiv *performativ* geht auf den Sprachwissenschaftler John L. Austin zurück, der den Begriff seinerseits vom Verb «to perform» ableitete.[197] Austin beschreibt damit, dass sprachliche Äusserungen nicht nur den Zweck

194 Balázs, *Der Geist des Films*, 70.
195 Stiglegger, *Ritual & Verführung*, 19.
196 Stiglegger, „Die Seduktionstheorie des Films", 88.
197 Fischer-Lichte, *Performativität*, 37.

haben, einen Sachverhalt zu beschreiben oder eine Tatsache zu behaupten, sondern dass mittels Sprechakten auch Handlungen vollzogen werden können – es also ausser konstativen auch performative Äusserungen gibt.[198] Anders als konstative Beschreibungen von Zuständen, welche entweder wahr oder falsch sein können, verändern performative Äusserungen Zustände in der sozialen Welt:[199] Wenn die vorsitzende Strafrichterin eines Gerichts den Angeklagten mittels Urteilsspruch der ihm vorgehaltenen Straftaten schuldig spricht, wird damit ein neuer Sachverhalt begründet und der vormals Beschuldigte wird – unter Vorbehalt von Berufungsmöglichkeiten – zu einem verurteilten Straftäter. Dieses Phänomen bezeichnet Austin als die transformative Kraft der Sprache. Sprechakte des Urteilens oder aber auch diejenigen des Taufens, Segnens, Fluchens benennen nicht nur einen bestimmten Vorgang, sondern sie vollziehen diesen zugleich.[200] Insofern sind performative Sprechakte immer selbstreferentiell und erschaffen durch ihren Vorgang selbst neue Wirklichkeiten.

Diese Entdeckung transformativer Akte beeinflusste in der Folge auch die Kulturwissenschaften und führte dort, angestossen durch die Kulturwissenschaftlerin Erika Fischer-Lichte, zu einer performativen Wende. Es war insbesondere das Theater, an welchem sich Fischer-Lichte orientierte und anhand der theatralen Aufführung ihr Konzept der «Ästhetik des Performativen» entwickelte. Entscheidend für diese Ästhetik – wie auch für das Konzept der Aufführung generell – ist gemäss Fischer-Lichte die leibliche Ko-Präsenz von Akteuren und Zuschauenden. Eine Aufführung erscheint demnach als ein Spiel, an dem sich sowohl Akteure als auch Zuschauende ebenbürtig beteiligen.[201] Aus dieser unter gegenseitigen Beteiligungen ablaufenden Aufführung wird sodann «Materialität» in der Form von Körperlichkeit, Bewegung, Räumlichkeit, Lautlichkeit oder Zeitlichkeit «performativ» hervorgebracht.[202] Die Funktion einer solchen Aufführung selbst bezeichnet Fischer-Lichte – angesichts ihrer Willkürlichkeit und Zufälligkeit – als eine «autopoietische Feedback-Schleife».[203] Sie meint damit, dass der Ablauf einer Aufführung sowohl zu Beginn als auch während ihrer Dauer niemals vollständig plan- und kontrollierbar ist. Vielmehr

198 Fischer-Lichte, 37.
199 Wirth, „Der Performanzbegriff", 10.
200 Fischer-Lichte, *Performativität*, 113.
201 Fischer-Lichte, 54 f.
202 Fischer-Lichte, *Ästhetik des Performativen*, 127 ff.
203 Fischer-Lichte, *Performativität*, 55.

kann es immer wieder zu unvorhersehbar und unmotiviert auftauchenden Erscheinungen und damit zu dem, was Fischer-Lichte als «Emergenz» bezeichnet, kommen.[204] In diesem Sinne ist eine einzelne Aufführung einmalig und in ihrer jeweiligen Form auch nicht wiederholbar. Es ist aber gerade diese Einzigartigkeit der Aufführung, die den Zauber und die transformative Kraft der «Ästhetik des Performativen» wie auch die von dieser ausgehenden stetigen «Wiederverzauberung der Welt» und die «Verwandlung der an ihnen [den Aufführungen] Beteiligten» ausmacht.[205]

Um diesen Gedanken von Fischer-Lichte, wie von Stiglegger vorgeschlagen, auf das Medium Film zu übertragen, ist festzustellen, dass Materialität in der Form von Bewegung, Lautlichkeit, Körperlichkeit und Sinnlichkeit nicht nur in der theatralen Performance, sondern als nichtnarrative Elemente auch im Film vorkommen.[206] Ausserdem besteht im Rahmen der Kinovorführung eine Art von Kopräsenz der Figuren auf der Leinwand und dem Publikum, wenn auch weniger in einem unmittelbaren als vielmehr in einem virtuellen Sinne. Schwieriger gestaltet sich der Nachweis von Emergenz; schon deshalb, weil eine Filmvorführung grundsätzlich kein einmaliges Ereignis darstellt, sondern durch das filmische Material determiniert wird, was eine beliebige Wiederholung der Projektion zulässt.[207] Entscheidend ist gemäss Stiglegger deshalb, die Möglichkeit der «Wiederverzauberung der Welt» nicht in der Einmaligkeit der Vorführung, sondern im Potenzial des Filmes zu erkennen, aufgrund seiner Materialität eine «Verwandlung» oder Veränderung des Publikums zu bewirken, die sich in dessen unmittelbarer körperlicher Wahrnehmung – im Sinne von affektiven, physiologischen, energetischen und motorischen Reaktionen – niederschlägt.[208] Zur Verdeutlichung solcher Reaktionen können die Ausführungen der Filmwissenschaftlerin Vivian Sobchack zu ihrer Rezeption des Films *The Piano* (Australien/Neuseeland/Frankreich 1993) herangezogen werden:

> «Watching *The Piano*, for example, because I might feel it too intensely on both my body and hers (both bodies, to a degree, ‹mine›), I could not literally bear to see Stewart figurally chop off Ada's finger with an ax. I therefore not only cringed in my seat but also covered my eyes

204 Fischer-Lichte, 75 ff.; Fischer-Lichte, *Ästhetik des Performativen*, 284 ff.
205 Fischer-Lichte, *Ästhetik des Performativen*, 315.
206 Stiglegger, „Die Seduktionstheorie des Films", 91.
207 Stiglegger, 90.
208 Morsch, *Medienästhetik des Films*, 113.

with fingers that again foresaw - in urgency rather than thought - the impending violation.»[209]

Abb. 27 bis 30: Mitleidendes Publikum: affektive Gewalt in *The Piano.*

Die drastische Darstellung, wie einer Frau ein Finger mittels einer Axt abgehackt wird, zwingt Sobchack also, im Sinne einer affektiven und nicht kontrollierbaren Reaktion die Hände vor die Augen zu halten. Die Emergenz und damit die «Ästhetik des Performativen» des Filmes offenbart sich in anderen Worten darin, dass gewisse nichtnarrative Aspekte der Inszenierung das affektive Gedächtnis des Publikums ansprechen und bei diesem die von Sobchack beschriebenen Bewegungen, intuitiven Gefühlsausbrüche und psychosomatischen Affekte provozieren.[210] Der Film ist diesem Verständnis nach mehr als nur ein Objekt beziehungsweise ein Werk, welches nach bestimmten narrativen Codes entschlüsselt werden kann, nämlich - ähnlich der Performance - ein aus dem Moment erwachsendes Ereignis.[211] Eine solche Ereignishaftigkeit ist gemäss Stiglegger dann erreicht,

> «wenn Film nicht mehr als erzählendes Medium begriffen wird, sondern die Grenze überschreitet: wenn er die sichere Membran der Leinwand sprengt und sich über den Zuschauer ergiesst, diesen konfrontiert wie ein performativer Akt. Film besteht dann nur noch in seiner Unmittelbarkeit, lässt die ursprüngliche Distanz und die Dimension der Zeit ver-

209 Sobchack, *Carnal Thoughts*, 79.
210 Stiglegger, „Die Seduktionstheorie des Films", 91.
211 Stiglegger, 94.

gessen. Der performative Film berührt den Zuschauer förmlich physisch über die Netzhaut, er dringt durch den Sehnerv in den Körper vor und aktiviert rückhaltlos das affektive Gedächtnis.»[212]

Dieser eloquent formulierte Gedanke des performativen Potenzials ist für die Inszenierungen von Recht insofern bedeutend, als solche nichtnarrative, direkt die Sinne des Publikums ansprechenden inszenatorischen Strategien es ermöglichen, das Publikum von seinen angestammten (rechtlichen) Vorstellungen und Positionen zu lösen und zu bislang verborgenen Einsichten zu verbringen. Durch eine solche Affizierung des Publikums können beispielsweise bestimmte rechtsbezogene Begehren, wie sie im Abschnitt zum Unterbewusstsein diskutiert wurden, verdeutlicht oder aber gewisse Ambivalenzen – im Sinne von rechtlich-moralischen Konflikten – erzeugt werden. Die performativen Aspekte der Inszenierung dienen insofern immer der Vermittlung und Intensivierung von bestimmten rechtsbezogenen Botschaften.

Wie dies im Konkreten aussehen kann, lässt sich anhand der von Stiglegger besprochenen berühmten Verfolgungsszene aus dem Film *The French Connection* (USA 1971) illustrieren. Stiglegger legt dar, wie ein «obsessiver Drang nach Bewegung»[213] – er meint damit die Bewegung im Sinne eines performativen Mittels – das Publikum zu einem simulierten «Übertreten der Gesetze»[214], also zu einem verdeckten, rechtsbezogenen Ziel verführt. Hieraus lassen sich einige für die Inszenierung von Recht mittels Performanz, wenn nicht ganz generell für den Prozess der filmischen Verführung, grundsätzlichen Prämissen aufzeigen.

In der ersten Stunde von *The French Connection* nimmt das Publikum wahr, wie die von Chefermittler Doyle (Gene Hackman) geleiteten, langwierigen Ermittlungen gegen einen in New York agierenden Drogenring kaum voranschreiten. Die Wut und Frustration von Doyle darüber, nicht an die Hintermänner des Kartells zu gelangen, wird zum mimetischen Spiegelbild eines zunehmend frustrierten Publikums, das selbst keinen Fortgang innerhalb der Handlung zu erkennen vermag. Erst als ein Auftragskiller auf den sich auf dem Nachhauseweg befindlichen Doyle schiesst, kurz nachdem dieser vom Fall abgezogen wurde, diesen aber nicht trifft, eröffnet sich dem Ermittler die Chance, dem Begehren des Publikums nachzukommen: Doyle nimmt – stellvertretend für das nach einem Fortgang

---

212 Stiglegger, 93 f.
213 Stiglegger, *Ritual & Verführung*, 121.
214 Stiglegger, 124.

der Geschichte dürstenden Publikum – die Jagd nach dem Killer auf. In der anschliessenden Verfolgungsjagd, welche sich unter anderem zwischen Automobil und Hochbahn austrägt, wechselt dabei nicht nur das Verhältnis von Jäger und Gejagtem, sondern der Wunsch nach der Überführung der Täterschaft spiegelt sich plötzlich auch in der Kinetik des Filmes wider. Dabei involviert die Inszenierung das Publikum in geradezu physischer Weise in das Geschehen, treibt es – unterstützt durch den monotonen Rhythmus der Montage – fortwährend voran, reisst es durch Strassenzüge und den verengten Raum eines Hochbahn-Waggons, lässt es in einer gänzlich subjektiven Einstellung gar mit einem heranfahrenden Zug kollidieren – die Jagd nach dem Täter und das Begehren nach der Durchsetzung des materiellen Strafrechts in der Form kompletter kinetischer Entäusserung.

Abb. 31 bis 33: Die Durchsetzung des Strafrechts als kinetische Erfahrung des Publikums.

Im Rahmen dieses Prozesses übertragen sich die körperliche Anstrengung sowie die Erschöpfung von Doyle zunehmend auf das Publikum, das, eigentlich untätig auf dem Kinositz sitzend, passiv das Sinnesspektakel aufnimmt und dennoch angesichts der Flut an Eindrücken selbst der Entkräftung nahe sich die finale Ergreifung des gejagten Täters herbeisehnt. Er habe die Verfolgungsszene als Ventil für die Frustration des Publikums ob der zu diesem Zeitpunkt minimalen polizeilichen Erfolge inszeniert, meinte der Regisseur William Friedkin rückblickend.[215] Und schliesslich, in Anbetracht des konstanten körperlichen Einbezugs und der Affizierung des sich abreagierenden, aber selbst zunehmend erschöpften Publikums wird dieses plötzlich zu etwas Anderem verführt, was Stiglegger wie folgt beschreibt:

> «Und tatsächlich stehen sich Jäger und Gejagter schliesslich unten und oben an der Hochbahntreppe gegenüber. Doyle hat seine Pistole auf den Unbewaffneten gerichtet und scheint entschlossen, doch dann übermannt ihn ein Schwächeanfall, er kippt zur Seite weg. Friedkin hat sein Publikum in einem eisernen Griff: Er zwingt dem Zuschauer förmlich ein destruktives Begehren auf, als solle dieser denken: ‹Drück endlich ab!› – Doyle tut es: Er schiesst dem Flüchtenden entgegen seinen Dienstvorschriften in den Rücken.» [216]

Das Publikum akzeptiert also in seiner Erschöpfung nicht nur die Übertretung des Gesetzes, sondern sehnt sich regelrecht nach einer finalen Elimination des zu diesem Zeitpunkt längst unbewaffneten Gejagten. Das in der Inszenierung gespiegelte Jagdfieber – als eine sinngemässe Bebilderung des Untersuchungsgrundsatzes – wandelt sich im performativen Mittel der Bewegung also zum Wunsch nach der Überschreitung der Gesetzesgrenze und damit zu einem neuen, rechtsbezogenen Begehren. Diese Verführung zu etwas Anderem könnte alsdann – was in der Inszenierung von *The French Connection* allerdings nicht derart ausgeprägt der Fall ist – wiederum die Grundlage für weitere verführerische Strategien sein; etwa dann, wenn die Inszenierung das Publikum mit seinem destruktiven, die Selbstjustiz bejahenden Begehren konfrontiert und den Film so zu einer ambivalenten Erfahrung beziehungsweise zu einer ethisch-moralischen Herausforderung erhebt.

---

215 Stiglegger, 121, mit Verweis auf das Bonusmaterial der DVD.
216 Stiglegger, 124.

Abb. 34 bis 36: Die Übertretung der Gesetzesgrenze.

Aus diesem Beispiel lassen sich deshalb die folgenden, für die Vermittlung rechtlicher Botschaften mittels Performanz wesentlichen vier Prämissen ableiten: (1) Rechtsbezogene Botschaften (wie der Topos der Jagd als pervertierte Form des Untersuchungsgrundsatzes) lassen sich im performativen Mittel des Filmes unmittelbar aufgreifen und durch dieses vermitteln. (2) Durch das Aufbringen performativer Mittel (wie der Bewegung) wird das Publikum unmittelbar in die fiktiven Geschehnisse einbezogen und scheint mit den Objekten auf der Leinwand zu interagieren beziehungsweise es wird von diesen affiziert und tritt während der Rezeption folglich in eine Art diskursives Spiel mit dem Film ein. (3) Durch diese Affizierung ist das Publikum wiederum anfällig für seduktive und manipulative Strategien; es lässt sich deshalb auch zu neuen, ihm bislang verdeckten und insofern unbewussten rechtsbezogenen Begehren verführen, die nicht zwingend seinen angestammten (rechtlichen) Vorstellungen entsprechen (Bejahung von Selbstjustiz). (4) Diese Verführung zu etwas Anderem stellt, soweit die Inszenierung sein Publikum mit dessen (destruktiven) Begehren konfrontiert, die Basis für weitergehende seduktive Strategien dar (der Film als [rechtliche] Herausforderung durch die Inszenierung von Ambivalenz).

Diese Grundsätze der Verführung werden in der Analyse der einzelnen Filme mit Blick auf verschiedene performative Mittel der Inszenierung (Bewegung, Lautlichkeit, Bild und Ästhetik, Körperlichkeit) noch zu untersuchen sein, die dahinterstehenden Strategien sind mit den vorgestellten Merkmalen aber jeweils identisch; wenn auch nicht zwingend so ausgeprägt: Nicht immer müssen nämlich derart unmittelbar rechtsbezogene Begehren (die sich zum Wunsch nach Selbstjustiz wandelnde Tätersuche) im sinnlichen Mittel der Inszenierung (dem affizierenden Drang nach Bewegung) aufgegriffen und gespiegelt werden wie im Beispiel von *The French Connection.* Stattdessen kann eine die Sinne des Publikums affizierende Inszenierung auch dazu dienen, das Publikum auf eine mögliche rechtliche Herausforderung vorzubereiten oder ihm Hinweise auf den Fortgang der Rezeption zu geben, innerhalb derer rechtliche Motive bedeutsam sein könnten. So findet sich – wiederum in Bezug auf die kinetischen Eigenschaften des Filmes – beispielsweise die Gefahr einer zunehmenden Überforderung des jungen, ehrgeizigen Anwalts in *The Devil's Advocate* (USA 1997) in der Erfahrbarmachung eines physischen Schwindels (im Moment des Blicks in die Tiefe) wieder oder die völlig entfesselte, die Wahrnehmung überfordernde Eröffnungssequenz von *Touch of Evil* (USA 1958) gibt dem Publikum eine Vorahnung über den kommenden Verlust von Ordnung und Gerechtigkeit. In ähnlicher Weise fallen auch lautliche und damit das Gehör des Publikums affizierende Elemente, nicht zwingend unmittelbar mit rechtlichen Botschaften zusammen, sondern können als versteckte Hinweisgeber fungieren; etwa, wenn unheilvolle Klangwelten aus *The Devil's Advocate* dem Publikum die drohende Ankunft des Bösen ankündigen oder die umfassende Stille in *Jungfrukällan* (Schweden 1960) das Publikum auf den Einbruch einer transzendentalen Gerechtigkeit vorbereitet.[217]

Gänzlich zum (rechtlichen) Diskurs werden lautliche Elemente hingegen in Brian de Palmas *Blow Out* (USA 1981): Sie stehen für das Begehren des Publikums an der Ergründung einer möglichen Straftat und dem in den filmischen Ton transportierten Wunsch nach Wahrheit, wobei im Rahmen

217 All diese kurz umrissenen Beispiele werden – nebst vielen anderen – im vierten Teil der Untersuchung eingehend zu analysieren sein.

der Inszenierung mit der Ambivalenz der Wahrnehmungsform gespielt wird.[218]

Abb. 37: Lautlichkeit als Diskurs: *Blow Out.*

Wenn sich also mittels Bewegung oder Lautlichkeit – als die sinnliche Wahrnehmung des Publikums (namentlich das Gehör, den Gleichgewichtssinn und das Auge) ansprechende, inszenatorische Strategien – rechtliche Botschaften vermitteln lassen, dann muss dieses Konzept sinngemäss für sämtliche Sinneswahrnehmungen gelten. Eine vorrangige Stellung kommt bei der Wahrnehmung von Filmen aber sicherlich dem Organ des Auges zu; so spricht man doch regelmässig davon, einen Film «zu sehen». Das Auge stellt insofern den Ort des Zusammentreffens verschiedener Strukturen von Sichtbarkeit und Blicken dar, die sich im Film jeweils über die Einstellung und die Montage artikulieren.[219] Um sich den Blick und damit auch die Aufmerksamkeit des Publikums zu sichern, kann die Inszenierung auf verschiedene, kraft ihres visuell überwältigenden Charakters direkt das Auge ansprechende Strategien zurückgreifen. Insbesondere kommt dem Film, um auf die Vermittlung von rechtsbezogenen Botschaften zurückzukommen, die Kraft der Ästhetisierung von rechtlichen Mythen zu. So wird in vielen Gerichtsfilmen – beispielsweise in der Eröffnungssequenz von *12 Angry Men* (USA 1957) oder dem ersten Gang vor Gericht in *Witness for the Prosecution* (USA 1957) – das Gerichtsgebäude als etwas Monumentales, Grosses und Sinnliches inszeniert – als überlebensgrosser, mythologischer Ort, an dem Gerechtigkeit als Wesensfrage des Menschseins ausgefochten wird.

218 Ein vergleichbares diskursives Konzept wird in der Untersuchung mit Blick auf die Wahrnehmungsform des Sehens anhand des Films *Blow Up* erläutert.

219 Elsaesser und Hagener, *Filmtheorie zur Einführung*, 105.

Abb. 38 bis 43: Das Gerichtsgebäude als ästhetische Erfahrung: *12 Angry Men* (links) und *Witness for the Prosecution* (rechts).

Aber nicht nur diese für den Zuschauerblick aufbereiteten Örtlichkeiten, sondern auch die vom Film erschaffenen mythischen Figuren des Rechts wie etwa Clint Eastwood als *Dirty Harry* richten sich regelmässig an das ästhetische Empfinden des Publikums. Allein die bildhafte Begegnung mit solchen beinahe heiligen Charakteren regt die Imagination an und stiftet Identität. Aufgrund ihrer suggestiven Wirkung verzeihen wir diesen Figuren nicht nur Gesetzesübertretungen, Norm- und Tabubrüche, vielmehr ersehnen wir solche herbei. In ähnlicher Weise kann die Inszenierung auch schwere Verbrechen, insbesondere jene des Mordes, in der Rezeption zur ästhetisch-visuellen Erfahrung wandeln – ein Konzept, das nicht nur im Film, sondern auch in der bildenden Kunst oder der Literatur eine lange Tradition hat. Schon Joel Black bemerkte in seiner Studie über die Literatur der Romantik, dass der Mord als ästhetische Erfahrung des Erhabenen und der Mörder folglich als ein Performance- oder Anti-Künstler, dessen Spezialität in der Zerstörung liege, betrachtet werden könne.[220] In ähnlicher Weise hielt auch der britische Schriftsteller Thomas de Quincey in *On Murder Considered as One of the Fine Arts* (1827) fest:

> «Everything in this world has two handles. Murder, for instance, may be laid hold of by its moral handle ... and that, I confess, is its weak side; or it may also be treated aesthetically, as the Germans call it – that is, in relation to good taste».[221]

Abb. 44 und 45: Die Ästhetik des Mordes in *A Clockwork Orange.*

Gerade das Medium Film bietet sich angesichts seiner direkt auf das Auge abzielenden inszenatorischen Möglichkeiten, vielleicht mehr noch als die Literatur oder die Musik, dafür an, diese Ästhetisierung zu einer genuinen Erfahrung des Publikums zu erheben. Veranschaulichen lässt sich dies an jener überwältigenden Szene aus Stanley Kubricks *A Clockwork Orange* (USA 1971), als der Bandenführer Alex (Malcolm McDowell) eine Frau – fast schon im Sinne einer künstlerischen Tanz-Performance – zur Musik von Gioachino Rossinis *La gazza ladra* mittels eines phallischen Kunstwerks erschlägt. Die Stilisierung des Mordes zeigt sich dabei deutlich in der Gestaltung des Tatorts, der mit verschiedenen Werken moderner Kunst geschmückt ist, die jeweils Szenen expliziter sexueller Gewalt zum Inhalt haben. Es ist nicht zuletzt diese Differenz zwischen einem postmodernen Kulturverständnis, welches sexualisierte Gewalt längst zur autonomen Kunstform erhoben hat und dem vordergründig dargestellten, eigentlich verabscheuungswürdigen, aber angesichts seines artifiziellen Charakters visuell-faszinierenden Verbrechens,[222] das dem Publikum einen diskursiven Zugang zur Rezeption eröffnet.

220 Black, *The Aesthetics of Murder*, 14.
221 De Quincey, „On Murder Considered as One of the Fine Arts".
222 Vgl. Cohen, „A Clockwork Orange and the Aestheticization of Violence".

Die Szene aus *A Clockwork Orange* verdeutlicht damit, dass die wechselseitigen Blickstrukturen zwischen visuell-überwältigenden Bildern sowie den mit diesen im Subtext einhergehenden sinnlichen Erfahrungen des Publikums auf der einen und dem oberflächlich Abgebildeten auf der anderen Seite immer auch Grundlage für diskursive, ambivalente und insofern verführerische Strategien der Rezeption sein können. Gerade die vom Auge ausgehende Wahrnehmungsform ist für solche Zugänge denn auch prädestiniert, geht doch der Vorgang des Sehens regelmässig mit der Vorstellung einher, dass die wahrgenommenen Bilder mit einer wie auch immer gearteten Realität korrespondieren – eine Illusion, die sich in der künstlichen Welt des Filmes nur allzu leicht widerlegen lässt. Gerade dieser Wunsch des Publikums, filmische Bilder als wahr oder real sehen zu wollen, bietet, wie anhand der Rezeption von *Rashōmon* (Japan 1950) oder *Blow Up* (Vereinigtes Königreich/Italien 1966) noch zu zeigen sein wird, ein ganzes Arsenal an verführerischen Strategien der Vermittlung von rechtsbezogenen Botschaften.

Die Szene des stilisierten Mordes in *A Clockwork Orange,* deren Reiz sich letztlich nicht aus ihrer Visualität allein, sondern auch aus ihrer musikalischen Untermalung sowie aus ihrer kinetischen, fast schon performanceartigen Kraft ergibt, zeigt schliesslich, dass das Auge möglicherweise das vorrangige, aber bei weitem nicht das einzige Organ der körperlichen Wahrnehmung von Filmen ist. Vielmehr scheint die Inszenierung bisweilen verschiedenste Sinne – das Sehen, das Hören, den Tast- oder Gleichgewichtssinn – gleichzeitig zu affizieren beziehungsweise sich ganz grundsätzlich an das gesamte Körperempfinden seines Publikums zu richten. Diese Beobachtung führte in der Filmtheorie denn auch dazu, dass die noch stark am Auge und den von diesem ausgehenden Blicken ausgerichteten psychoanalytischen Theoreme in den 1990er Jahren zunehmend von phänomenologischen Verständnissen der Filminterpretation abgelöst wurden, die die Wahrnehmung des Filmes am gesamten menschlichen Körper festmachten.[223] Insbesondere die Filmwissenschaftlerin Vivian Sobchack war es, die den gesamten Körper, der dem Publikum gewissermassen als fleischliches Sensorium («unruly responsive flesh and sensorium») – also als ein fühlendes, affizierendes und sinnliches Gewebe – diene, zum Wirkungszentrum des Kinos erhob.[224] Freilich wurden ähnliche, den gesam-

223 Elsaesser und Hagener, *Filmtheorie zur Einführung*, 152.

224 Sobchack, *Carnal Thoughts*, 59; vgl. auch Moldenhauer, *Ästhetik des Drastischen*, 118.

ten Körper einbeziehende Beobachtungen in der Filmtheorie mindestens sinngemäss auch schon vor Sobchack diskutiert: So stellte etwa Siegfried Kracauer in seiner *Theorie des Filmes* fest, dass die bewegten Bilder des Kinos imstande sind, organische Spannungen beim Publikum hervorzurufen, was zu «einem Resonanzeffekt» in der Form von «kinästhetischen Reaktionen» wie Muskelreflexen und motorischen Impulsen führt;[225] und Gilles Deleuze legte anhand des Affektbildes sinngemäss dar, wie der Film eine geradezu körperliche Verflechtung mit dem von ihm affizierten Publikum anstrebt, welches – als eine in seiner Passivität vor der Kinoleinwand gefangene Instanz – nicht auf das Geschehen reagieren kann.[226] Ein solcher unmittelbarer Einbezug des gesamten Körpers in die Rezeption ist sodann, wie das Phänomen der Mimesis – also der Fähigkeit des Publikums, ein auf der Leinwand gespiegeltes Gefühl anhand eines Gesichtsausdrucks, einer Körperhaltung oder einer Stimmfärbung körperlich nachvollziehen zu können – zeigt, auch nicht ein rein filmwissenschaftliches Paradigma, sondern lässt sich mittels neurologischer Beobachtungen durchaus konkret belegen.[227]

Auch die vorliegende Untersuchung legt – nebst den besprochenen narrativen Elementen des Mythos – ihren Fokus auf jene nichterzählerischen Aspekte der Inszenierung, die, ähnlich der Unmittelbarkeit einer theatralen Aufführung, sämtliche Sinneswahrnehmungen (Auge, Gehör, Tast- und Gleichgewichtssinn) beziehungsweise, wie bei Sobchack dargelegt, das gesamte Körperempfinden des Publikums physiologisch ansprechen. Mittels solcher sinnlichen Strategien der Inszenierung lassen sich insbesondere – ähnlich einem kommunikativen, diskursiven Akt – verschiedene rechtsbezogene Begehren und Botschaften (sowohl versteckter als auch offensichtlicher Natur) an das Publikum weitergeben beziehungsweise für dieses erfahrbar machen.

Die Bewandtnis solcher diskursiven Rezeptionsperspektiven wird anhand konkreter Inszenierungen von Recht im Film im Folgenden zu untersuchen sein, wobei bei der Analyse auch wiederholt auf die hier teilweise nur rudimentär eingeführten sinnlichen Inszenierungsmöglichkeiten wie

225 Kracauer, *Theorie des Films*, 216.

226 Deleuze, *Das Bewegungs-Bild*, 96; Stiglegger, *Ritual & Verführung*, 112.

227 Moldenhauer, *Ästhetik des Drastischen*, 119 f., wonach Spiegelneuronen im Gehirn des Menschen es diesem ermöglichen, Akte und Affekte einer anderen Person körperlich vermittelt nachzuvollziehen; was insofern entscheidend dafür ist, wie das Publikum eine Figur einschätzt, Empathie für diese empfindet oder sich deren Emotionen zu eigen machen kann.

auch auf die erwähnten Konzepte von Mimesis und Affektbild zurückzukommen sein wird. Andere für das Verständnis der filmischen Verführung mittels Performanz massgebende Prinzipien, die angesichts der Kürze dieser Zusammenfassung weggelassen wurden, werden, wo notwendig, nachgeholt.

IV Verführerische Inszenierungen von Recht im Film

1 Recht im Film als Verführung zum Anderen

Dem Prinzip der Verführung ist inhärent, dass eine Person zu etwas Anderem, zu neuen Ideen, Begehren, Vorstellungen, Vorlieben oder Ansichten verführt werden soll. Analoges gilt für den Akt der filmischen Seduktion. Das Ziel filmischer Verführung ist es deshalb, dass sich das Publikum von der narrativen und performativen Kraft der filmischen Inszenierung derart vereinnahmen lässt, dass es sich, zumindest für den Moment der Rezeption, von den vertrauten juristischen Wirklichkeiten entfernt. Damit kann es dem filmischen Artefakt gelingen, das Publikum zu neuen (rechtlichen) Vorstellungen oder Ansichten zu verleiten oder diesem bislang verborgen gebliebene Begehren zu verdeutlichen. Die Kraft dieser Verführung ist umso effektiver, je verdeckter und undurchsichtiger sie abläuft.

Nachstehend sollen zwei Möglichkeiten dieser Seduktion zum Anderen vorgestellt werden: die Verführung zum Bösen und zum Heiligen sowie die seduktive Annäherung an eine Täter- oder Opferperspektive angesichts von verkörperten Gewalterfahrungen im Film.

1.1 Verführung zum Bösen und zum Heiligen

Each of us has a destiny – for good or for evil.
— Paul Henreid, *Casablanca*

Dem Bösen kommt in der Literatur sowie im Film seit jeher eine prominente Stellung zu: Seien es die Erscheinungen des Teufels in der Bibel, sei es die Verführung des desillusionierten und nach Erkenntnis dürstenden Gelehrten *Faust* durch Mephistopheles in Johann Wolfgang Goethes gleichnamigem Theaterstück, sei es die Suche nach dem Herzen der Finsternis in Joseph Conrads *Heart of Darkness,* sei es James Bonds rituelle Wiederbegegnung mit seinem bösen Spiegelbild Blofeld oder sei es die verführerische Beschäftigung mit der dunklen Seite der Macht in George Lucas' *Star Wars* – es scheint ein durch alle Zeiten hindurch ungebrochenes Bedürfnis zu existieren, sich dem Bösen und dem Verbotenen im Gewande kultureller Erzeugnisse wieder und wieder auszusetzen und so dem Abjekten und

Verworfenen im Spiegel von Filmen, Literatur oder Theater zu begegnen.[228] So bemerkte selbst Friedrich Dürrenmatt einst konsterniert: «Auch habe ich oft tagelang über das Pech nachdenken müssen, dass die interessanteste deutsche Bühnenfigur gleich der Teufel ist.»[229]

Diese ungebrochene Beliebtheit des Bösen lässt sich zunächst darauf zurückführen, dass dieses als eine das Weltgeschehen beeinflussende mythologische Grundkraft ihrer abstrakten Natur wegen als flüchtige und insofern vergängliche Idee erscheint. Eine Vergegenständlichung erfährt das Böse erst im Aufscheinen in der Kultur und ihren Erzeugnissen. Durch eine wiederkehrende Begegnung mit den vom Film ermöglichten ikonografischen Erscheinungsformen, sei es in der Gestalt von Mephisto, Blofeld, Darth Vader oder Michael Myers, bekommt das Böse erst ein Gesicht und wird für das Publikum vergegenwärtigt. Es scheint also, als sei der Mensch bisweilen darauf angewiesen, dem ansonsten nicht fassbaren Antlitz des Bösen wenigstens im filmischen Artefakt gegenüberzutreten, um dort dessen dunkle Macht zu bannen.

Aber nicht nur der Film, sondern auch das Recht, insbesondere das Strafrecht, ist eng mit dem Mythos des Bösen verwoben. Am offensichtlichsten zeigt sich dieser Konnex im juristischen Konstrukt des Straftäters. So schrieb bereits Immanuel Kant darüber, dass das «radicale Böse» als eine Anlage zur Neigung, dem Sittengesetz zuwiderzuhandeln, in jedem Menschen von Natur aus angelegt sei.[230] Diesem Verständnis nach ist der Straftäter also jemand, der dem in ihm angelegten Bösen durch den Normbruch Ausdruck verleiht. In der näheren Vergangenheit gab es denn auch immer wieder wissenschaftliche Bestrebungen, dieses dem Straftäter zugeschriebene Böse anhand von äusserlichen, menschlichen Merkmalen fassbar zu machen. Am bekanntesten sind sicherlich Cesare Lombrosos kriminalistische Untersuchungen *L'uomo delinquente*, die auf der Idee basieren, dass es sich bei der Kriminalität um ein angeborenes Merkmal handle, welches sich anhand physiognomischer Eigenschaften – insbesondere etwa den Gesichtszügen – erkennen liesse.[231] Lombrosos Gedanke muss insofern als längst gescheiterter Versuch gewertet werden, das Unfassbare und Unerklärliche des Bösen der menschlichen Wahrnehmung zugänglich zu machen. Solche Ansätze verkennen dabei grundsätzlich, dass sich das Böse

228 So auch Noller, *Theorien des Bösen*, 121.

229 Dürrenmatt, *Gesammelte Werke*, Band 7 [Essays und Gedichte]:16.

230 Kant, *AA*, VI (Die Religion innerhalb der Grenzen der blossen Vernunft), 37.

231 Lombroso, *L'uomo delinquente*; ausführlich zu Lombrosos Untersuchungen Noller, *Theorien des Bösen*, 139 ff.

begriffsnotwendig einer vollumfänglichen erkenntnistheoretischen Aufarbeitung entzieht und seine Grundlage vielmehr im mythischen Denken und damit in der Auflehnung gegen das aufklärerische Prinzip der Vernunft findet.

Wenn also das Böse sich aufgrund seiner Flüchtigkeit kaum je abbilden lässt, geht damit auch die Gefahr einher, dass der Begriff des Bösen als Exkulpation für individuelles Versagen vorgeschoben wird oder aber zur Erklärung für all jene menschlichen Phänomene hinhalten muss, für die sich zunächst keine überzeugende rationale Begründung finden lässt. Entsprechend lässt sich etwa die Tendenz ausmachen, dass die grausamsten und erschreckendsten Verbrechen der Vergangenheit, namentlich der Holocaust, als Inkarnation des Bösen bezeichnet werden.[232] Das Problem dieser Zuordnung ist freilich, dass diese regelmässig mit einem Absprechen individueller Verantwortung der Täter einhergeht und einer juristischen Aufarbeitung in gewissem Masse entgegensteht. Deutlich zeigt sich dies beispielsweise an Adolf Eichmanns Behauptung vor Gericht, lediglich ein kleines Rädchen innerhalb einer grossen Vernichtungsmaschinerie des Nationalsozialismus gewesen zu sein,[233] was wiederum Hannah Arendt zur Einschätzung veranlasste, dass das «größte begangene Böse» jenes sei, «das von Niemandem getan wurde, das heißt, von menschlichen Wesen, die sich weigern, Personen zu sein.»[234]

Wichtig ist für die vorliegende Untersuchung die Erkenntnis, dass wider den Verstand und die Vernunft gerichtete Handlungen insoweit als verführerisch zu gelten haben, als sie das Publikum herausfordern, eine Erklärung für das Unfassbare zu suchen. Es kommt deshalb auch nicht von ungefähr, dass gerade die schlimmsten Verbrecher und Serienmörder der Vergangenheit wie Peter Kürten, Fritz Haarmann, Ed Gein oder die bis heute mythenumrankte Figur *Jack the Ripper* verschiedene Filmemacherinnen und Regisseure inspiriert und zu verschiedenen filmischen Adaptionen Anlass geboten haben.[235] Basierend auf den genannten realen Vorbildern hat das Medium Film mit Michael Myers, Hannibal Lecter, Norman Bates und vielen anderen mittlerweile selbst eine ganze Reihe verführerischer Verbrechertypen geschaffen, die das Publikum gleichermassen faszinieren

232 Graf-Stuhlhofer, „Vereinfachende Versuche", 31–34.

233 Noller, *Theorien des Bösen*, 83.

234 Arendt, *Über das Böse*, 101 f.

235 Beispielsweise *M – Eine Stadt sucht einen Mörder* (Deutschland 1931), *Die Zärtlichkeit der Wölfe (Deutschland 1973), Psycho* (USA 1960), *Texas Chainsaw Massacre* (USA 1974) oder *From Hell* (USA 2001).

wie auch abstossen. Diesen Straftätern im filmischen Artefakt zu begegnen, bedeutet nichts anderes, als dem Antlitz des Bösen gegenüberzutreten und sich vor Augen zu führen, dass dieses nach wie vor in der Welt existiert.

Abb. 46 und 47: Verführerische Verbrechertypen: Hannibal Lecter (*The Silence of the Lambs*) und Norman Bates (*Psycho*).

Darüber hinaus ermöglichen es diese Figuren dem Publikum aber auch, sich seinem eigenen bösen Spiegelbild anzunähern. Entscheidend dafür ist das von Julia Kristeva unter Zugrundelegung von Sigmund Freuds Schriften abgeleitete Phänomen des *Abjekten* – jenes dunklen Spiegelbilds des Ichs, das trotz Abscheugefühls immer wieder als Teil des Selbst empfunden wird.[236] Sinnbildlich sind die fiktiven Straftäter und deren Verbrechen deshalb immer auch eine Projektion des gemäss Immanuel Kant in jedem Menschen angelegten Bösen. Bemerkenswert ist, dass die Begegnung mit abjekten Doppelgängerfiguren ein seit jeher in Film und Literatur beliebtes Motiv darstellt – sei es in Fjodor Dostojewskis Erzählung *Der Doppelgänger*, in Robert Louis Stevensons Novelle *Strange Case of Dr Jekyll and Mr Hyde* oder in James Bonds Begegnungen mit seinem Antagonisten Ernst Stavro Blofeld.[237] All diesen Beispielen ist gemein, dass das Doppelgängermotiv jeweils der Verdeutlichung einer Konfrontation mit dem eigenen Ich dient. So ist es auch nur konsequent, wenn sich Blofeld in *Spectre* (Vereinigtes Königreich 2015) nunmehr als Adoptivbruder des Agenten zu erkennen gibt, dessen böse Bestimmung also auf einem verwandtschaftlichen Verhältnis gründet.

236 Kristeva, *Powers of Horror*, 1 f.; Stiglegger, *Ritual & Verführung*, 163.

237 Weitere Beispiele bei Stiglegger, *Ritual & Verführung*, 162 ff.

Abb. 48: Böser Zwillingsbruder: James Bond (Daniel Craig) und Ernst Stavro Blofeld (Christoph Waltz) in *Spectre*.

Die verführerische Kraft dieses Doppelgängernarrativs lässt sich auch anhand der Gegenüberstellung des von inneren Dämonen zerfressenen Polizisten Johnson (Sean Connery) sowie des Sexualstraftäters Kenneth Baxter (Ian Bannen) in Sidney Lumets *The Offence* (Vereinigtes Königreich 1972) illustrieren. Als Katharsis der Erzählung fungiert die polizeiliche Verhörsituation, an dessen Ende der Polizist seinen Antagonisten derart brutal niederschlägt, dass Baxter kurze Zeit später seinen Verletzungen erliegt. Dieses heftig und eruptiv aufscheinende Gewaltdelikt, so verdeutlicht es die Inszenierung, ist keineswegs in einem vergeltenden Sinne zu begreifen. Vielmehr gilt sie dem eigenen abjekten Monster, welches der Polizist in den an ihn gerichteten Worten von Baxter wiedererkennt:

> «You've found it, haven't you? Something like the truth? Does it surprise you? Shock you? It's there in everyone. You must know that better than anyone. Surely you know that, eh? Of course, you think just everyone else, not you. I suppose, being a policeman, you have to. Twenty years thinking you're different. It must get to be a habit, thinking, ‹Thank God I'm not those other men.› It's difficult. It's dangerous. But you're just the same, you see. In some ways you're one hell of a lot worse.»

Abb. 49: Der Blick in den dunklen Spiegel: Sergeant Johnson (Sean Connery, rechts) und Kenneth Baxter (Ian Bannen, links) in *The Offence.*

Angesichts der Scham, dass Baxter nichts anderes als eine böse Projektion seines eigenen Ichs ist, sieht Sergeant Johnson keine andere Möglichkeit, als das eigene dunkle Spiegelbild mit Gewalt einzureissen:

> «Every single thing I've ever felt, wanted to feel, in one moment. Hitting him. I had to hit him again. Somehow, I – I didn't have any choice. I wanted what he could give me. Sitting there. Letting me hit him. I wanted that. He knew. He was saying like ‹welcome home›. I had to kill him.»

Das Motiv des Spiegels wird an verschiedenen Stellen der Inszenierung verdeutlicht – prominent etwa in der Verdoppelung der Verhörszene. So ist es einmal Sergeant Johnson, der den Verdächtigen Baxter verhört und gleichzeitig wird Sergeant Johnson selbst als Verdächtiger von Superintendent Cartwright (Trevor Howard) einvernommen. In beiden Szenen verschwimmen zunehmend die Rollen zwischen Ermittler und Verdächtigem, zwischen Normschützer und Normbrecher – sie alle sind nichts weiter als eine Verdoppelung ihrer Selbst, deren Identitäten von ein und denselben dunklen Dämonen durchwuchert sind. Schliesslich endet der Film mit den Bildern, mit welchen er begann, und schliesst damit den Kreis zum mythisch-rituellen Verständnis des Bösen: Begleitet von einem unangenehmen elektrischen Surren sowie affektiv wirkenden Zeitlupenbildern prügelt sich Johnson mit seinen Polizeikollegen, die ihn aus dem Verhörzimmer entfernen wollen. Es scheint, als wollte der Film nicht nur seine Protagonisten, sondern auch das Publikum in einem sich stetig wiederholenden Albtraum von Gewalt gefangen halten. Dieser sinnliche Einbezug des Publikums dient dabei nichts anderem als einer Verdeutlichung der mit dem Topos des Doppelgängers einhergehenden Begehrensstrukturen: So ist es eben nicht nur Sergeant Johnson, der sich seinen dunklen Trieben zu stellen hat, sondern auch die rezipierende Person selbst. Dem Bösen, dem Verbrecherischen und dem Normbruch im filmischen Artefakt gegenüberzutreten und so einen Blick in den eigenen dunklen Spiegel zu wagen, ist für das Publikum deshalb verführerisch, weil es regelmässig aus einer unantastbaren Position heraus agiert und – anders als die Figur des von Dämonen geplagten Sergeant Johnson – auch keine Konsequenzen aus der Annäherung zu befürchten hat.

Nebst diesem Spiel mit mythischen Täterfiguren sowie der Konfrontation mit dem Abjekten sind auch die Verführung *zum* Bösen und damit der Prozess der Hinwendung und Unterwerfung unter dessen Wirk- und Sogkraft von Bedeutung. Bemerkenswert ist, dass sich dieser Aspekt sowohl auf einer narrativen Ebene als auch auf der Metaebene, also im Subtext der Inszenierung, vermitteln lässt. Wenn also die filmischen Figuren aufgrund von erzählerischen Gegebenheiten zu den schwersten Verbrechen, zur Kriminalität und zum Bösen verführt werden, so verführt die Inszenierung – unter Aufwendung der Mittel von Mythos und Performanz – das Publikum zu sich selbst. Diese gewissermassen spiegelbildliche Verführung von Publikum und filmischen Figuren wird anhand von *The Devil's Advocate* (USA 1997) und *Touch of Evil* (USA 1958) noch zu untersuchen sein.

Das Böse zeichnet sich sodann dadurch aus, dass es in einem dialektischen Verhältnis zum Guten – oder um den mythischen Gehalt des Gegensatzpaars besser zu erfassen: dem Heiligen – steht. Denn genauso wie das Böse in jedem Menschen von Natur aus angelegt ist, trifft dies auch auf das Gute zu. Im Sinne ihrer dualistischen Gegensätzlichkeit erkennt Kant gar einen «Kampf des guten Princips mit dem bösen um die Herrschaft über den Menschen».[238] Wenn es also eine Seduktion zum Bösen gibt, dann gibt es auch eine solche zum Heiligen und zum Guten. Ein beliebter Topos der Verführung zum Bösen ist es denn auch, dass keine vollumfängliche Solidarisierung mit dem Bösen erfolgt, sodass sich die rezipierende Person eine letzte moralische Fluchtmöglichkeit, eben jene zum Guten oder zum Heiligen, offenhalten kann. So nähert sich Faust durch den Verkauf seiner Seele an Mephisto dem Bösen an, wobei seine Seele in *Faust II* doch wieder

238 Kant, *AA*, VI (Die Religion innerhalb der Grenzen der bloßen Vernunft), 57.

eine Erlösung erfährt. Auch der dem Bösen anheimgefallene Student Raskolnikow muss in Fjodor Dostojewskis *Verbrechen und Strafe* zum Schluss erkennen, dass nur die Läuterung durch Strafe und die Hinwendung zum Göttlichen die aufgeladene Schuld zu tilgen vermögen. Wenn bei der Verführung zum Bösen die Zerstörung menschlichen Daseins im Zentrum steht, so sind es beim gegenläufigen Modell, der Verführung zum Heiligen, die Konzepte von Läuterung und Erlösung. Unter einem rechtlichen Blickwinkel tangiert die Seduktion zum Heiligen damit immer auch den Wunsch nach Wiederherstellung der durch das Böse zerrütteten Ordnung und nach Ausgleich von Schuld. Anhand der Beispiele von Ingmar Bergmans *Jungfrukällan* (Schweden 1960) und Abel Ferraras *Bad Lieutenant* (USA 1992) sind diese Konzepte nachstehend zu untersuchen, wobei der Frage nachzugehen sein wird, inwiefern Gerechtigkeit in über den weltlichen Normen liegenden Prinzipien, dem Wunsch nach dem Heiligen und Transzendenten, zu finden sein kann.

1.1.1 Der Anwalt des Teufels

Ein Mythos des Bösen ist, dass das Böse seine eigenen Dämonen – namentlich in der Gestalt des Teufels – auf die Erde entsendet, um dort die Menschheit zu verführen. Ihren Ursprung finden diese alten Geschichten in der Bibel, wo in den drei synoptischen Evangelien des Neuen Testaments geschildert wird, wie Jesus von Nazareth, allein in der Wüste fastend, verschiedenen ihn heimsuchenden Versuchungen des Teufels zu widerstehen hat. Prominente Werke der Weltliteratur, welche diesen biblischen Mythos wiederum produktiv aufgegriffen haben, sind Johann Wolfgang Goethes *Faust* oder E.T.A. Hoffmans *Die Elixiere des Teufels*. Aber auch im Film hat der Teufel als verführerische Figur Eingang gefunden; so etwa in der Gestalt des an die Figur von Mephisto erinnernden *Mystery Man* in David Lynchs *Lost Highway* (USA 1997) oder in der Figur des heruntergekommenen Privatdetektivs Harry Angel (Mickey Rourke) aus *Angel Heart* (USA 1987) sowie dessen schicksalhafter Begegnung mit der mysteriösen Figur Louis Cyphre (Robert De Niro), der sich letztlich als Luzifers Ebenbild zu erkennen gibt. Für Harry Angel, der sich zu diesem Zeitpunkt bereits in einem grossen Aufzug in die Hölle befindet, erfolgt diese Offenbarung allerdings zu spät.

Abb. 50 und 51: Erscheinungen des Teufels: Mystery Man (links) und Louis Cyphre (rechts).

An dieser Stelle soll dem Spiegelbild des Bösen anhand der Gestalt der auf dem gleichnamigen Roman von Andrew Neiderman basierenden und die gedanklichen Konzepte von John Miltons Epos *Paradise Lost* aufgreifenden Anwaltsfigur in *The Devil's Advocate* (USA 1997) nachgegangen werden. Interessant ist dabei, dass der Film nicht nur auf klassische Mythen und Erzählmuster Bezug nimmt, sondern diese anhand einer Anwaltsfigur abhandelt und damit bereits auf der diegetischen Ebene einen Bezug zum Recht herstellt.

Der Film schildert die Geschichte eines jungen und ehrgeizigen Strafverteidigers, Kevin Lomax (Keanu Reeves), dem nachgesagt wird, noch nie einen Gerichtsfall verloren zu haben. Die Handlung setzt direkt im Gerichtssaal ein. Lomax verteidigt einen Lehrer, dem sexueller Missbrauch einer Schülerin vorgeworfen wird. Die Aussicht auf einen Freispruch scheint angesichts der belastenden Vorwürfe des Opfers gering. Obwohl Lomax während des Prozesses selbst zur Einsicht gelangt, dass sein Mandant schuldig sein muss, gelingt es ihm im Kreuzverhör, die Glaubwürdigkeit des Opfers in Frage zu stellen und einen Freispruch zu erwirken. Damit zieht er wiederum die Aufmerksamkeit des charismatischen John Milton (Al Pacino) auf sich, der dem jungen Anwalt eine Anstellung in seiner einflussreichen New Yorker Kanzlei anbietet. Obschon Lomax' Mutter, eine überzeugte Christin, ihren Sohn vor den in New York lauernden Gefahren warnt, nimmt Lomax das Angebot an und zieht mit seiner Frau Mary Ann in die grosse Stadt, wo ihm die Kanzlei eine luxuriöse Wohnung zur Verfügung stellt.

Abb. 52: Idealisiertes Bild einer optimalen Rechtsvertretung: Kevin Lomax (Keanu Reeves) mit seinem Klienten im Gerichtssaal.

Die Inszenierung spielt auf verschiedene Weise seduktiv mit der Figur des Anwaltsberufs. Zunächst wird Kevin Lomax als ein Typus eines Strafverteidigers eingeführt, der noch nie einen Fall verloren hat und nur durch eigene Kraftanstrengung einen Freispruch seiner Mandanten bewirken kann. Freilich operiert die Inszenierung hier mit einem idealisierten Bild eines Strafverteidigers, dessen einziges Ziel im Freispruch der von ihm vertretenen Personen liegt. Dass das Interesse einer optimalen Rechtsvertretung, gerade in aussichtslosen Fällen, in Wahrheit nicht im Freispruch allein liegen kann, versteht sich eigentlichen von selbst. Für die idealisierte Figur des Strafverteidigers Kevin Lomax zählt allerdings einzig das ultimative Obsiegen, indem sich der Verteidiger - quasi gottgleich - gegen sämtliche Widerstände durchsetzt, um selbst in den vermeintlich unmöglichen Fällen, etwa dem gleich zu Beginn illustrierten Fall des Sexualstraftäters, einen Freispruch zu erringen.

Diese Form von absoluter Verfügungsgewalt von Kevin Lomax über die Strafjustiz ist damit deckungsgleich mit Max Webers Definition von Macht und Herrschaft - als die Souveränität, «innerhalb einer sozialen Beziehung den eigenen Willen auch gegen Widerstreben durchzusetzen, gleichviel, worauf diese Chance beruht.»[239] Diese umfassende (rechtliche) Durchsetzungskraft von Kevin Lomax weckt sodann das Interesse des mächtigen John Milton, der für all das steht, wonach der junge Anwalt strebt - Macht, Geld und Erfolg. Für Kevin Lomax basiert der verführerische Gehalt des ihm von John Milton unterbreiteten Angebots in dem ihm dadurch ermöglichten beruflichen und sozialen Aufstieg als Ausdruck

239 Weber, *Wirtschaft und Gesellschaft*, 28.

seines unentwegten Strebens nach rechtlichem Einfluss. Bereits Thomas Hobbes erkannte in dem von Lomax vorgelebten unaufhörlichen Streben nach Macht – dem «restless desire for power» – die stärkste Wirkkraft des Menschen, auf die er alle anderen Leidenschaften zurückführte.[240] Damit deckt sich Hobbes Verständnis auch mit dem von Friedrich Nietzsche postulierten Willen zur Macht als eine Formel zur Bezeichnung eines unersättlichen Verlangens, eines schöpferischen Triebs, der jenseits jeder moralischen Wertung steht:

> «[...] diese meine dionysische Welt des Ewig-sich-selber-Schaffens, des Ewig-sich-selber-Zerstörens [...], dies mein Jenseits von Gut und Böse, ohne Ziel, wenn nicht im Glück des Kreises ein Ziel liegt [...]. Wollt ihr einen Namen für diese Welt? [...] Ein Licht für euch, ihr Verborgensten, Stärksten, Unerschrockensten, Mitternächtlichsten? [...] Diese Welt ist der Wille zur Macht – und nichts außerdem! Und auch ihr seid dieser Wille zur Macht – und nichts außerdem!»[241]

Dieser unersättliche Wille zur Macht führt Kevin Lomax direkt in die Stadt seiner Träume. Im filmischen Konstrukt erscheint New York dabei als Metapher für den Naturzustand des Menschen. Hier fühlt sich der Mensch, und damit auch der junge Strafverteidiger Lomax, nicht einer Gemeinschaft verpflichtet, sondern strebt einzig nach der Befriedigung seines individuellen Machtanspruchs; er befindet sich in einem «bellum omnium contra omnes».[242] Im Verständnis von *The Devil's Advocate* wird diese Auseinandersetzung allerdings nicht in einem martialisch-physischen Sinne ausgefochten, sondern ergeht auf einer juristisch-intellektuellen Ebene. Diejenige Person, die sich vom talentierteren Anwalt vertreten lässt, gelingt es, ihre eigenen Interessen gegenüber den Interessen der anderen durchzusetzen und zu obsiegen – ganz unabhängig davon, ob diese Durchsetzung letztlich gerecht oder moralisch richtig ist.

Dass dieses Machtstreben in *The Devil's Advocate* an der Figur eines Strafverteidigers illustriert wird, befremdet zunächst, ist doch das Strafrecht gemeinhin nicht jenes Rechtsgebiet, das einen sozialen Aufstieg in die obersten Gesellschaftsschichten garantiert. «Why do you need a criminal department?», fragt Lomax misstrauisch und packt damit die Irritation des

---

240 Hobbes, *Leviathan*, 75.

241 Nietzsche, *Werke in drei Bänden*, Bd. 3 (Aus dem Nachlaß der Achtzigerjahre), 29 [915].

242 Hobbes, *Grundzüge der Philosophie*, Kap. Lehre vom Bürger [73]; Hobbes, *Leviathan*, 98.

Publikums in Worte. Die Konsequenz der Darstellung ergibt sich jedoch aus dem zuvor postulierten Verständnis von Macht als die Souveränität, sich über andere Interessen und rechtliche Normen hinwegzusetzen. In keinem anderen Rechtsgebiet ist die Dialektik von Obsiegen und Verlieren mit einer derartigen Aura verbunden wie in der dem Straf- und Strafprozessrecht inhärenten Dichotomie von Schuld- und Freispruch. «Our clients break the law like anyone else just tired of sending their business across the street», entgegnet Milton trocken.

Als das eigentliche Ziel sämtlicher Machttriebe des jungen Strafverteidigers erscheint die charismatische Figur John Milton, Inhaber der gleichnamigen Kanzlei, bei welchem sämtliches Machtstreben zusammenkommt. In seiner Kanzlei versammelt er die besten Juristen sämtlicher Rechtsbereiche. Die Allerbesten, Talentiertesten und Machthungrigsten kommen im obersten Stock der Büroräumlichkeiten eines Wolkenkratzers an einem grossen Tisch zusammen. Auf dieser konspirativen Zusammenkunft fusst der Logik des Filmes zufolge auch der ultimative Machtanspruch der Juristinnen im Sinne einer geheimen Weltregierung. «Law is the ultimate backstage pass», meint Milton prophetisch.

Abb. 53: Eine konspirative, von Juristen geformte Weltregierung.

Während die Verführung der Macht innerhalb der filmischen Narration zunächst nur auf den Anwalt Kevin Lomax zu wirken scheint, macht die Inszenierung das Machtstreben seines Protagonisten auch für das Publikum erfahrbar; indem etwa die Ästhetik der Macht sowie deren schiere Dekadenz sinnlich aufgegriffen werden. Diese Affizierung des Publikums zeigt sich deutlich in jener Szene, als Lomax zum ersten Mal die Räumlichkeit von Miltons Kanzlei im obersten Stock des Wolkenkratzers betritt. Der junge Anwalt ist geblendet vom Luxus, von der Weite der Räume und der die gesamte Szenerie dominierenden Skyline von Manhattan. Die Grösse des Anblicks ist allerdings gleichermassen für das Publikum ansteckend, welches, durch das Auge der Kamera blickend, mit Milton auf die Terrasse des Wolkenkratzers schreitet. Die von der Kamera eingefangenen Bilder reissen das Publikum damit aus der tristen Realität des Kinosaals und befördern es in die unerreichbaren Gefilde weit über den Dächern New Yorks. Vor und unter dem Infinity-Pool, der nahtlos in die Skyline der Stadt überzugehen scheint, breitet sich das Häusermeer aus. Es sind Bilder von monumentaler Grösse, die vereinnahmen, die Fantasie und Suggestion anregen und die Rezeption zu einer sinnlichen Erfahrung werden lassen.

Abb. 54: Über den Dächern der Welt.

Bereits Walter Benjamin erkannte im filmischen Blick die Möglichkeit, die Begrenzung der menschlichen Wahrnehmung zu überwinden und die Lebenswelt zu durchbrechen.[243] Diese Realitätsflucht ermöglicht es dem Publikum, für den Moment der Rezeption aus der Realität zu entfliehen und gemeinsam mit dem charismatischen Anwalt über den Dächern der Welt zu stehen. Der Blick des Publikums auf die ihm zu Füssen liegende Grossstadt ist gleichsam mit der Unterwerfung der fiktiven Welt verbunden. Milton richtet sich im Bewusstsein der verführerischen Wirkung triumphierend an das Publikum: «A lot of potential clients down there». Das Begehren der absoluten Macht, als Jurist über die Schicksale Einzelner zu befinden, wird zum gespiegelten Begehren des Publikums und der charismatische Milton zum idealisierten Rollenbild eines Anwalts, der über die ihm zu Füssen

243 Benjamin, „Das Kunstwerk im Zeitalter seiner technischen Reproduzierbarkeit“, 499.

liegenden Individuen beliebig bestimmen und das weltliche und rechtliche Geschehen nach seinem Gusto formen kann.

Im Verlauf der weiteren Geschehnisse offenbart sich die Verführung zur Macht und zur absoluten Souveränität jedoch zunehmend als Gefahr. Eine solche wird bereits in der Szene auf dem Dach des Wolkenkratzers angedeutet, als sich Lomax dem Abgrund des Balkons nähert und in die sich gefährlich unter ihm ausbreitenden Strassenschluchten blickt. Es ist nicht nur Lomax, sondern auch das Publikum, das durch das Kameraauge in die Tiefe schaut. Die Kamera dreht sich, als hätte sie eine Grenze überschritten und die Sensation des Schwindels erfasst das Publikum. Milton fragt daraufhin herausfordernd, ob Lomax wirklich bereit sei, mit dem seinem gewählten Beruf inhärenten Druck umzugehen:

> «You have the talent. I knew that before you got here. It's the other thing I wonder about: [...] Pressure changes everything. Some people, you squeeze 'em, they focus. Others fold. Can you summon your talent at will? Can you deliver on a deadline? Can you sleep at night?»

Abb. 55: Der Blick in die Tiefe.

Milton spielt dabei mit der Ambivalenz der Macht – der Möglichkeit der Herrschaft über das ausgegrenzte Andere einerseits und der Gefahr der physischen und psychischen Überforderung andererseits. Freilich ist Miltons Frage reine Provokation und dient dazu, sein Gegenüber in Versuchung zu bringen und dieses für sich und seine zu diesem Zeitpunkt noch unklaren Pläne zu vereinnahmen. Dass die Versuchung des Publikums in letzter Konsequenz auf eine Unterwerfung unter das Böse hinausläuft, wird aber schon erkennbar, wenn man sich die mythologische Dimension der Szene vergegenwärtigt. So wird die Begegnung von Milton und Lomax auf der Terrasse des Wolkenkratzers zur sinnbildlichen Angleichung an die

Versuchung Jesus Christus durch den Teufel, wie sie im Evangelium nach Matthäus wie folgt beschrieben wird:

> «Wieder nahm ihn der Teufel mit sich und führte ihn auf einen sehr hohen Berg; er zeigte ihm alle Reiche der Welt mit ihrer Pracht und sagte zu ihm: Das alles will ich dir geben, wenn du dich vor mir niederwirfst und mich anbetest.»[244]

The Devil's Advocate reiht sich damit nahtlos in die eingangs genannten klassischen Mythen ein. Nebst dieser biblischen Dimension bedient sich das anhand der beiden Antagonisten illustrierte Ringen zwischen Himmel und Hölle am *Faust*-Mythos sowie - noch deutlicher - an John Miltons Dichtung *Paradise Lost.* Solche Parallelen finden sich nicht nur in der Widerspiegelung des Namens des englischen Dichters in Al Pacinos Figur, sondern auch im Rezitieren der berühmten Passage «Better to reign in Hell than serve in Heaven» aus *Paradise Lost* ganz zum Schluss der Handlung. All diese mythischen Erzählungen, deren Kern auf den biblischen Sündenfall beziehungsweise die Verführung von Adam und Eva durch die Schlange zurückgeht, ist gemein, dass die Versuchung des Bösen immer mit dem Versprechen einer unbeschränkten Souveränität und Individualität einhergeht; einem Strukturmerkmal des Bösen, welches Noller folgendermassen umschrieb:

> «Es ist die Versuchung in uns, das, was nicht sein soll oder darf, gerade um des Verbotes willen zu tun; ein Hang in uns, das eigene Ich zu entgrenzen und sich selbst zum autonomen, absoluten Gesetzgeber zu erheben.»[245]

Dieser autonome, absolute Gesetzgeber ist nichts anderes als Nietzsches Idee eines Übermenschen, der in Anbetracht seiner umfassenden Souveränität jenseits sämtlicher moralischer Wertungen steht, also nur sich allein verpflichtet ist.[246] Die überwältigenden Aufnahmen in *The Devil's Advocate* sind vor diesem Hintergrund auch als Versuchung des Publikums aufzufassen, sich, gemeinsam mit der über den Dächern der Welt stehenden Figur von Kevin Lomax, zum autonomen Herrscher der fiktiven Bilder zu erklären.

---

244 „Das Evangelium nach Matthäus", Kap. 4, 3. Versuchung.

245 Noller, *Theorien des Bösen*, 122 f.

246 Nietzsche, *Werke in drei Bänden*, Bd. 2 (Also sprach Zarathustra [Zarathustras Vorrede]), 278 ff.

Die weitere Erzählung folgt konsequenterweise der Prämisse der Unterwerfung unter das von John Milton verkörperte Böse. Kevin Lomax geniesst ein überdurchschnittliches Interesse an seiner Person und arbeitet Tag und Nacht für die Kanzlei. Hinsichtlich der von ihm vertretenen Klienten wird durch die Inszenierung aber jeweils der Eindruck erweckt, dass diese selbst dem Bösen nahestehen: etwa der mächtige Baulöwe, der seine Frau und ihren Liebhaber umgebracht haben soll, wobei selbst Lomax von der Schuld seines Mandanten überzeugt scheint. Dabei spielt die Inszenierung wiederum mit dem Bild des Strafverteidigers als Interessensvertreter der Beschuldigten, dessen Interesse einzig im Erringen eines Freispruchs liegen kann. Wenn allerdings das anwaltlich vertretene Interesse dem Bösen zugehörig ist, besteht – in der Logik des Filmes – eine Ansteckungsgefahr. Zum besseren Verständnis dieser Gefahr ist Sigmund Freuds Tabumodell in Erinnerung zu rufen:

> «Der Mensch, der ein Tabu übertreten hat, wird selbst tabu, weil er die gefährliche Eignung hat, andere zu versuchen, dass sie seinem Beispiel folgen. Er erweckt Neid; warum sollte ihm gestattet sein, was anderen verboten ist? Er ist also wirklich ansteckend, insofern jedes Beispiel zur Nachahmung ansteckt, und darum muss er selbst gemieden werden.» [247]

Nirgendwo erscheint diese von Freud postulierte Ansteckungsgefahr derart immanent wie im engen und vertrauten Verhältnis von Anwalt und Klient. Insofern ist es nur konsequent, dass der Kanzleiinhaber John Milton offensichtlich selbst in verschiedene Formen von organisierter Kriminalität, etwa weltweite Waffengeschäfte, verstrickt ist. Diese Ansteckung übersteigt allerdings die geschilderte diegetische Ebene der Erzählung und geht letztlich – unter Aufwendung der sinnlichen Mittel – auf das Publikum über.

Prominent ist jene Szene hervorzuheben, in welcher Kevin Lomax einen seiner Klienten in einem kerkerartigen und nur spartanisch mit Kerzenlicht ausgeleuchteten Kellergewölbe aufsucht. Dabei arbeitet die Inszenierung mit den Polaritäten einer weltlichen Oberwelt sowie einer dämonischen Kräften zugehörigen Unterwelt. Das Publikum erkennt während des Abstiegs in die Tiefe zunächst kaum etwas. Das Kameraauge als das erkundende Auge des Publikums tastet sich hilflos durch die Dunkelheit. Begleitet wird der Abstieg in die Finsternis durch ineinander übergehende Melodiebögen aus Streichern und Bläsern, die unterschwellig physisch wirken, den

247 Freud, *Totem und Tabu*, 36.

Abb. 56 bis 59: Der Abstieg in eine dämonische Unterwelt.

Körper des Publikums affizieren und so ein Gefühl der Unruhe bewirken. Hinzu treten nichtmusikalische Klänge, Dröhngeräusche, die den Eindruck des Unterirdischen verstärken und das Publikum auf die anstehende Begegnung mit dem Bösen vorbereiten.[248]

Im Weiteren wird die Ansteckungskraft des Bösen auch in der Gestalt der Verlockung erfahrbar. Dergestalt erweist sich zunächst die Ikonografie von Al Pacino, der gegenüber dem Publikum als väterliche, sympathische und stets galante Figur erscheint. Überdies hegt Kevin Lomax Interesse an seiner attraktiven Anwaltskollegin Christabella Andreoli, was wiederum von John Milton gefördert wird. Dabei wird die von der Anwältin ausgehende Versuchung als regelrechte Lust am Sehen inszeniert: Bereits die erste Begegnung zwischen Lomax und Andreoli, ein flüchtiger Blick durch die Glasscheibe des Büros, fungiert als verführerisches Konstrukt. Die Montage des Filmes verlangsamt, der Blick von Lomax wird von Andreoli gespiegelt und trifft im Blick zurück die Augen des Publikums.

Dieses Zusammenspiel unterschiedlicher Blicke lässt sich mittels der feministischen Filmtheorie von Laura Mulvey und ihrer Überlegungen zur Skopophilie illustrieren. Den Begriff der Skopophilie bezieht Mulvey aus der klassischen Psychoanalyse nach Sigmund Freud und wendet diesen – unter Zugrundelegung von Jacques Lacans Idee des narzisstischen Blicks – auf das Filmische an:

> «A and B have set out two contradictory aspects of the pleasurable structures of looking, in the conventional cinematic situation. The first, scopophilic, arises from pleasure in using another person as an object of sexual stimulation through sight. The second, developed through narcissism and the constitution of the ego, comes from identification with the image seen. Thus, in film terms, one implies a separation of the erotic identity of the subject from the object on the screen (active scopophilia), the other demands identification of the ego with the object on the screen through the spectator's fascination with and recognition of his like.» [249]

In der erwähnten Szene wird dementsprechend eine Situation geschaffen, in der nicht nur das Objekt der Begierde, also Andreoli, präsent ist, sondern in der männlichen Figur von Kevin Lomax für das Publikum

248 Stiglegger, *Ritual & Verführung*, 170 beschreibt dieses Konzept anhand des Beispiels von *The Silence of the Lambs* (USA 1991), wo die instrumentale Drohkulisse das Publikum auf die Begegnung mit dem Straftäter Hannibal Lecter vorbereitet.

249 Mulvey, „Visual Pleasure and Narrative Cinema", 270.

eine Identifikationsfigur auftritt, die dieses Objekt als stellvertretender Voyeur betrachtet. Für diese Verführung des «männlichen Blicks» ist insofern nicht das biologische Geschlecht der betrachtenden Person an sich entscheidend, sondern die durch die Inszenierung vorgegebene Perspektive.[250]

Abb. 60 und 61: Verführerische Blickdramaturgie: Christabella Andreoli und Kevin Lomax.

Bemerkenswert ist sodann, dass sich diese von der Blickstruktur ausgehende Verlockung als eigentliche Verführung zum Tabubruch und als Blick zum Bösen offenbart; dies wird spätestens dann evident, als sich die Anwältin Andreoli als die Halbschwester von Lomax und John Milton als deren gemeinsamer Vater entpuppt. Gerade im Straftatbestand des Inzests vermengen sich die Gesetzesübertretung, der Tabubruch sowie das Böse zu einem sich gegenseitig bedingenden Konglomerat. In der Folge ist es auch nur konsequent, dass sich John Milton zum Schluss als der Teufel per-

250 Vgl. für eine umgekehrte Rollenverteilung Brad Pitts sexualisierten Auftritt in *Thelma & Louise* (USA 1992), Stiglegger, *Ritual & Verführung*, 70.

sönlich zu erkennen gibt, der beabsichtigt, durch seine eigenen Kinder den Antichristen zu zeugen und so die Macht über das Weltliche zu erlangen. Damit entspricht das Böse in *The Devil's Advocate* nichts anderem als dem eingangs des Kapitels angeführten christlichen Verständnis von jenen auf die Erde geworfenen Dämonen, welche die Welt verführen und verderben wollen.

Abb. 62 und 63: Inzestuöses Begehren zwischen Lomax und Andreoli.

Am Anfang dieses Kapitels wurden ausserdem das Bedürfnis nach einer Fassbarmachung des Bösen sowie die dabei dem Recht zukommende Rolle thematisiert. Im Lichte dieses Wunsches nach einer Materialisierung erklärt sich, weshalb das ansteckende Böse in *The Devil's Advocate* sein Abbild in rechtlichen Mythen und Figuren finden muss. Die vom Bösen ausgehende korrumpierende Wirkung kann sich diesem Verständnis nach nämlich einzig in der Straftat sowie im Verbrechen vergegenständlichen – sei es in illegalen Waffengeschäften oder eben der Anstiftung zum Inzest. Durch die Gleichsetzung von Normbruch und Bösem reiht sich der Film denn auch nahtlos in die erwähnten Erklärungsmuster ein, die das Verbrechen – mangels anderweitiger rationaler Erklärungsansätze – als dem Bösen selbst zugehörig bezeichnen. Wenn John Milton also die Verführung und Unterwerfung der Menschheit unter das Böse anstrebt, dann liefert er auch eine mögliche Erklärung für die ubiquitäre Verbreitung von schwersten Verbrechen und Gesetzesübertretungen in der Welt.

In seiner Verzweiflung versucht Lomax schliesslich, dem allumfassenden, sich stetig im Normbruch und Verbrechen reproduzierenden Bösen mit der eigenen Souveränität und der Macht des eigenen Willens zu begegnen. Um sich und der Welt Erlösung von der ewigen Verführung des Bösen zu verschaffen, entscheidet er sich für den Suizid – und damit für ein Mittel, welches schon Nietzsche als Ausdruck höchster persönlicher Selbstbestimmung beschrieb:

> «Meinen Tod lobe ich euch, den freien Tod, der mir kommt, weil ich will. [...] Manchem mißrät das Leben: ein Giftwurm frißt sich ihm ans Herz. So möge er zusehn, dass ihm das Sterben um so mehr gerate. Frei zum Tode und frei im Tode, ein heiliger Nein-Sager, wenn es nicht Zeit mehr ist zum Ja: also versteht er sich auf den Tod und das Leben. In eurem Sterben soll noch euer Geist und eure Tugend glühn, gleich einem Abendrot um die Erde: oder aber das Sterben ist euch schlecht geraten.» [251]

Abb. 64: Der freie Tod als Ausdruck höchster persönlicher Selbstbestimmung.

Der frei gewählte Tod ist demnach nicht nur, wie in der Interpretation von Nietzsches Schriften oftmals verkürzt dargestellt, als Auflehnung gegen die

251 Nietzsche, *Werke in drei Bänden*, Bd. 2 (Also sprach Zarathustra [Vom freien Tod]), 333.

Existenz Gottes, sondern eben auch als Flucht vor dem Bösen, dem vom Giftwurm zerfressenen Herzen, zu verstehen. Das gänzlich souveräne Individuum steht insofern über sämtlichen moralischen Wertungen von Gut und Böse – es ist, wie die souverän agierenden Anwaltsfiguren in *The Devil's Advocate*, nur sich allein und seinem freien Willen verpflichtet. «Free will, right?», meint Lomax provokativ und hält sich eine Pistole an die Schläfe. Noch bevor der sichtlich irritierte Milton reagieren kann, drückt Lomax ab und schiesst sich eine Kugel durch den Kopf.

Abb. 65 und 66: Rituelle Wiederkehr des Bösen.

Damit endet der Film allerdings nicht. Die Zeit wird zurückgedreht. Das Publikum findet sich gemeinsam mit Kevin Lomax in der Herrentoilette des Gerichts wieder, kurz bevor der Anwalt den angeklagten Sexualstraftäter vor einer Haftstrafe bewahren wird. Entschlossen, diesmal das Richtige zu tun, legt Lomax sein Mandat nieder und riskiert damit seinen Ausschluss aus der Anwaltskammer. Er und seine Frau verlassen das Gericht, als ein Reporter mit Versprechungen einer grossen medialen Aufarbeitung an die beiden herantritt. Es ist derselbe Reporter, der Lomax einst zum Gewinnen des Falls anstachelte. Lomax lehnt ein Interview zunächst ab, gibt dann aber dem Wunsch des Publikums – ermutigt durch den Zuspruch von Mary Ann – nach. Er trägt dem Reporter auf, ihn am nächsten Morgen anzurufen. Als Kevin und Mary Ann Lomax den Reporter nicht mehr sehen können, verwandelt sich dieser in den selbstgefällig grinsenden John Milton, der den Film mit der Miene des Siegers und mit den an das Publikum gerichteten Worten abschliesst: «Vanity, definitely my favorite sin.»

In diesem Moment schliesst das Erzählerische nochmals den Bogen zum Mythos, indem dem Publikum vergegenwärtigt wird, dass das Böse nicht auszumerzen ist, sondern immer wieder aufs Neue und im Gewande anderer Geschichten in Erscheinung treten und sich insofern stetig reproduzieren wird. Das Ende der Erzählung des Bösen muss deshalb auch immer dessen Neuanfang sein. Damit ist auch gesagt, dass es aus dem Kreis des Bösen kein Entrinnen gibt und dass sowohl das Böse als auch die Lust am Normbruch und am Verbrechen eine ewige Konstante der menschlichen Existenz darstellen.

Abb. 67: Reizloses puritanisches Gegenmodell.

Angesichts dieser ernüchternden Feststellung liesse sich annehmen, dass sich spätestens zum Schluss der Erzählung beim Publikum die Erfahrung von Ambivalenz einstellen dürfte und das Filmische so zur moralischen Herausforderung wird. Dem ist aber schon deshalb nicht so, weil die Inszenierung dem Publikum keine gleichsam verführerischen Alternativen präsentiert: So bilden weder das anhand der Ikonografie der strenggläubigen Mutter entworfene puritanische Gegenmodell noch der gescheiterte Suizid mögliche Anreize, sich dem sinnlich vereinnahmenden Bösen zu widersetzen. Vielmehr imponiert das opulent bebilderte Machtstreben der Figur eines Rechtsanwalts sowie die diesem Berufsstand zukommende uneingeschränkte Verfügungsmacht über menschliche Schicksale bis zuletzt als das begehrenswerte Andere. Die Verführung endet denn auch im Reiz des Bösen allein – als wiederkehrender Traum, alle Grenzen und Normen des Weltlichen zu überschreiten und so dem Verbotenen und Tabuisierten wieder und wieder im Spiegel neuerlicher Geschichten und Erscheinungen zu begegnen.

1.1.2 Das Herz der Finsternis

Weitere Annäherungsmöglichkeiten an das Böse finden sich in diversen Ermittler-, Detektiv- oder Polizistenfiguren des *Film Noir*, die als Grenzgänger eine Welt durchwandern, in der sich das Gute und Gerechte sowie das Böse und Ungerechte zusehends vermengen und kaum mehr durchschaubare Mischgebilde formen. Als einer der letzten zur Schwarzen Serie zählenden Filme zeichnet sich Orson Welles *Touch of Evil* (USA 1958) dadurch aus, dass das geschilderte Abdriften ins Böse in den Kontext von polizeilichen Ermittlungen in einem Mordfall und damit in eine direkte Abhängigkeit zum Recht gesetzt wird.

Ausgangspunkt der Erzählung ist ein Attentat auf den Geschäftsmann Linnekar und dessen junge Begleiterin irgendwo in einer Kleinstadt nahe der mexikanischen Grenze. Die Aufklärung des Verbrechens führt wiederum zu einem schicksalhaften Aufeinandertreffen des jungen Rauschgiftfahnders Miguel «Mike» Vargas (Charlton Heston) und des alten Polizeichefs Hank Quinlan (Orson Welles). Mit diesen beiden Figuren prallen nicht nur zwei Generationen, sondern auch zwei gegensätzliche Betrachtungsweisen bezüglich der an ein Ermittlungsverfahren zu stellenden Ansprüche aufeinander. Während sich der ambitionierte Drogenfahnder Vargas den Prinzipien von Rechtsstaatlichkeit und Verfahrensgerechtigkeit verpflichtet sieht, hat der Polizeichef Quinlan solchen Grundsätzen abgeschworen. Bei ihm steht vielmehr eine zielgerichtete Ermittlung im Zentrum – und damit eine möglichst effiziente Überführung von Straftätern. Der erfahrene Quinlan ist denn auch instinktiv davon überzeugt, in Sanchez, dem mexikanischen Geliebten der Tochter des ermordeten Linnekars, den Täter zu erkennen. Da ihm für eine Überführung von Sanchez jedoch die Beweise fehlen, nimmt Quinlan das Gesetz in die eigene Hand: Er fälscht Beweise und schiebt diese Sanchez unter. Der gewissenhafte Vargas durchschaut allerdings Quinlans Trick und macht sich in der Folge daran, eigene Nachforschungen über den Polizeichef anzustellen. Er findet heraus, dass Quinlan in mehreren Fällen zuvor bereits Beweise manipuliert und diese bei Beschuldigten platziert haben muss. Als Quinlan die Gefahr aus den eigenen Reihen erkennt, verbündet er sich kurzerhand mit dem kriminellen Barbesitzer Joe Grandi (Akim Tamiroff), dessen Handlanger Vargas Frau Susan (Janet Leigh) in einem Motel unter Drogen setzen und entführen. Als Susan aufwacht, findet sie sich gemeinsam mit dem Publikum in einem Raum mit der Leiche von Grandi wieder. Nur das Publikum weiss, dass Quinlan Grandi zuvor erdrosselt hat – dies, um Susan den Mord an Grandi anzuhängen und so Vargas lästige Nachforschungen endgültig zu unterbinden.

Abb. 68: Antagonistische Figuren des Rechts: Hank Quinlan (Orson Welles) und Miguel «Mike» Vargas (Charlton Heston).

Wie man aufgrund dieser Zusammenfassung fälschlicherweise schlussfolgern könnte, ist es allerdings nicht die Figur des für Rechtmässigkeit und Korrektheit einstehenden, jungen, aber steif agierenden Drogenfahnders Miguel Vargas, der für das Publikum als identifikationsstiftende Figur auftritt. Vielmehr ist es die von Orson Welles interpretierte Figur des misanthropischen, von einer dunklen Aura getriebenen Polizeichefs. Der vom Kameraauge stets von unten angeblickte Quinlan erscheint angesichts seiner hünenhaften Physiognomie im wahrsten Sinne *larger than life*: eine nicht mehr nach weltlichen Massstäben fassbare, beinahe überirdische Figur. Aber seine verführerische Kraft ergibt sich nicht nur aus seiner Ikonografie, sondern auch aus dem Typus eines ambivalenten Grenzgängers zwischen Normschutz und Normbruch sowie der ihm zukommenden Verfügungshoheit über Recht und Gesetz. Damit geht die Verführung, ähnlich der Figur von Kevin Lomax, mit dem Phänomen von Macht und Souveränität einher: Der Polizeichef kann als souveräner Gesetzgeber das Recht nach seinem Willen formen und dessen Regeln autonom definieren. Insofern hat er nicht nur eine Deutungshoheit über das Recht und die daraus fliessenden Gesetze inne, sondern kann auch frei über die rechtsunterworfenen Individuen verfügen. Recht ist letztlich das, was ihm zur Durchsetzung seiner autonomen Gerechtigkeit nützlich ist.

Abb. 69: Überlebensgrosse Figur: Hank Quinlan (Orson Welles).

Diese durch und durch ambivalente, zwischen Normschutz und Normbruch mäandrierende Charakterzeichnung erweckt wiederum den Eindruck, dass von Quinlan eine dunkle und zerrüttete Aura ausgeht. Aus der weiteren Geschichte lässt sich denn auch schliessen, dass sich das Selbstverständnis, mit welchem sich der Polizeichef über Normen und Gesetze hinwegsetzt, aus dessen Biografie ergibt. So wurde vor langer Zeit Quinlans Frau umgebracht – ein Verbrechen, das aus Mangel an Beweisen nie aufgeklärt werden konnte. Aus diesem Unrecht, so insinuiert es die Geschichte, wuchs in Quinlan die Erkenntnis, dass Unrecht durch Recht nicht geheilt werden kann. Seither nimmt sich der Polizeichef das Recht heraus, dem Unrecht der Welt durch eigene Normbrüche zu begegnen. Seine Auflehnung gegen das Gesetz ist damit die direkte Konsequenz der bereits thematisierten Ansteckungsgefahr des Bösen, wie sie sich in

Sigmund Freuds Tabumodell oder – noch deutlicher – Albert Camus' *Philosophie des Absurden* findet. Bei Camus steht das *Absurde* sinnbildlich für die Unberechenbarkeit und Willkürlichkeit des Bösen – etwas, was «jeden beliebigen Menschen an jeder beliebigen Strassenecke anspringen» kann.[252] Durch eine solche zufällige, willkürliche Berührung mit dem *Absurden*, dem sprichwörtlichen «Touch of Evil» in der Gestalt des Verbrechens an seiner Frau, liess sich auch der bis dahin rechtschaffene Polizeichef anstecken: Er wurde selbst zum Normbrecher, wenn auch aus dem Glauben, damit das Richtige und Gerechte zu tun.

Im Sinne eines oberflächlich-literarischen Vorbilds liegt *Touch of Evil* der Pulp-Roman *Badge of Evil* von With Masterson (eigentlich ein Pseudonym der beiden Schriftsteller H. William Miller und Robert Allison Wade) zugrunde. Darin wird die Geschichte eines korrupten Polizisten erzählt, der von einem rechtschaffenen Staatsanwalt zur Strecke gebracht wird. Übrig geblieben ist in Orson Welles Adaption davon lediglich der Grundkonflikt zweier Antagonisten des Rechts, die – in Abänderung zur Vorlage – nunmehr in den Kosmos einer dystopischen mexikanischen Grenzstadt überführt werden. In dieser dystopischen Welt verschwimmt denn auch mehr und mehr die in *Badge of Evil* noch klar gezeichnete Grenze zwischen Gut und Böse, zwischen Recht und Unrecht – erweist sich doch bei Welles auf den zweiten Blick das Unrechte als das vermeintlich Richtige. Ein möglicher Schlüssel zum Verständnis dieser Widersprüchlichkeiten findet sich anstelle von *Badge of Evil* in einem anderen literarischen Vorbild wieder: in Joseph Conrads *Heart of Darkness* – eine Novelle, die Orson Welles zeitlebens faszinierte und die er in den 1940er Jahren gar zu verfilmen plante.[253] In *Heart of Darkness* wird die Exkursion von Kapitän Marlow zum Handelsagenten Kurtz in den urweltlichen Dschungel Kongos beschrieben, die sich – ähnlich der unter Einbezug des Publikums ablaufenden Tätersuche in *Touch of Evil* – mehr und mehr als Suche nach dem Herzen der eigenen Existenz und als Reise in die Untiefen des Halb- und Unterbewusstseins herausstellt. Im Verlauf von Conrads Erzählung drängt sich – wie auch in *Touch of Evil* – wiederum die Infragestellung der Art und Verortung des Bö-

252 Camus, *Der Mythos des Sisyphos*, 23.
253 Eingehend zu den Umständen des gescheiterten Projekts Wood, *Orson Welles*, 10–13.

sen, der *Finsternis*, in den Vordergrund; eine Finsternis, die sich letztlich in der albtraumhaften Begegnung mit dem eigenen Abgrund widerspiegelt.[254]

Im Gegensatz zu Conrads Novelle hat Welles, wie gesehen, das Abdriften in die *Finsternis* in *Touch of Evil* vom urweltlichen Dschungel in eine korrupte, von Schatten, Lügen und Gier heimgesuchte Ortschaft an der Grenze zwischen Mexiko und den Vereinigten Staaten verlegt. Hier spiegelt sich das Böse nicht in urweltlichen Riten, sondern in heruntergekommenen Motels, schmutzigen Bordellen und dubiosen Hinterzimmern wider, die von der Kamera in affektiven Bildern eingefangen werden. Es sind diese düsteren Landschaften, die der Film sein Publikum durchstreifen lässt, die aufgrund ihrer expressionistischen Hell-Dunkel-Kontraste den Widersprüchlichkeiten ihrer fiktiven Figuren Ausdruck verleihen. In dieser sich verfinsternden Welt – nur die wenigsten Szenen wurden bei Tageslicht gedreht – erweist sich die Tätersuche, die sich längst nicht mehr gegen den ursprünglichen Verdächtigen Sanchez richtet, letztlich als Annäherung an das dunkle Spiegelbild des eigenen Ichs – nicht nur für die fiktiven, plötzlich gegen sich selbst ermittelnden Polizeifiguren, sondern eben auch für das Publikum, dessen sinnliche Wahrnehmung von den fiebrigen Bildern zunehmend attackiert wird. Deutlich wird dies etwa in jener Sequenz, als Susan Vargas in einem entlegenen Motel – gemeinsam mit dem mitleidenden Publikum – einen bizarren, nicht enden wollenden Albtraum aus Drogen, wilder Musik und abstossenden Kreaturen durchzustehen hat. Weder ihr Ehemann noch sonst jemand kommt der misshandelten Frau zur Hilfe, sie bleibt – wie auch das auf den Kinostuhl zurückgebundene Publikum – dem Bösen schutzlos ausgeliefert.

---

254 Noch deutlicher finden sich diese Schlüsselmomente in Francis Ford Coppolas' Adaption von Conrads Erzählung *Apocalypse Now* (USA 1979), vgl. hierzu Stiglegger, *Ritual & Verführung*, 155.

Abb. 70, 71 und 72: Susan Vargas (Janeth Leigh) alleine im Motel (oben) und fiebrige Attacken auf das Publikum (unten).

Noch offensichtlicher wird der sinnliche Einbezug in der Eingangssequenz des Filmes: Eine völlig entfesselte Kamera gleitet rastlos und ohne erkennbaren Schnitt durch eine zunächst nicht näher fassbare nächtliche Szenerie. Wie aus dem nichts lässt sich eine Bombe mit Zeitzünder ausmachen, die von unbekannter Hand im Kofferraum eines Autos deponiert wird. Noch bevor das Publikum weiss, wie ihm geschieht, nimmt die Kamera die Verfolgung des Fahrzeugs auf: sie schwebt, dabei noch immer das Auto beobachtend, über Hausdächer hinweg, taucht ab ins Strassenleben und begegnet dort einem Liebespaar, das verträumt durch die Gassen schlendert. Aus dieser Begegnung von Liebespaar und Wagen entspinnt sich wiederum, begleitet von jazzigen Klängen, ein dialektisches, beinahe tänzerisches Spiel. All diese von der Kamera eingefangenen rauschhaften Eindrücke führen jedoch mehr und mehr dazu, dass sich für das sinnlich aufs Äusserste herausgeforderte Publikum die Geschehnisse bald nicht mehr überblicken lassen – spätestens dann nicht, als eine Ziegenherde

Abb. 73 bis 82: Die Eröffnungssequenz als sinnliche Überforderung des Publikums.

die Strasse überquert und die Sicht auf das Geschehen versperrt oder das Publikum von flackernden Lichtern geblendet wird. Innerhalb all dieser Attacken kann das Publikum auch nicht mehr unterscheiden, inwiefern all dies für die Geschichte überhaupt von Relevanz ist und worauf es seine Wahrnehmung zu legen hat. Als die Kamera das Publikum nach beinahe vier Minuten des Exzesses endlich wieder festen Boden unter den Füssen spüren lässt, just im Moment, als die Grenzpolizisten das Fahrzeug über die amerikanische Grenze winken, ertönt ein abrupter Knall. Die Musik unterbricht jäh und es erfolgt erstmals ein Schnitt. Die Kamera zeigt das Auto von vorhin – es ist einem lodernden Feuerball gewichen.

Bereits in diesen als betörendes Sinnesspektakel inszenierten ersten vier Minuten wird deutlich, dass es in der Welt von *Touch of Evil* keinen Halt, keine Orientierung und vor allem keine Gesetzmässigkeit gibt. Und ähnlich widersprüchlich, ambivalent und den menschlichen Sinn nach Ordnung attackierend erweist sich auch der Fortgang der Erzählung: eine aus losen Fragmenten zusammengesetzte Geschichte, die angesichts des hohen Erzähltempos und der diversen Wendungen das Publikum zwangsläufig überfordert; die Narration erscheint als ein labyrinthartiges Dickicht, innerhalb dessen Orientierung und Halt längst verloren gegangen sind.

Dieser für das Publikum erfahrbare Ordnungsverlust ist dabei lediglich Projektion dessen, was sich auf der diegetischen Ebene längst vollzogen hat und die Grundlage für das Handeln des Polizeichefs bildet: Denn in einer Welt, in der die Ordnung verloren, die Regeln verkehrt und das Verbrechen zur Regel geworden sind, erkennt Hank Quinlan zur Wiederherstellung von Gerechtigkeit nur noch die Möglichkeit, das Ungerechte mit eigenen Normbrüchen zu bekämpfen. Besonders deutlich wird dies in seiner Äusserung gegenüber Sergeant Pete Menzies (Joseph Calleia), nachdem dieser von Vargas über die Machenschaften von Quinlan unterrichtet wurde. «It was aiding justice», meint Quinlan, und fügt hinzu: «Don't you think Sanchez is guilty? He's guilty!»

Gerechtigkeit ist im Verständnis des Polizeichefs damit gleichzusetzen mit der Überführung der Täterschaft und dem Nachweis von Schuld. Keine Rolle spielt indes, unter welchen Prinzipien und Regeln dieser Nachweis zustande gekommen ist. Dieser Ansatz ist auch für das Publikum verführerisch, umso mehr, als der Polizeichef der Einzige ist, der der verlorenen Ordnung sowie dem Absurden eine echte Alternative entgegenzusetzen scheint. Während nämlich der Drogenfahnder Vargas derart mit seinen Untersuchungen gegen seinen Widersacher Quinlan beschäftigt ist, scheint er der Aufklärung des zu Beginn geschilderten Anschlags an Linnekar keine

Beachtung mehr zu schenken. Ebenso wenig ist er am Schicksal seiner Frau interessiert, die während seinen Nachforschungen, gemeinsam mit dem mitleidenden Publikum, ein Martyrium durchzustehen hat. So ist es eben der Menschenfeind Quinlan, der dem Publikum eine auf den ersten Blick überzeugende Lösung zur Wiederherstellung der Gerechtigkeit in einer Welt der zerbrochenen Regeln offeriert; umso mehr, als zum Schluss des Filmes, als Quinlan längst tot ist, eine Stimme aus dem Off bestätigt, dass Sanchez die Tötung von Linnekar und dessen Geliebter nun gestanden habe. Die instinktive Vermutung des Polizeichefs hat sich also als richtig erwiesen.

Aus einer rechtsphilosophischen Perspektive ergibt die Korrespondenz eines Urteilsspruchs mit der materiellen Wahrheit aber noch kein gerechtes Urteil. Ein gerechtes Urteil setzt nämlich voraus, dass dieses in einem gerechten Verfahren zustande gekommen ist. Zum besseren Verständnis dessen ist auf die von Immanuel Kant aus dem Prinzip der praktischen Vernunft abgeleitete regulative Idee der Autonomie des Menschen zu verweisen: «Handle so, dass du die Menschheit, sowohl in deiner Person als in der Person eines jeden anderen jederzeit zugleich als Zweck, niemals bloss als Mittel brauchst.»[255] Zum blossen Mittel wird eine Person sicherlich dann, wenn dieser, wie Sanchez, nach Belieben Beweise untergeschoben werden können, diese Person also zum entrechteten Subjekt einer Bestrafungsmaschinerie wird. In diesem Lichte steht Quinlans Vorgehen, ähnlich wie der menschenfeindliche, die kongolesischen Völker ausbeutende Elfenbeinhändler Kurtz in Conrads Erzählung, sinnbildlich für die Verführung hin zu einem mythischen beziehungsweise archaischen Denken im Sinne eines bewussten Aufstands gegen alles Rationale und Vernünftige[256] – seien es Gesetze oder die diesen zugrundeliegenden regulativen Prinzipien. Durch diese Abkehr von gerechtem Handeln nähert sich Quinlans Vorgehen wiederum selbst dem Absurden an. Bereits aus dieser Annäherung liesse sich erahnen, dass der von Hank Quinlan gewählte Ermittlungsansatz keine Lösung für den inszenatorisch erzeugten Ordnungsverlust sein kann. Diese Einsicht wird dem Publikum, wenn auch auf einer anderen Ebene als jener der Rechtsphilosophie, durch die Inszenierung vermittelt, die sich sinngemäss die von Immanuel Kant der Gerechtigkeit zugesprochene Bedeutung zunutze macht, dass «wenn die Gerechtigkeit untergeht, so hat

255 Kant, *AA*, IV (Grundlegung zur Metaphysik der Sitten), 429.

256 Vgl. Horkheimer und Adorno, *Dialektik der Aufklärung*, 35, wonach das „mythische Grauen der Aufklärung“ dem Mythos selbst gilt.

es keinen Werth mehr, dass Menschen auf Erden leben.»[257] Deutlich wird diese Konsequenz in jener Szene zum Schluss der Geschichte, als der übernächtigte Hank Quinlan die enigmatische Barbesitzerin Tanya (Marlene Dietrich) aufsucht, die sich, ganz in schwarz gekleidet, schon aufgrund ihrer Ikonografie als eine Art Todesengel zu erkennen gibt. Tanya ist dabei, Karten zu legen, als Quinlan sie auffordert, seine Zukunft zu lesen. Tanya meint daraufhin kalt: «You haven't got any.» Als der Polizeichef wie auch das Publikum erstaunt nach einer Erklärung suchen, meint Tanya knapp: «Your future's all used up.» Der Preis für das Handeln von Hank Quinlan ist damit, dass ein Polizeichef, der zur Bekämpfung des Verbrechens selbst zum Verbrecher werden muss, seine Zukunft und Bestimmung verloren hat. Die Einfachheit und Unumstösslichkeit dieser Worte provozieren und lassen das Publikum nach einer Antwort ringen. Doch bevor eine solche formuliert werden kann, macht sich der Film daran, die eigene Voraussage umzusetzen.

Abb. 83: Marlene Dietrich als Todesengel.

So wird dem Treiben von Hank Quinlan, nur kurz nachdem dieser die Bar von Tanya verlassen hat, ein Ende gesetzt: Sergeant Menzies gelingt es, den Polizeichef in Notwehr zu erschiessen. Seine Leiche fällt ins Abwasser einer Kloake und treibt zusammen mit dem Müll und Dreck der Stadt hinfort, während Tanya und der Staatsanwalt Schwartz die Geschehnisse, gemeinsam mit dem Publikum, von einer nahegelegenen Brücke aus beobachten.

257 Kant, *AA*, VI (Die Metaphysik der Sitten), 332.

Der Staatsanwalt resümiert: «Well, Hank was a great detective, all right.» «And a lousy cop», fügt Tanya hinzu. «Is that all you have to say for him?», fragt Schwartz erstaunt, worauf Tanya trocken entgegnet: «He was some kind of a man ... What does it matter what you say about people?» Die direkte Folge einer Welt, in der sich ein Gesetzeshüter selbst nicht mehr an Gesetze, Normen und an die Gerechtigkeit hält, sondern einzig der Durchsetzung seiner Wahrheit verpflichtet sieht, ist also jene, in der nicht nur sein Ableben, sondern seine ganze Existenz sinnlos geworden ist.

Damit erweist sich die Vorgehensweise des Polizeichefs, Unrecht mit Unrecht zu bekämpfen, zwar als vermeintlich verführerischer Schlüssel zur verlorenen Ordnung; dies jedoch zum Preis eines Bedeutungsverlusts sämtlicher moralischer und rechtlicher Positionen. Insofern entpuppt sich das Herz der Finsternis in *Touch of Evil* als die ernüchternde Konfrontation mit Camus' Idee des Absurden sowie der daraus erwachsenden Erkenntnis, dass nicht nur das menschliche Streben nach materieller Wahrheit unter Aufopferung der Gerechtigkeit obsolet wird, sondern die Existenz an sich. Denn wenn das Recht durch die Umkehr der Regeln vergiftet wird, kann es auch nur die Umkehr der Regeln, und damit das Absurde, reproduzieren. Selbst die Richtigkeit von Quinlans instinktiver Vermutung zur Täterschaft erweist sich vor diesem Hintergrund als bedeutungslos; denn als die Bestätigung aus dem Off erfolgt, ist der Polizeichef längst tot. Diese ernüchternde Einsicht über die umfassende Sinnlosigkeit einer dem Untergang geweihten Welt ist letztlich dieselbe, die Kurtz zum Ende von *Heart of Darkness* als «The horror! The horror!»[258] – eben als das Herz der Finsternis – verbalisiert.

Bemerkenswert ist schliesslich, dass sich das Publikum selbst von diesem Horror, also dem willkürlichen Bösen, hat anstecken und berühren und sein Herz hat verfinstern lassen – sei es auch nur, soweit es in der Figur des charismatischen Polizeichefs eine verlockende und vermeintlich überzeugende Alternative zum zunehmenden Ordnungsverlust erblickt hat. Dadurch wiederum vollbringt die Inszenierung etwas, was in *The Devil's Advocate* noch ausblieb: dem Publikum einen Blick in den eigenen dunklen Spiegel zu ermöglichen, bei dessen Antlitz es erkennen muss, dass sein Wunsch nach einer Wiederherstellung der Ordnung, wie er in der Gestalt des Polizeichefs sein Abbild fand, nichts anderes bedeutet als die eigene Auslieferung an das Herz der Finsternis.

---

258 Conrad, *Heart of Darkness*, 101.

Abb. 84 und 85: Das Herz der Finsternis: Hank Quinlan verschwindet im düsteren Abwasser (oben) und Tanya lässt das Publikum im Dunkel der Nacht zurück (unten).

Im Moment dieser Erkenntnis der Verfinsterung des eigenen Herzens scheint die Inszenierung wiederum einen Blick auf sein Publikum zu werfen, um von diesem selbst eine Positionierung einzufordern. Eine solche könnte etwa darin zu finden sein, dass es zwar als stossend empfunden, aber dennoch hingenommen werden muss, dass sich die Schuld von Verdächtigen nicht immer nachweisen lässt. Wichtig für das Prinzip der Seduktion ist es allerdings, dass der Film keine dominanten Lösungsvorschläge für die geschilderte Ambivalenz vorgibt, sondern diese Auseinandersetzung seinem Publikum überlässt. Und so endet die Geschichte denn auch mit der Einstellung, wie Tanya, nachdem sie sich vom Staatsanwalt verabschiedet hat, aus dem Bild verschwindet und das Publikum allein im Dunkel der Nacht, einer umfassenden Finsternis, zurücklässt.

1.1.3 Transzendentale Gerechtigkeit

Nachdem dem Mythos des Bösen nachgegangen wurde, bietet es sich an, einen Blick auf die gegenläufige Strategie der filmischen Verführung zu werfen; diese bezeichnet Stiglegger als Verführung zum *Guten* und zum *Heiligen* beziehungsweise als Verführung zum *Licht*.[259] Er beruft sich dabei auf das von Filmkritiker, Drehbuchautor und Regisseur Paul Schrader anhand der Oeuvres von Yasujiro Ozu, Robert Bresson und Carl Theodor Dreyer untersuchte Konzept eines *transcendental style*. Die Kraft solcher Inszenierungen des Heiligen und Transzendenten wurden im Kapitel zu Mythos, Ritual und Recht zwar bereits kurz umrissen,[260] sollen jedoch anhand von Ingmar Bergmans *Jungfrukällan* (Schweden 1960) sowie Abel Ferraras *Bad Lieutenant* (USA 1992) noch konkretisiert werden.

Jungfrukällan ist deshalb bemerkenswert, weil die fiktive Handlung des Films selbst auf einem mythischen Fundament basiert: jenem der Ballade *Töres dotter i Wänge*, die wiederum auf eine spätmittelalterliche, mit einer Quelle bei der Kirche Kärna in Östergötland verbundenen Legende zurückgeht.[261] Die Legende berichtet von den Verbrechen an den drei Töchtern von Pehr Tyrsson (Töre) und seiner Frau Karin, die auf dem Weg zur Kirche von drei Strassenräubern überfallen und getötet werden. Als die Räuber die Köpfe der Getöteten auf drei Holzpfähle aufspiessen, entspringt an den jeweiligen Stellen je eine Quelle. Später besuchen die Täter den Bauernhof der Eltern der Mädchen und versuchen dort die Seidenhemden ihrer Opfer zu verkaufen. Karin erkennt die Hemden ihrer Töchter wieder und verständigt daraufhin ihren Mann. Töre tötet zwei der Räuber, lässt aber den Dritten am Leben und fragt den Mann nach seiner Herkunft. Der Räuber erzählt nun, dass er und seine beiden Brüder in der Kindheit von ihren Eltern Töre und Karin weggeschickt worden seien. Als Töre erkennt,

---

259 Stiglegger, *Ritual & Verführung*, 173 ff.; Stiglegger, *Verdichtungen*, 30 ff.

260 Vgl. Kapitel III, 4.2.

261 Jonsson u. a., *Sveriges medeltida ballader*, Bd. 2, 175 ff.; vgl. zum Hintergrund auch Kiening, *Unheilige Familien*, 13.

dass er soeben zwei seiner Söhne umgebracht hat, gelobt er, an der Stelle eine Kirche zu bauen, um für seine Sünden zu büssen.

In Ingmar Bergmans Adaption *Jungfrukällan* wird die Grundstruktur der erwähnten Legende zwar aufgegriffen, in entscheidenden Passagen allerdings abgeändert. So sind es nunmehr Karin (Birgitta Pettersson) und ihre Adoptivschwester Ingeri (Gunnel Lindblom), die im Auftrag ihrer Eltern Töre und Märeta (Max von Sydow und Birgitta Valberg) ins Dorf reisen, um Marienkerzen zur Kirche zu bringen. Vorweg, also zu Beginn der Handlung, erscheint die schwangere, ihrer göttlichen Unschuld bereits beraubte Ingeri, die sich – was der Schuldfrage im Film eine zusätzliche Dimension verleiht – an den Göttervater Odin wendet und bei diesem für den Tod ihrer Schwester betet. Daraufhin versteckt Ingeri eine Kröte (in der mythologischen Erzählung gemeinhin ein Symbol für den Teufel) im Proviant ihrer Schwester. Auffällig ist ganz grundsätzlich die antagonistische Figurenzeichnung der Mädchen: Während Ingeri mit ihren zerzausten Haaren namentlich als Ikonografie des Bösen und des Heidnischen steht, erweist sich die in festlichen Tüchern gekleidete Karin als eine Erscheinung der Reinheit und des Göttlichen.

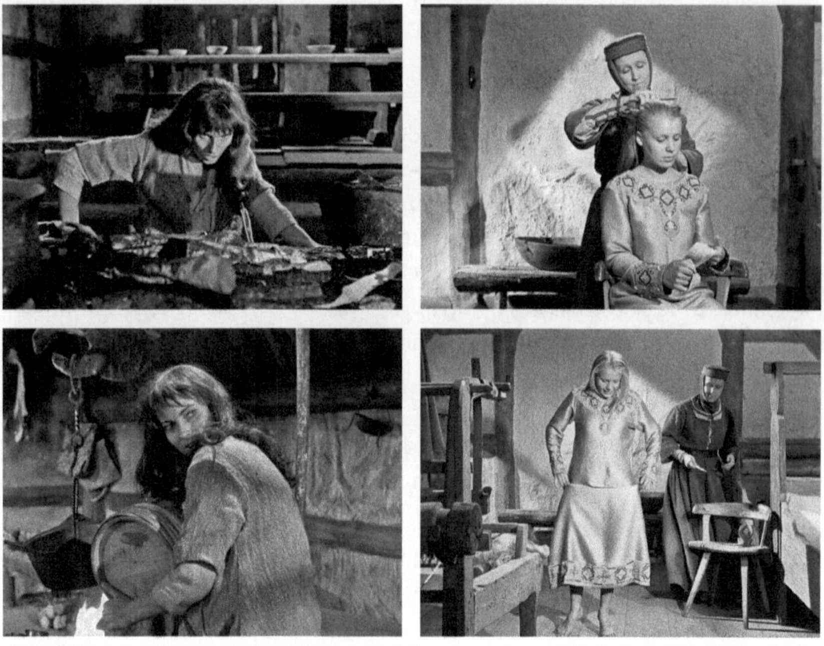

Abb. 86 bis 89: Antagonistische Figurenzeichnungen: Ingeri (links) und Karin (rechts).

Anders als in der Legende trennen sich die beiden Mädchen bei der Durchquerung des Waldes, weshalb Karin allein auf die drei Brüder trifft, welche sie auffordern, mit ihnen zu rasten. Als Karin ihren Proviant mit den Männern teilt, fallen zwei der Brüder über sie her. Karin wird, während die verängstigte Ingeri den Übergriff aus der Distanz beobachtet, von den beiden Brüdern vergewaltigt und getötet. Anders als in der Legende beteiligt sich der jüngste der drei Brüder, der selbst noch ein Kind ist, nicht an den Verbrechen. Gleich geblieben ist hingegen jene Passage, als die Brüder im Haus der Eltern Karins Kleidungsstücke zum Kauf anbieten, worauf Märeta ihren Mann Töre verständigt. Ingeri gesteht ihrem Adoptivvater nun, dass sie aus Eifersucht heidnische Götter angerufen und diese gebeten habe, Karin zu töten, und während der Tat selbst nicht helfend eingegriffen habe. Daraufhin tötet Töre alle drei Brüder, darunter auch den unschuldigen Knaben. Wie schon in der Legende wird Töre durch die Rache keine Erlösung verschafft. Stattdessen geht die Schuld von den Brüdern nunmehr auf Töre über; nicht – wie noch in der Legende – aufgrund der verwandtschaftlichen Verhältnisse, sondern durch den sinnlosen Tod des unschuldigen, kindlichen Opfers. Der Vater wendet sich in seiner Verzweiflung an Gott und gelobt, am Ort des ursprünglichen Verbrechens eine Kirche zu errichten, woraufhin, als Zeichen Gottes, eine Quelle aus dem Boden entspringt.

Wie gesehen, sind sämtliche Topoi der alten Legende – die Suche nach dem Ursprung von Gerechtigkeit und der Antagonismus zwischen archaischer Rache und göttlicher Erlösung – auch in Ingmar Bergmans moderner Adaption erhalten geblieben, wenn auch in leicht abgeänderter Form. Eine Referenz an sein mythisches Fundament zeigt sich im Film auch dann, wenn die fiktiven Figuren zu Beginn des Filmes die einzelnen Strophen der Ballade von *Töres dotter i Wänge* singen. Der Film legt damit die eigene Inspirationsquelle und den Fortgang der weiteren Erzählung offen, um in entscheidenden Passagen dann doch davon abzuweichen und der Erzählung so eine neue Bedeutung zu verleihen. Aber gerade kraft dieser Differenz zwischen Erwartung und filmischer Projektion gelingt es der Inszenierung, sein Publikum in den geschilderten Grundkonflikt – den (rechtlichen) Konflikt zwischen dem Irdischen und dem Transzendenten – noch deutlicher miteinzubeziehen als im Falle einer unveränderten Reproduktion der alten Geschichte.

Abb. 90 bis 93: Das Verbrechen an Karin: ambivalente Bilder zwischen Voyeurismus und aktiver Teilhabe.

Ausgangspunkt dieses Konflikts zwischen dem Irdischen und dem Transzendenten ist die Vergewaltigung und anschliessende Tötung von Karin, also ein schweres Verbrechen. Bemerkenswert ist, dass die aus der Straftat hervorgegangene Notwendigkeit einer angemessenen Reaktion auf das erwirkte Unrecht nicht nur die auf der diegetischen Ebene agierenden Figuren befällt, sondern – durch das Aufbringen inszenatorischer Mittel – letztlich eine Reflexwirkung auf das Publikum ausübt. Eine solche Reflexwirkung ergibt sich aus der Art der Inszenierung des gewaltsamen Übergriffs selbst – eine Szene, die mit den damals gängigen Seherfahrungen des Publikums, was die Zumutbarkeit von Bildern von Gewalt und Sexualität anbetrifft, klarerweise brach.[262] Der transgressive Gehalt liegt dabei nicht einmal zwingend in der Explizität des Gezeigten, sondern in dessen ambivalentem Gehalt, welcher wiederum aus der dem Publikum von der Kamera aufgezwungenen Rolle erwächst. So beobachtet die Kamera zunächst, gemeinsam mit der sich auf einem Hügel versteckt haltenden

262 Kiening, „VII. Ingmar Bergman", 270.

Ingeri, durch die Äste eines Baumes hindurch – und damit aus der Sicht einer Voyeurin –, wie sich die zwei Männer über das Mädchen hermachen. Plötzlich aber wird diese sichere Distanz verlassen: Unvermittelt kommt das Publikum dem Geschehen durch das Kameraauge derart nahe, dass es den Körper des Mädchens kurzzeitig zu berühren, ja beinahe selbst zu attackieren scheint. Während alledem wird das Publikum – konträr zur Dynamik des Übergriffs – auf die Passivität des Sehens und Hörens zurückgebunden und, ähnlich der das Geschehen hilflos betrachtenden Ingeri, von der Kamera zu einem untätigen Zusehen gezwungen, ohne dass es ins Geschehen eingreifen könnte. Damit hat nicht nur Ingeri Schuld auf sich geladen, vielmehr wird diese Schuld auch für das Publikum, das als ein voyeuristisches und selbst das Opfer attackierendes Subjekt auftritt, nachvollziehbar gemacht. Verstärkt wird dieser Einbezug des Publikums wie auch grundsätzlich die physische Präsenz des Übergriffs durch eine weitgehende Abwesenheit lautlicher Elemente. Die einzigen akustischen Elemente stellen das tierähnliche Schnauben der Täter und das Wimmern des Opfers dar, welche der Sprachlosigkeit des Publikums angesichts des eruptiven Gewaltexzesses inszenatorisch Ausdruck verleihen.[263]

Nach der Vollendung der Tat, nachdem die Täter die Kleider des Opfers an sich genommen und den nackten Körper im Wald zurückgelassen haben, vollzieht sich auch auf einer ikonografischen Ebene ein spürbarer Wandel: Das filmische Bild verdunkelt sich, der Himmel wird von düsteren Wolken überzogen und es beginnt zu schneien. Es scheint, als würde die Inszenierung dem Publikum mit dieser Verdunkelung zu erkennen geben wollen, dass mit der Straftat an Karin nunmehr das Böse – eine Finsternis – in die Welt gelangt ist und von den filmischen Figuren Besitz ergriffen hat.

Abb. 94 und 95: Die Verdunkelung des filmischen Bildes.

263 Kiening, 276.

Vorweggegangen ist dieser Verdunkelung des Bildes – der Verfinsterung der Herzen – ein inszenatorisches Hin und Her zwischen Hell und Dunkel, welches sinnbildlich für den Kampf zwischen dem Heidnisch-Irdischen und dem Transzendent-Göttlichen steht – sei es in der Form der tanzenden Schatten eines lodernden Feuers auf dem zur Kamera gewandten Antlitz Ingeris zu Beginn des Filmes oder in Form der Schattenwürfe, die die durch das Gewirr von Ästen und Bäumen hereinfallenden Sonnenstrahlen auf die Gesichter der durch den Wald reitenden Mädchen zeichnen. Dass das mit der Verdunkelung des Bildes veranschaulichte Obsiegen des Bösen offensichtlich mit der Auslieferung an einen heidnischen Glauben einhergeht, lässt sich dabei nicht nur aus dem eingangs der Erzählung erfolgten Anrufen von Odin schliessen, sondern auch aus der von Ingeri im Proviant von Karin versteckten Kröte: eine Ikonografie des Bösen, welche just in dem Moment hervortritt, als die beiden Brüder über Karin herfallen. Es ist denn auch als offensichtliche Metapher einer Auflehnung gegen die Existenz des Göttlichen zu verstehen, wenn der älteste der Brüder im Nachgang an seine Tat noch die von Karin mitgebrachten Marienkerzen zertritt.[264]

Abb. 96: Das Erscheinen des Bösen.

Im Moment dieser optischen Verdunkelung des filmischen Bildes setzt schliesslich die *Verführung zum Licht* ein – als das auf das Publikum abfärbende Begehren nach Aufhellung beziehungsweise als der Wunsch,

264 Kiening, *Unheilige Familien*, 12.

das durch die Straftat zerbrochene Gleichgewicht zu restaurieren, die aufgeladene Schuld zu tilgen und dem umfassenden Bösen Einhalt zu gebieten. Und tatsächlich eröffnet sich innerhalb der Geschichte die Möglichkeit, die filmisch geschaffenen Ambivalenzen aufzulösen – dies in Form der Rache, als die Straftäter in die Hände der Eltern fallen. Die Inszenierung nimmt sich sodann ausreichend Zeit, die von Töre vorgenommenen Rachehandlungen sowie die Vorbereitungen derselben zu illustrieren. Bereits die mit der Rache verbundene, förmliche Zeremonie legt nahe, dass es sich nicht um eine unüberlegte Affekttat, sondern um einen bewusst ausgeübten und einem nicht näher eingrenzbaren heidnischen Ritual entsprungenen Vorgang handelt. So bemächtigt sich Töre zunächst eines Schwerts, dann ringt er einen Birkenbaum nieder und schliesslich nimmt er ein reinigendes Bad in der Sauna. Erst nach dieser Prozedur schreitet Töre zur Tat: Den ersten der drei Brüder ersticht er mit einem Dolch, den zweiten wirft er in das Feuer und den dritten, den Knaben, schleudert er gegen die Wand.

Abb. 97 bis 100: Rituelle Handlungen: der Kampf mit dem Birkenbaum, das reinigende Bad in der Sauna und die Rache an den drei Brüdern.

In rechtlicher Hinsicht sind all diese Handlungen nur schwer einzuordnen. Möglicherweise finden sie ihre Wurzeln in den mittelalterlichen Stammesrechten beziehungsweise den diesen inhärenten Prinzipien von Fehde und Blutrache. Die konkrete Ausgestaltung dieser archaischen Prinzipien bleibt für das Publikum jedoch unergründlich und zeigt sich einzig anhand eines nicht näher bestimmbaren, von Töre durchlaufenen Rituals. Einen möglichen Schlüssel zum vermeintlich Unerklärlichen liefert dabei die von Walter Benjamin in dessen Aufsatz *Zur Kritik der Gewalt* postulierte Dialektik zwischen einer mythischen Gewalt und einer göttlichen Gewalt:

> «Ist die mythische Gewalt rechtsetzend, so die göttliche rechtsvernichtend, setzt jene Grenzen, so vernichtet diese grenzenlos, ist die mythische verschuldend und sühnend zugleich, so die göttliche entsühnend, ist jene drohend, so diese schlagend, jene blutig, so diese auf unblutige Weise letal.»[265]

Die mythische Gewalt entspricht dem Verständnis Benjamins nach also einer positiv-rechtlichen Form von Gewalt, die, als eine Errungenschaft des Menschen, ihr Fundament im Mythos findet. Diesem Fundament folgend ist die mythische Gewalt – wie eben auch der archaische und urtümliche Drang nach Rache von Töre – nichts anderes als eine rituelle, stetig auf Wiederholung gerichtete und dadurch neue rechtliche Verhältnisse schaffende Vergegenständlichung menschlichen Wirkens. Entscheidend ist für die mythische Gewalt damit auch, dass sich diese im Gegensatz zur göttlichen Gewalt nach aussen hin «als solche mit Gewißheit erkennen»[266], sich folglich materialisieren lässt – so in der Form der auf einer gewohnheitsrechtlichen Normierung fussenden gewaltsamen Handlungen Töres. Innerhalb dieser Dialektik von mythischer und göttlicher Gewalt stellt das Prinzip von Gerechtigkeit – und damit das vom Publikum aufgrund der vorerwähnten Differenzen hervorgerufene Begehren – allerdings ein Konzept dar, das gemäss Benjamin den Erkenntnishorizont der mythischen Gewalt, deren Zwecksetzung einzig in der von ihr ausgehenden Macht liege, übersteigt.[267] Verdeutlicht wird dies auch im Film: So bewirken die archaischen Handlungen Töres keinen Ausgleich von Schuld; vielmehr wird durch die Wiederholung der ursprünglichen gewaltsamen Tat (die Tötung von Karin) ein weiteres unschuldiges Opfer (die Tötung des Knaben) und damit neuerlich ein ungerechter Zustand hervorgebracht. Insofern finden sich nicht nur die filmischen Figuren, sondern auch das Publikum

---

265 Benjamin, „Zur Kritik der Gewalt“, 199.
266 Benjamin, 203.
267 Vgl. Benjamin, 198.

in einem Bannkreis der mythischen Gewalt wieder, in welchem durch gewaltsame, archaische Handlungen stetig neue ungerechte Zustände (der Tod von Karin gefolgt vom anschliessenden Tod des Knaben) bewirkt werden. Wenn sich also – wie von Benjamin vorgeschlagen – Gerechtigkeit nicht mittels mythischer, sondern einzig mittels einer göttlichen Gewalt (denn gemäss Benjamin ist «Gerechtigkeit [...] das Prinzip aller göttlichen Zwecksetzung»[268]) herstellen lässt, dann gilt dies auch für die Konstellation in *Jungfrukällan*. Diese vom Publikum wie auch den filmischen Figuren begehrte Gerechtigkeit lässt sich allerdings aufgrund dessen, dass sich die hierfür ursächliche göttliche Gewalt gegenüber dem Menschen nicht als solche zu erkennen geben kann, sich einem materiellen Zugriff also gerade entzieht, nicht ohne Weiteres im filmischen Gewand vergegenständlichen.[269] Gemäss Benjamin finde sich diese nur schwer fassbare göttliche Gewalt jedoch «mindestens in einer geheiligten Manifestation [...] auch im gegenwärtigen Leben vor».[270]

Mit ebendieser Idee der Manifestation des Göttlichen im Alltäglichen schliesst sich nunmehr auch der Kreis zur *Verführung zum Licht*. So stellt Schrader als kulturübergreifende Gemeinsamkeiten des *transcendental style* fest, dass Transzendenz nur im Rahmen des Hierophanen, also des Aufscheinens des Heiligen im Profanen, in Erscheinung treten kann und es diesbezüglich allgemein anerkannte künstlerische und von verschiedenen Kulturen gemeinsam geteilte Ausdrucksformen gibt.[271] Wenn nun also dem Publikum die Gerechtigkeit in *Jungfrukällan* als ein dem Göttlichen entspringendes Prinzip zu erkennen gegeben wird, so erfolgt dies anhand des Aufscheinens von Hierophanie in den jeweiligen sinnlichen und erzählerischen Mitteln des Films.[272]

Am offensichtlichsten findet sich das Aufscheinen des Heiligen in den verschiedenen, sich schon aufgrund der Eingrenzung der Rahmenhandlung von Freitagmorgen bis Samstagnachmittag aufdrängenden Parallelen zur christlichen Passionsgeschichte. Eine solche Parallele wird etwa auch in jener Szene zu Beginn der Handlung hergestellt, als Märeta sich heisses

268 Benjamin, 198.
269 Benjamin, 203.
270 Benjamin, 200.
271 Schrader, *Transcendental Style in Film*, 9.
272 Stiglegger, *Verdichtungen*, 33.

Wachs auf das Handgelenk giesst und das Passionsgeschehen memorial und metonymisch nachvollzieht.[273]

Abb. 101: Memoriales Nachvollziehen der Passionsgeschichte.

Eine weitere Vergegenständlichung erlangt die Passion durch die verschiedenen, sich wiederholenden Passionswege der filmischen Figuren: So sind es zum einen der Weg von Karin und Ingeri zur Kirche sowie zum anderen auch – ganz zum Schluss des Filmes – der Weg von Töre, Ingeri und Märeta zum Ort des ersten Verbrechens, die das Leiden der jeweiligen Figuren umkleiden.[274] Dazu passt auch, dass vor den beiden Straftaten, also sowohl derjenigen an Karin als auch derjenigen am Knaben, jeweils die Ikonografie des letzten Abendmahls nachgestellt wird – so sitzen Töre und Märeta einmal mit ihren Kindern und, in der Wiederholung dieser Urszene, nunmehr mit den drei Brüdern beim gemeinsamen Abendmahl. In beiden Szenen wird damit der Gedanke des unschuldigen Opfers abgebildet, welches –

273 Kiening, „VII. Ingmar Bergman", 271.
274 Kiening, *Unheilige Familien*, 11.

sowohl in der Gestalt Karins als auch des Knaben – durch seinen Tod die Schuld der Menschheit auf sich nimmt.[275]

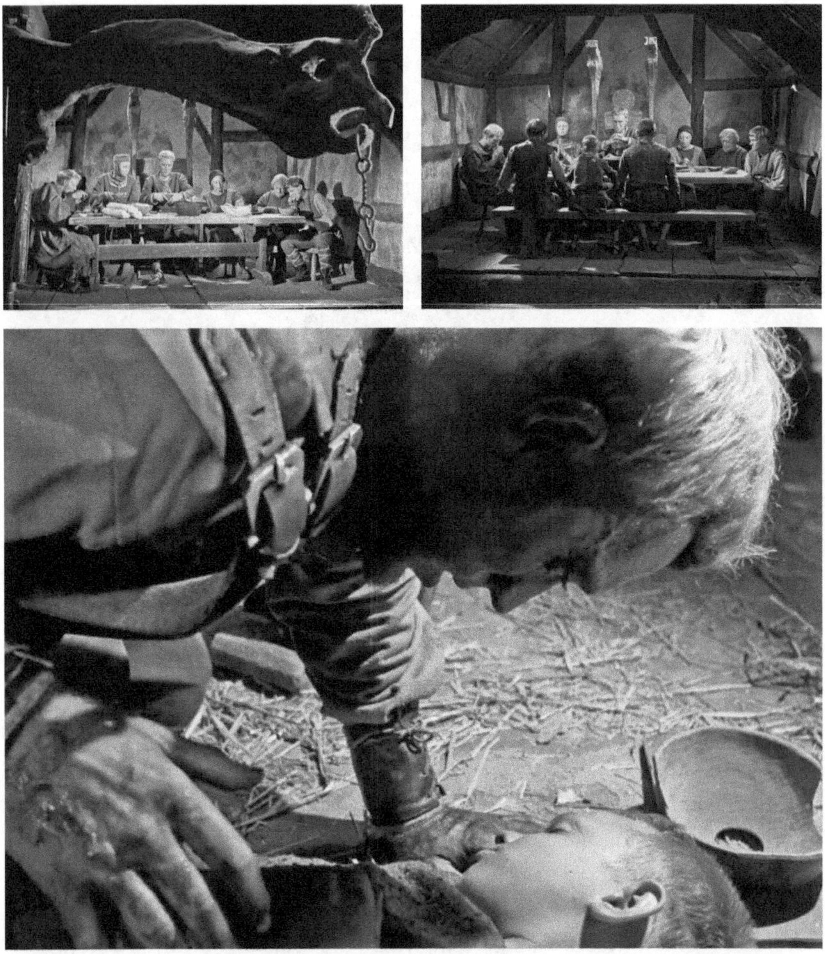

Abb. 102 bis 104: Vergegenständlichung der Passion: die gespiegelte Ikonografie des letzten Abendmahls (oben) und die Wiederholung des sinnlosen Opfers (unten).

Nebst diesen ikonografischen Bezügen zeigt sich das Heilige jedoch auch auf einer versteckten, eher emotional zugänglichen Ebene. So erweckt der Ablauf der einzelnen Handlungsfragmente – das verspätete Ausreiten

275 Kiening, „VII. Ingmar Bergman", 272.

Karins, das Zurückbleiben Ingeris, die Begegnung mit den Hirten, deren Eintreffen auf dem Hof der Eltern – beim Publikum den Eindruck einer Verkettung unglücklicher Zufälle und Koinzidenzen. Dies weist wiederum auf eine Willkürlichkeit der Geschehnisse hin, die von Figuren kausal bewirkt werden, die nicht nach rationalen Grundsätzen, sondern nach einer übergeordneten Bestimmung zu agieren scheinen.[276] Zu diesem Eindruck des Schicksalhaften trägt auch die entschleunigte Inszenierung bei, die jedem Handlungsfragment, jeder kleinsten Bewegung eine tieferliegende Bedeutung verleiht. Offensichtlich wird dies in jenen, der Tötung der Brüder vorgelagerten Szenen – insbesondere den rituellen Handlungen von Töre –, die immer wieder durch Phasen des Wartens unterbrochen werden, in welchen das filmische Bild kurzzeitig zu erstarren scheint.[277] Verstärkt wird dieser Eindruck der Entschleunigung und Konzentration durch die Absenz jedweder lautlicher Elemente, was die Aufmerksamkeit des Publikums – wie schon anlässlich des Übergriffs an Karin – wiederum auf die der Handlung zugrundeliegenden Geräusche und Laute legt; sei es das Rascheln des Windes in den Blättern, das Knacken des Feuers, das Zwitschern der Vögel oder das Rauschen des Wassers.[278] In diesem Sinne zielt der Einsatz von Bild, Ton und Montage darauf ab, beim Publikum den Eindruck einer fast schon existenzialistischen Ruhe zu bewirken. Das sich so in der Inszenierung anbahnende Heilige macht sich in *Jungfrukällan* also, konträr zur Repräsentation des Bösen in *The Devil's Advocate*, nicht in der Form des überbordenden Kitsches oder Pathos, sondern in einem extremen, fast schon transzendentalen Minimalismus bemerkbar.[279] Dieser sinnlich erfahrbare Minimalismus dient wiederum dazu, die filmischen Figuren wie auch das Publikum auf den anstehenden erlösenden Moment des Einbruchs des Göttlichen vorzubereiten.

Zu einem solchen erlösenden Einbruch des Göttlichen kommt es denn auch, als Ingeri ihre Eltern zum Ort des Verbrechens an Karin, dem Auslöser für den Bannkreis der mythischen Gewalt, führt. Töre wendet sich nun an Gott und gelobt, als Zeichen seiner Schuld eine Kirche zu errichten. Just im Moment seines Versprechens entspringt eine Quelle aus dem Boden. Damit wandelt sich selbst das Wasser, das in der Geschichte zuvor – in der Gestalt des Regens oder der von den Mädchen auf ihrer Reise über-

276 Kiening, *Unheilige Familien*, 12.
277 Kiening, „VII. Ingmar Bergman", 276 f.
278 Kiening, 276.
279 Stiglegger, *Ritual & Verführung*, 175.

querten Bäche – noch ein profanes und archaisches Element darstellte, zu einem Erkennungsmerkmal des Heils und der göttlichen Reinigung. Im Quellwunder werden endlich auch die durch die sich wiederholenden Verbrechen geschaffenen Differenzen aufgelöst und es wird – im Sinne einer göttlichen Gerechtigkeit – die persönliche Schuld von Töre getilgt.[280] Nach diesem symbolischen Einbruch des Transzendenten lichten sich auch auf einer ikonografisch-bildlichen Ebene die Geschehnisse und die hereinblendenden Sonnenstrahlen unterstreichen den vollzogenen Wandel; auf einer akustischen Ebene werden die heidnischen Melodien beziehungsweise die anschliessende Absenz von Lautlichkeit nunmehr von kirchlichen Gesängen abgelöst. Damit verdeutlicht die Inszenierung gegenüber dem Publikum zum einen den Übergang vom heidnischen zum christlichen Glauben sowie zum anderen den Wandel von einem irdischen zu einem transzendentalen Gerechtigkeitsverständnis, wie es sich in den Überlegungen von Walter Benjamin wiederfindet.

Abb. 105: Das Quellwunder verdeutlicht den Einbruch einer transzendentalen Gerechtigkeit.

280 Kiening, *Unheilige Familien*, 13.

Man mag an dieser Stelle einwenden, dass der in *Jungfrukällan* illustrierte, einem mittelalterlichen Mythos entnommene Zwiespalt zwischen dem Heidnischen und dem Heiligen für das moderne Publikum als anachronistische Sonderheit erscheinen muss. Genauso streitbar wirken auch die Überlegungen Walter Benjamins zu einer Unterscheidung zwischen einer göttlichen und einer mythischen Gewalt sowie das hieraus erwachsende Gerechtigkeitsverständnis. All dies ändert nichts daran, dass die Inszenierung des Films die vorerwähnte Lesart seinem Publikum nahelegt und diesem, unabhängig von der Streitbarkeit der Konstrukte, verdeutlicht, dass gewisse (rechtliche) Grundprinzipien, wie eben Gerechtigkeit, ausserhalb der menschlichen Erkenntnis zu verorten sind. Dabei war es keineswegs nur Walter Benjamin, der ein transzendentales Verständnis von Gerechtigkeit vertrat. Ähnlich referierte beispielsweise bereits Immanuel Kant mit Blick auf den seinem Konzept von Gerechtigkeit zugrundeliegenden Begriff der Freiheit, dass dieser ein reiner Vernunftbegriff sei, «der eben darum für die theoretische Philosophie transscendent, d. i. ein solcher ist, dem kein angemessenes Beispiel in irgend einer möglichen Erfahrung gegeben werden kann, welcher also keinen Gegenstand einer uns möglichen theoretischen Erkenntniß ausmacht [...].»[281]

Der Reiz einer Auseinandersetzung mit transzendenten Prinzipien – sei es bei Benjamin, Kant oder Bergman – liegt dabei immer auch in der verführerischen Kraft entsprechender Fragen an sich, die jeweils das grosse Ganze zum Inhalt haben. So ist es *per se* verführerisch, das vermeintlich Unerklärliche physisch fassbar zu machen; sei es durch Hierophanie oder ganz grundsätzlich durch fiktive Bilder von Schuld und Sühne. Vor diesem Hintergrund bietet *Jungfrukällan* seinem Publikum denn auch einen produktiven Spiegel, um sich mit den grossen Fragen des Rechts – nach dessen Sinn, Herkunft und Bestimmung – zu befassen.

Eine solche, sich aus dem Konflikt zwischen irdischen und göttlichen Prinzipien ergebende Rezeptionsperspektive findet sich freilich nicht nur in *Jungfrukällan*, sondern in den Oeuvres diverser Regisseure wieder, deren Inszenierungsstil dem Inszenierungstypus des erwähnten *transcendental style* entsprechen – so namentlich in den Werken Paul Schraders (*First Reformed*, USA 2017), Robert Bressons (*Journal d'un Curé de Campagne*, Frankreich 1951) oder Carl Theodor Dreyers (*La Passion de Jeanne d'Arc*).

Statt dieser Beispiele ist an dieser Stelle mit Abel Ferraras *Bad Lieutenant* (USA 1992) eine etwas anders gelagerte Inszenierung des Heiligen

281 Kant, *AA*, IV (Die Metaphysik der Sitten), 221.

noch kurz auszuführen. Denn anders als in den Oeuvres der erwähnten Regisseure offenbart sich das Transzendente bei Ferrara nicht in einer existenzialistisch-zurückhaltenden Machart, sondern in der Konfrontation mit exzessiven und gewaltsamen Bildern.

Abb. 106 und 107: Die Leiden eines gebrochenen Polizisten (Harvey Keitel in *Bad Lieutenant*).

Die Geschichte von *Bad Lieutenant* ist in New York angesiedelt, das dem Publikum von Beginn an als ein Ort des Verfalls, der Gewalt sowie von Drogen, Kriminalität und Prostitution gezeigt wird. Dieser Verfall scheint dabei auch Niederschlag im Verhalten der Hauptfigur des Filmes, eines nicht namentlich bekannten Polizisten (Harvey Keitel), gefunden zu haben. Der drogensüchtige und dem Alkohol verfallene Polizist verpflichtet sich längst keiner Aufklärung von Verbrechen mehr, sondern schaut bestenfalls desinteressiert weg oder beteiligt sich selbst an strafbaren Handlungen. Erst als eine Nonne von mehreren Tätern sexuell missbraucht wird, eröffnet sich dem Polizisten die Möglichkeit, sich durch die Aufklärung der Tat von seiner persönlichen Schuld zu befreien. Während der Ermittlungen wird dem Protagonisten jedoch zunehmend bewusst, dass die Prinzipien von Strafe und Vergeltung auf der einen Seite und die transzendenten Grundsätze von Vergebung und Erlösung auf der anderen Seite unvereinbare Gegensatzpaare darstellen. Der Konflikt zwischen diesen antagonistischen Prinzipien kulminiert, als die Nonne den Tätern vergibt und sich weigert, deren Namen gegenüber der Polizei bekanntzugeben. Der Polizist erkennt, dass in einer Welt ohne Gerechtigkeit kein Raum für Strafe, sondern höchstens für göttliche Erlösung verbleibt. Diese Einsicht bringt ihn dazu, wie zuvor schon die Ordensschwester den gefassten Tätern zu vergeben und diese freizulassen. Kurz darauf wird der Polizist aus einem vorbeifahrenden Fahrzeug heraus von Unbekannten erschossen.

Der Film spielt also auf einer narrativen Ebene wiederum mit dem Gegensatzpaar einer mythischen Gewalt auf der einen und einer göttlichen

Gewalt auf der anderen Seite. Der Hauptcharakter findet seine Erlösung dabei abermals nicht in der mythischen Gewalt, welche Schuldige nicht von ihrer Schuld zu befreien vermag, sondern in einer entsühnenden göttlichen Gewalt – «einer reinen Gewalt über alles Leben um des Lebendigen willen».[282] Während die mythische Gewalt als «Blutgewalt» immer neue Opfer fordert, nimmt die göttliche Gewalt die Opfer an[283] – so auch die gebrochene Figur des Bad Lieutenant. Im Gang der Rezeption überträgt sich, ähnlich wie schon in *Jungfrukällan*, das Begehren nach Erlösung mehr und mehr vom filmischen Protagonisten auf das Publikum. Doch während die Hinwendung zu einer transzendentalen Gerechtigkeit in *Jungfrukällan* noch mittels inszenatorischer Reduktion, Konzentration und Abstraktion erfolgte, wird das Transzendente in *Bad Lieutenant* nunmehr in der Konfrontation mit Bildern von Verzweiflung und Hoffnungslosigkeit für das Publikum gespiegelt und angesichts der affektiven Inszenierung erfahrbar gemacht. Der beim Publikum so fast schon körperlich hervorgerufene Erlösungswunsch basiert also auf der Hoffnung, die filmische Tour de Force möge sich auflösen und die Unterwerfung unter die gewaltsamen Attacken verflüchtigen.

Gleich geblieben ist in beiden Beispielen hingegen die Inszenierung von Hierophanie, also des Aufscheinens des Heiligen im Alltäglichen – so zum eigentlichen Höhepunkt des Filmes, als sich der dem Wahnsinn nahestehende Polizist, ähnlich dem schuldgeplagten Töre, an eine Vision des Göttlichen wendet. Anstelle des Quellwunders aus *Jungfrukällan* erscheint in *Bad Lieutenant* nunmehr eine alte Frau, die einen Kelch zurückbringt, den die Täter zuvor aus der Kirche gestohlen haben und dem Polizisten so den Weg zur Aufklärung des Verbrechens weist. Aber selbst diese Aufklärung ermöglicht dem Protagonisten keine Erlösung von seinen Qualen; das ermöglicht erst der durch die Freilassung der Täter erfolgte Akt der Vergebung. Danach erst darf auch der Polizist durch den Tod seine persönliche Erlösung erfahren.

---

282 Benjamin, „Zur Kritik der Gewalt“, 200.
283 Benjamin, 200.

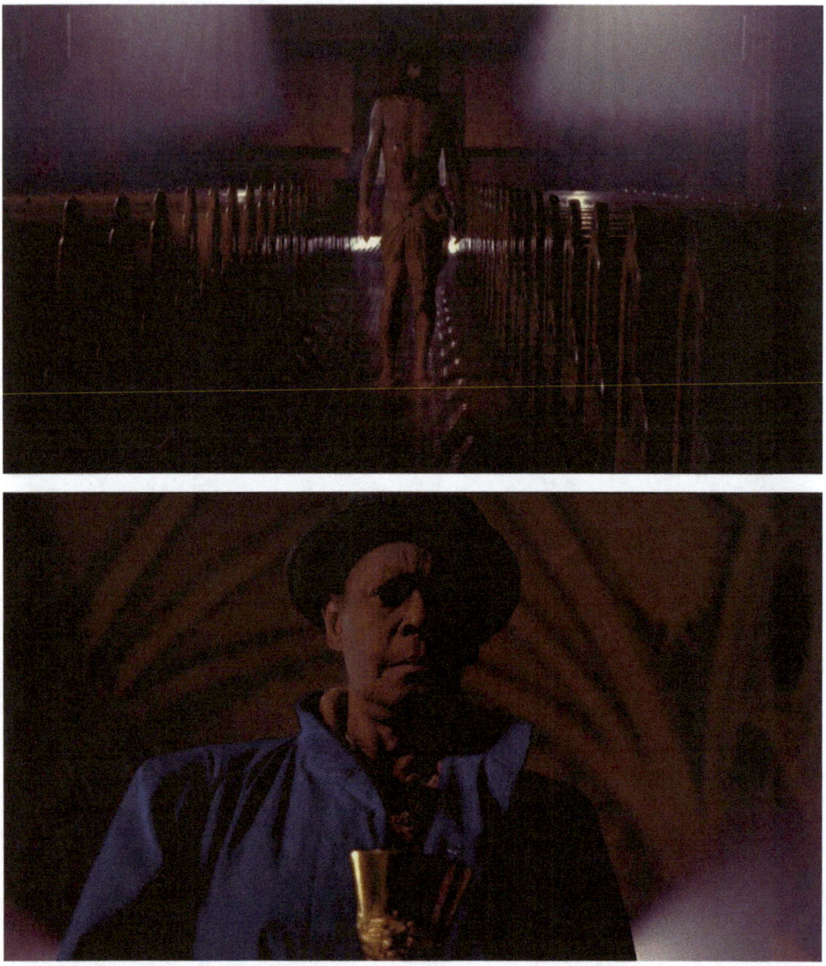

Abb. 108 und 109: Das Aufscheinen des Heiligen im Alltäglichen.

Über die konträren inszenatorischen Ansätze hinaus zeigt das Beispiel von *Bad Lieutenant* schliesslich auch exemplarisch auf, wie sehr sich die verführerischen Mechanismen der Inszenierungen des Bösen und des Heiligen jeweils angleichen. So entspricht die Figur des *Bad Lieutenant* nicht von ungefähr jener von Hank Quinlan aus *Touch of Evil*. Denn ähnlich wie der desillusionierte Polizeichef aus Orson Welles' Parabel ist auch der namenlose *Bad Lieutenant* der Ansteckungskraft des Absurden erlegen. Und wiederum geht diese Ansteckung aus der individuellen Erkenntnis hervor, dass es innerhalb des positiven Rechts keine Gerechtigkeit zu geben scheint. Der wesentliche Unterschied der beiden Figuren liegt letztlich darin, dass der *Bad Lieutenant* wenigstens in seinem Tod sowie der dadurch ermöglichten Hinwendung zu einem göttlichen Prinzip Erlösung erfahren darf, während das Ableben von Hank Quinlan selbst sinnlos bleibt. In diesem Sinne stellt die *Verführung zum Heiligen* nichts anderes als eine inszenatorisch nahegelegte Fluchtmöglichkeit aus der nach analogen Mustern funktionierenden Annäherung an das Böse dar. Eine Seduktion zum Heiligen ist ohne das Hinzudenken ihres antagonistischen Prinzips des Bösen denn auch kaum je denkbar - sei dies in Filmen wie *Jungfrukällan* oder eben *Bad Lieutenant*. Denn schliesslich ist es die Differenz zwischen dem Bösen und dem Heiligen, zwischen strafrechtlicher Schuld und göttlicher Erlösung, aus der sich die bis heute andauernde verführerische Kraft entsprechender Inszenierungen ergibt.

Abb. 110: Die Ikonografie der Passion in *Bad Lieutenant*.

1.2 Gewalt, Verletzung und Seduktion

Pain is how your body talks to you. You'd do well to listen to it.
— Kurt Russell, *Bone Tomahawk*

Eine weitere Möglichkeit der Repräsentation von Recht im Film liegt in der Inszenierung verschiedener, gegen den Körper gerichteter Straftaten und Rechtsgutsverletzungen. Dass fiktive Bilder von körperlicher und sexueller Gewalt für das Publikum verführerisch sein können, lässt sich schon in Anbetracht der bis in die Anfänge des Kinos zurückreichenden Beliebtheit solcher Darstellungen erahnen. Prominent zeigt sich dies beispielsweise mit Blick auf die *Midnight Movies*, einem Phänomen der avantgardistischen Filmszene der USA in den 1970er Jahren. Damals avancierten Low-Budget-Filme und Independent-Produktionen, welche in den Spätvorstellungen der Kinos gezeigt wurden, zu Kultfilmen einer jungen und progressiven Generation, die sich als Gegenentwurf des Establishments verstand. Den rezipierten Werken war gemein, dass diese in Bezug auf Inhalt und Ästhetik die Grenzen des Darstellbaren ausloteten oder gar überschritten und so den Weg für die Durchbrechung der apodiktischen Unterscheidung von Hochkultur und Populärkultur ebneten. *Midnight Movies* übten nicht nur massgeblichen Einfluss auf das heutige Verständnis von Film, Kunst und Popkultur aus, vielmehr waren sie dafür prägend, dass naturalistische Darstellungen von Gewalt in den 1970er Jahren zunehmend auch im Mainstream-Kino salonfähig wurden.[284] So waren es wiederum Filme wie *The Last House on the Left* (USA 1972), *Straw Dogs* (USA 1971), Deliverance (USA 1972), *The Texas Chainsaw Massacre* (USA 1974), *The Hills Have Eyes* (USA 1977) oder *I Spit on Your Grave* (USA 1978), welche nunmehr auch ein breites Publikum mit naturalistisch inszenierten Straftaten konfrontierten und mit den Gewohnheiten der filmischen Repräsentation von sexueller und körperlicher Gewalt brachen. Historisch sind solche Filmerfahrungen im Kontext des Vietnamkriegs und der durch das Aufkommen des Heimfernsehens zunehmend verfügbar gewordenen Bilder realer Gewalt einzuordnen. Insofern entsprachen die damaligen filmischen Abbildungen nicht nur einer zunehmenden politischen Aufbruchstimmung, sondern stellten immer auch einen Spiegel einer oftmals grausamen Wirklichkeit dar. Aber nicht erst diese rückblickend unter dem Sammelbegriff des *Terror-* oder *Splatterfilms* eingeordneten Filme lassen auf eine Faszination des Kinopublikums für die künstlerische Repräsentation von schwerer Ge-

284 Hoberman und Rosenbaum, *Midnight Movies* (Klappentext).

walt schliessen; vielmehr geht diese Faszination noch weiter in die Filmgeschichte zurück. Ihre Vorläufer finden solche Darstellungen in Filmen wie *Peeping Tom* (Vereinigtes Königreich 1960), *Psycho* (USA 1960) oder *Un chien andalou* (Frankreich 1929), die bereits Jahre vor der zunehmenden Verpolitisierung medial vermittelter Gewalt die Grenzen des filmisch Darstellbaren ausloteten.

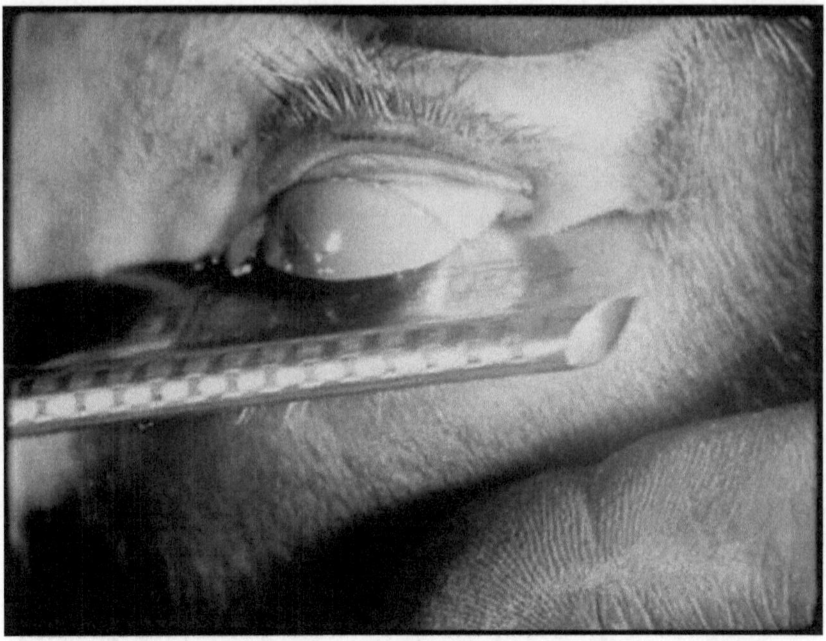

Abb. 111: Vorläufer filmischer Gewalterfahrungen: Das mit einem Rasiermesser durchtrennte Auge in *Un chien andalou* aus dem Jahr 1929.

Ihren eigentlichen Ursprung finden simulierte Gewaltexzesse nicht einmal im Film selbst, sondern im Theater. Das im Jahre 1897 im Pariser Vergnügungsviertel Pigalle eröffnete Grand-Guignol-Theater war spezialisiert auf die Inszenierung verschiedenster Erscheinungsformen physischer Gewalt. So waren Morde, Selbsttötungen und Vergewaltigungen – meist losgelöst von einem eigentlichen narrativen Gerüst – stetiger Programminhalt des kleinen Theaters. Mit diesen exzesshaften Darstellungen zeichnete das Guignol-Theater die Wirkmechanismen späterer, nach denselben Mustern funktionierender Splatter- und Horrorfilme somit massgeblich vor.[285] Si-

285 Moldenhauer, *Ästhetik des Drastischen*, 61.

mulierte Bilder von Gewalt sind aber auch im modernen Kino allgegenwärtig und finden Gestalt in Werken wie *Hostel* (USA 2005), *Saw* (USA/Australien 2004), *Martyrs* (Frankreich 2008), *Irréversible* (Frankreich 2002), *Antichrist* (Dänemark 2009), *The Passion of the Christ* (USA 2004) oder diversen Neuverfilmungen der vorerwähnten Terror- und Splatterfilme aus den 1970er Jahren. Dieses durch alle Zeiten ungebrochene Verlangen nach der Begegnung mit verschiedensten Ausprägungsformen simulierter sexueller und physischer Gewalt weist unweigerlich darauf hin, dass die wiederkehrende Beschäftigung mit solchen Darstellungen für das Publikum verführerisch ist. Damit übereinstimmend hielt auch Baudrillard fest:

> «Doch in manchen Formen der Pornographie wird die Obszönität wiederum verführerisch. Die Gewalt kann verführen. Selbst die Vergewaltigung? Das Abscheuliche und Abstossende können verführen. Wo endet der Umweg der Perversion? Wo vollendet sich der Zyklus der Reversion, und sollte man ihn anhalten?» [286]

Baudrillard spricht sinngemäss an, was im Rahmen der Gewaltwirkungsforschung bis heute kontrovers diskutiert wird: die Frage, inwieweit ein Publikum vor eindringlichen Bildern inszenierter Gewalt geschützt werden sollte. Ausdruck einer paternalistischen Sichtweise findet sich dabei in all jenen Strafbestimmungen, die den Konsum, den Besitz oder die Verbreitung filmischer Gewaltdarstellungen unter Strafe stellen. Interessanterweise basieren solche strafenden Ansätze immer auch auf der Grundannahme der Ansteckungskraft des Tabuisierten gemäss Sigmund Freud. Die Unterstrafestellung der Beschäftigung mit inszenierter physischer und sexueller Gewalt soll potenzielle Täter davon abhalten, simulierte Gewalt als Beispiel oder gar als Versuchung zu empfinden und in die Realität zu übertragen.[287] Entsprechend hält etwa das Schweizer Bundesgericht regelmässig fest, dass der Strafbarkeit von Gewaltdarstellungen oder Pornografie der Gedanke zugrunde liege, «dass sich die im Gesetz genannten Darstellungen und Vorführungen auf den Verbraucher korrumpierend auswirken können, mithin geeignet sind, beim Betrachter u. a. die Bereitschaft zu erhöhen, das Geschehen selbst nachzuahmen».[288] Ob und inwiefern diese vereinfachenden Zuschreibungen einer ansteckend-korrumpierenden Wirkung von

---

286 Baudrillard, *Von der Verführung*, 147.

287 Ähnlich Stiglegger, *Ritual & Verführung*, 24.

288 Anstelle vieler etwa BGE 131 IV 19; 124 IV 106; mit Verweis auf die Botschaft, BBl 1985 II 1047 f.

fiktiver (sexualisierter) Gewalt effektiv zutreffend sind, kann und soll hier nicht abschliessend beantwortet werden. Wichtiger für die Untersuchung ist vielmehr die der Korrumpierungshypothese wie auch ähnlichen präventiv ausgerichteten Strafmodellen jeweils zugrundeliegende Wahrnehmung, dass fiktiven Darstellungen von Straftaten letztlich ein – wie auch immer geartetes – verführerisches Potenzial inhärent ist. Ein Potenzial, das eben auch dafür ursächlich ist, dass sich ein Publikum bis heute regelmässig solchen Darstellungen aussetzt. Dieses Potenzial ist auf der Grundlage von Wes Cravens Frühwerk *The Last House on the Left*, welches nebst den vorgenannten filmischen Beispielen stellvertretend für die sich in den 1970er Jahren zunehmend im Mainstream-Kino abzeichnende Verbreitung von Bildern drastischer Gewalt steht, nachstehend zu erarbeiten.

1.2.1 Verkörperte Gewalterfahrung und Sadomasochismus

Auf einer narrativen Ebene liegt der seduktive Gehalt von *The Last House on the Left* (USA 1972) zunächst im Rückgriff auf althergebrachte, mythische Erzählformen und Geschichten. So handelt es sich nicht von ungefähr um eine Neuverfilmung des bereits besprochenen *Jungfrukällan* von Ingmar Bergman (Schweden 1960). Interessant ist, dass Wes Craven in seiner Adaption das narrative Gerüst seines Vorbilds aufgreift, dieses jedoch von sämtlichen hierophanen und transzendentalen Aspekten wie auch von Verweisen auf die der Geschichte zugrundeliegenden nordischen Legenden befreit. Angesichts dieser Loslösung vom Heiligen ist es konsequenterweise auch nicht mehr der Weg zur Kirche, auf dem die filmischen Protagonistinnen – in der modernen Adaption sind dies nicht mehr zwei Adoptivschwestern, sondern die beiden Freundinnen Mari und Phyllis (Sandra Cassel und Lucy Grantham) – Opfer von Kriminellen werden, sondern anlässlich eines Ausflugs nach New York, um dort eine Konzertveranstaltung zu besuchen. In New York werden die beiden Mädchen von einer Gruppe flüchtiger Krimineller, Krug Stillo (David Hess), Fred «Weasel» Podowski (Fred J. Lincoln) und deren Freundin Sadie (Jeramie Rain), entführt und in einem dreckigen Apartment gefangen gehalten, wo die beiden Mädchen auch ein erstes Mal körperlich und sexuell misshandelt werden. Einzig der sich ebenfalls dort aufhaltende heroinabhängige Sohn von Stillo (Marc Sheffler), «Junior» genannt, beteiligt sich nicht an den Übergriffen. Am nächsten Morgen sperren die Kriminellen die Mädchen in den Kofferraum ihres Fahrzeugs und verlassen New York. Als das Auto auf der Fahrt eine Panne hat, werden die Mädchen in den Wald getrieben. Dort werden sie von den Kriminellen erneut sexuell und körperlich misshandelt und schliesslich getötet. Wiederum beteiligt sich «Junior», ähnlich dem jüngsten Bruder in *Jungfrukällan*, nicht an den Verbrechen. Analog der Vorlage bitten die Kriminellen im Haus der Eltern von Mari, Estelle und Dr. John Collingwood, in der Folge um Nachtasyl, welches ihnen gewährt wird. Während des gemeinsamen Abendmahls schöpft die Mutter wiederum Verdacht; diesmal aufgrund der von «Junior» getragenen, aber eigentlich Mari gehörenden Kette. Nachdem die von einer düsteren Vorahnung getriebenen Eltern die Leiche ihrer Tochter im nahegelegenen See entdecken, entschliessen sie sich – ähnlich wie Töre und Märeta – zur Rache. Diese Rache läuft, anders als noch in *Jungfrukällan*, jedoch nicht nach einem streng ritualisierten Vorgang ab, sondern mündet in einem Gewaltexzess, an welchem sich die Elternteile, unter Zuhilfenahme von Messer und Motorsäge, zu gleichen Teilen beteiligen. Anders als in *Jungfrukällan* erfolgt diese Rache zudem unter Aussparung unschuldiger Personen; denn der an den Verbrechen an den Mädchen zuvor unbeteiligte «Junior» wird nicht vom Ehepaar Collingwood getötet, sondern – als er sich zum Schluss auf die Seite der rächenden Eltern schlägt – von seinem eigenen Vater in den Suizid getrieben. Als das Elternpaar schliesslich, nach Vollendung ihrer Rache, blutüberströmt im Wohnzimmer sitzt, ertönt anstelle von kirchlichen Chorälen, im völligen Kontrast zum filmischen Bild, eine heitere und eingängige Melodie im Sinne einer Easy-Listening-Ästhetik. Währenddessen werden, ähnlich dem Abspann einer Slapstick-Komödie, nochmals sämtliche Hauptdarsteller des Filmes für das Publikum kurz festgehalten. Sie alle lächeln in die Kamera, als wollten sie dem Publikum zu verstehen geben, dass dieses soeben Opfer eines grotesken Scherzes geworden ist. Anstelle des Quellwunders in *Jungfrukällan* endet *The Last House on the Left* damit mit einem für das Publikum schwer einzuordnenden Slapstick, der in völligem Kontrast zu den vorangegangenen gewaltsamen Ereignissen steht.

Dieser Slapstick zum Schluss widersetzt sich mit aller Deutlichkeit jener existenzialistischen Strenge, welcher *Jungfrukällan* noch zugrunde lag. Anstelle des Heiligen tritt in *The Last House on the Left* zum Schluss nunmehr das Komische. Es scheint beinahe, als seien all diese inszenatorischen Geschmacklosigkeiten dabei gegen das eigene mythische Fundament gerichtet, nur, um dessen Ernsthaftigkeit mit Spott und Hohn einzudecken. Übrig bleibt von diesem Fundament noch das Skelett einer Geschichte, das, nebst den irritierenden komödiantischen Elementen, sodann als Vehikel einer Aneinanderreihung verschiedenster, drastischer Bilder von Straftaten in der Form von Körperverletzungen, Vergewaltigungen und Morden fungiert.

Dieser Perspektivenwechsel vom Heiligen auf das Körperliche zeigt sich allein daran, dass bei der Adaption nunmehr beide Mädchen von den Kriminellen misshandelt und getötet werden, ohne dass diese Änderung der Geschichte eine weitergehende Bedeutung verleihen würde. Diese Gewalt an den Mädchen erfolgt ausserdem, anders als noch in *Jungfrukällan*, nicht durch einen Übergriff, sondern im Rahmen mehrerer Gewalttaten – dies, obschon insbesondere die gewaltsamen Szenen im Apartment in New York weder für das Verständnis der Rachehandlungen der Eltern noch sonst für den Fortgang der Geschichte notwendig wären. Vielmehr scheint diese in der Narration isolierte Sequenz allein auf die Befriedigung einer voyeuristischen Lust an der Konfrontation mit gewaltsamen Bildern abzuzielen. Dasselbe gilt für eine Traumsequenz gegen Ende des Filmes, welche die Rachehandlungen der Eltern vorwegnimmt – mit Hammer und Meissel werden einem der Kriminellen die Zähne ausgeschlagen. All diese selbstzweckhaften Episoden, welche weder in *Jungfrukällan* noch in den nordischen Legenden eine Grundlage finden, scheinen allein auf die körperlichen Empfindungen des Publikums ausgerichtet.

Aber es ist nicht nur die schiere Vielzahl an filmischen Gewalttaten, sondern auch die Art der Inszenierung derselben, die diese für das Publikum zu einer performativen, den Körper affizierenden Erfahrung werden lässt. Im Besonderen gilt dies für jene Szenen im Wald, als Phyllis von den Kriminellen umgebracht und anschliessend Mari vergewaltigt und getötet wird. Mittels grobkörniger, von einer Handkamera eingefangener dynamischer Bilder wird beim Publikum eine Illusion des Realen kreiert und damit jene pseudodokumentarische Wirkung vorweggenommen, welche Jahre später für den Erfolg von *The Blair Witch Project* (USA 1999) mitursächlich sein wird. Noch deutlicher als in *Jungfrukällan* lässt der Kamerablick das Publikum an den gewaltsamen Übergriffen teilhaben, kreiert eine kaum ertragbare Nähe zum fiktiven Geschehen und konfrontiert die Rezipierenden mit ekelerregenden Einzelheiten der Übergriffe – seien es die aus einer offenen Bauchdecke quellenden Gedärme, abgetrennte Gliedmassen, Fusstritte gegen blutige Körper oder ein vom Täter in das Gesicht des Opfers tropfender Speichelfaden. Zeitweise werden die Geschehnisse durch irritierende Einschübe unterbrochen, welche die unbeholfen agierenden Polizisten auf ihrer Suche nach den beiden vermissten Mädchen zeigen. Da diese eigentlich humoristisch angelegten Zwischensequenzen aber in derart offensichtlicher Differenz zu den gleichzeitig vonstattengehenden Übergriffen stehen, können sie auch nicht als Erleichterung des Publikums dienen, sondern sorgen einzig für zusätzliche Irritationen. Hinzu kommt, dass diese humoristisch angelegten Szenen aufgrund des stetigen Overactings der Polizisten wie auch der sprunghaften Montage derart unbeholfen-laienhaft wirken, dass bis zuletzt unklar bleibt, inwiefern diese Unzulänglichkeiten von der Regie beabsichtigt oder doch dem geringen Budget zuzuschreiben sind.[289] Ähnlich befremdlich mutet die lautliche Untermalung der Übergriffe an, die zwischen absoluter Stille, Tierlauten, elektronischen Störgeräuschen oder unpassender Bluegrass-Musik variiert. All diese Widersprüchlichkeiten erwecken den Eindruck eines ungestümen, unkontrollierbaren, disparaten Films, bei welchem alles möglich und nichts mehr sicher erscheint[290] – am wenigsten für das Publikum selbst, welches, passiv auf den Kinositzen verharrend, die filmischen Attacken über sich ergehen lassen muss. Aber gerade dieses kaum mehr rezipierbare Amalgam aus Gewalt, Hysterie, deplatzierter Komik, unpassendem Schnitt und merkwürdig chargierenden Charakteren verleiht den gewaltsamen Übergriffen in *The Last House on the Left* letztlich eine Intensität, die ausserhalb des filmischen Rezeptionsakts, etwa anhand rein literarischer Spiegelungen, kaum so erzielbar wäre. Insofern zeigt das Beispiel auch, dass sich aufgrund der vielseitigeren inszenatorischen Möglichkeiten des Filmes Straftaten wie Mord, Körperverletzungen oder Vergewaltigungen – gerade in Anbetracht der solchen Delikten regelmässig inhärenten Willkürlichkeit, Unberechenbarkeit, Zerstörungskraft und Brachialität – für das Publikum effektiver erfahrbar machen lassen als mittels anderer popkultureller Medien. Die konstanten inszenatorischen Grenzüberschreitungen und Provokationen sowie die damit einhergehende Durchbrechung von Sehgewohnheiten korrelieren in diesem Sinne mit dem Verständnis von schweren Gewaltdaten als gesellschaftliche Phänomene, welche die Lebenserfahrung eines gewöhnlichen Publikums per se übersteigen. Szenen wie die umschriebenen Übergriffe auf Mari und Phyllis liefern darüber hinaus ein umfassendes Affektpotenzial und halten das Publikum dazu an, sich mit seinen ureigenen Ängsten und Begehren in Bezug auf schwere Straftaten gegen die körperliche und sexuelle Integrität zu befassen.

289 Moldenhauer, *Ästhetik des Drastischen*, 224.
290 Moldenhauer, 224.

Abb. 112 und 113: Unerträgliche Widersprüchlichkeiten zwischen abjekter Gewalt und deplatzierter Komik.

Im Zusammenhang mit solchen Ängsten und Begehren lassen sich gemäss Stiglegger dabei zwei antagonistische Inszenierungsintentionen beziehungsweise Verführungsmechanismen unterscheiden: einerseits eine dem Publikum ermöglichte körperliche Annäherung an eine Opferperspektive, welche mit einer Distanzeinbusse bezüglich der Geschehnisse auf der Leinwand verbunden ist, oder andererseits eine Annäherung an eine Täterperspektive, welche mit einer Distanzzunahme der Rezipierenden einhergeht.[291]

Diese beiden gegensätzlichen Inszenierungsmöglichkeiten basieren ihrerseits auf der Dialektik der beiden Konzepte von Sadismus und Masochismus und dem sich hieraus ergebenden Phänomen des Sadomasochismus gemäss den Erkenntnissen von J. Laplanche und J.-B. Pontalis in *Das Vokabular der Psychoanalyse.* Laplanche und Pontalis beschrieben das Phänomen des Sadomasochismus dabei als

> «Ausdruck, der nicht nur hervorhebt, was bei beiden Perversionen symmetrisch und komplementär sein kann, sondern auch ein fundamentales Gegensatzpaar bezeichnet, und dies sowohl in der Entwicklung als auch in der Manifestation des Sexuallebens. – Aus dieser Perspektive wurde der Ausdruck [...] aufgegriffen, um das gegenseitige Verhältnis der beiden Positionen sowohl im intersubjektiven Konflikt (Beherrschung–Unterwerfung) als auch in der Strukturierung der Person (Selbstbestrafung) hervorzuheben.»[292]

Insofern umschreibt der Sadismus die Lust an der Verletzung und Beherrschung des Anderen, während der Masochismus eine eigenverantwortliche Unterwerfung unter die von einem Anderen beigebrachte Verletzung beinhaltet.[293] Eine Übertragung dieser eigentlich auf das menschliche Sexualleben abzielenden Prinzipien auf den filmischen Rezeptionsakt gestaltet sich freilich nicht einfach – nur allzu leicht gerät man nämlich in Versuchung, fiktive Henker- und Opfer-Konstellationen im Film im Sinne einer vermeintlichen Kausalität auf die Begehren des Publikums zu projizieren. Entscheidend ist deshalb, die antagonistischen Konzepte nicht als Spiegel von mutmasslich destruktiven Begehren des Publikums zu verstehen, sondern auf die grundsätzliche Beziehung des filmischen Artefaktes auf der einen und die Ebene der Rezipierenden auf der anderen Seite anzuwenden.[294] Unter diesem Blickwinkel ermöglicht es der filmische Spiegel seinem Publikum, wie nachstehend aufzuzeigen sein wird, sich entweder reproduzierten gewaltsamen Bildern von Straftaten – im Sinne einer spielerischen Simulation – zu unterwerfen oder aber diese Bilder vermeintlich selbst zu beherrschen.

291 Stiglegger, *Terrorkino*, 48 f.; Stiglegger, *Ritual & Verführung*, 185.
292 Laplanche und Pontalis, *Das Vokabular der Psychoanalyse*, 448.
293 Stiglegger, *Terrorkino*, 52.
294 Stiglegger, 55 f.

1.2.2 Die Perspektive des Opfers als Unterwerfung unter gewaltsame Bilder

Im Strafrecht wie auch im gesellschaftlichen Verständnis gilt als Opfer jene Person, die durch eine Straftat in ihrer körperlichen, sexuellen oder psychischen Integrität geschädigt wird; im filmischen Beispiel sind dies zunächst die beiden Mädchen Mari und Phyllis. Dass den vorerwähnten Misshandlungen von Mari und Phyllis eine ebensolche Opferperspektive zugrunde liegt, ergibt sich bereits aus einer diegetischen Ebene, innerhalb derer die Mädchen als Identifikationsfiguren und Sympathieträgerinnen des Publikums auftreten. Über die narrative Ebene hinaus erfolgt eine solche Annäherung aber auch aus dem von der Inszenierung vorgegebenen Blickwinkel. So verharrt die Kamera während den gewaltsamen Übergriffen grösstenteils statisch auf den Gesichtern der Opfer, um deren Qualen mittels Close-Up einzufangen. Die unmittelbare Nähe des Publikums zu den gewaltsamen Geschehnissen sowie das dadurch ermöglichte mimetische Nachempfinden der schmerzverzerrten Gesichter fördert das Mitgefühl der Rezipierenden und kreiert eine empathische Verbundenheit zwischen dem Publikum und den verletzten Körpern. Aufgrund des statischen Kamerawinkels wird eine Erotisierung des Frauenkörpers, welche mindestens zu Beginn des Filmes den Darstellungen noch inhärent war, weitestgehend reduziert. Der Gesichtsausdruck des Täters während der Vergewaltigung lässt demgegenüber sexuelles Begehren in einer für das Publikum abschreckenden Form erkennen – bildhaft illustriert anhand des aus dem Mund von Krug tropfenden Speichels.[295] Damit unterscheidet sich die Inszenierung des sexuellen Übergriffs an Mari auch klar von einer zumindest der äusseren Form nach ähnlich gelagerten Szene aus dem ein Jahr zuvor erschienenen Film *Straw Dogs* (USA 1971), wo sich die Inszenierung einer Vergewaltigung – dadurch, dass das Gesicht des Opfers nicht nur Qual, sondern zunehmend auch Lust erkennen lässt – als Akt sexuellen Begehrens lesen lässt. Diese bis heute zu Recht kontrovers diskutierte Szene aus *Straw Dogs* ist insofern auch Abbild jener misogynen Männerfantasien, wonach ein Konsens des Opfers durch gewaltsame Handlungen vom männlichen Täter erzwungen werden kann.[296]

Demgegenüber wird in *The Last House on the Left* unter Zuhilfenahme vorerwähnter Mittel gegenüber dem Publikum zum einen verdeutlicht, dass die erzwungenen Handlungen offensichtlich gegen den Willen des

---

295 Moldenhauer, *Ästhetik des Drastischen*, 230.
296 Moldenhauer, 229.

genötigten Opfers erfolgen; zum anderen hebt die drastisch bebilderte Vermengung von Gewalt und Sex aber auch hervor, was bereits sprachlich offenkundig ist: nämlich, dass der Vergewaltigung eine Gewaltkomponente wie auch eine erzwungene Bemächtigung des fremden Körpers inhärent ist.[297] Noch entscheidender ist allerdings, dass die gesamte Inszenierung – dazu gehören auch die hektische Montage, die grobkörnigen Bilder, der unbeholfene Schnitt sowie die lautliche Untermalung mittels irritierender metallischer Klänge – darauf abzielt, die fiktiven Gewaltdelikte für das Publikum zu einer genuinen Tortur zu erheben. Dadurch wiederum wird das Publikum letztlich selbst zum unterworfenen Subjekt der auf sämtliche Sinneswahrnehmungen des Körpers abzielenden filmischen Attacken. Auf ebendiese Perspektive eines passiv-unterworfenen Publikums zielt auch Stigleggers Idee einer masochistischen Rezeptionsperspektive beziehungsweise der damit einhergehenden Annäherung an eine Opferperspektive.

Es wurde auf der Grundlage von *Das Vokabular der Psychoanalyse* gemäss J. Laplanche und J.-B. Pontalis dargelegt, dass die Annäherung an eine solche Opferperspektive mit einer masochistisch motivierten Unterwerfung unter gewaltsame Bilder einhergeht.[298] Zur Verdeutlichung dieses Gedankens sind Vivian Sobchacks Schilderungen zum Filmerlebnis von *The Piano* in Erinnerung zu rufen. Sobchack legte dar, wie sie affektiv mitfühlte, als Stewart Adas Finger mit einer Axt abtrennte und wie sich die Verletzung für die Rezipientin selbst als Martyrium herausstellte.[299] Hiermit beschreibt Sobchack nichts anderes als die mit der Unterwerfung unter filmisch reproduzierte Körperverletzungen einhergehende masochistische Tortur. Sobchacks Ausführungen kulminieren dabei in der Erkenntnis, dass das Opfer der verletzenden Handlungen sowie auch der Körper der Rezipientin sinngemäss zu einem werden – «both bodies, to a degree, ‹mine›.»[300] Damit meint Sobchack nicht, wie man fälschlicherweise schlussfolgern könnte, dass im Rahmen der Rezeption die Grenzen zwischen dem Körper der rezipierenden Person und jenem auf der Leinwand gänzlich ineinander verschwimmen. Dass eine vollständige Aneignung des Leinwandkörpers nicht möglich ist, stellt auch Sobchack klar, soweit sie «mine» eben in Anführungs- und Schlusszeichen setzt und dadurch eine Form von Distanz

297 Moldenhauer, 230.
298 Stiglegger, *Terrorkino*, 25 f.
299 Sobchack, *Carnal Thoughts*, 79.
300 Sobchack, 79.

zwischen sich und dem Leinwandgeschehen schafft.[301] Wäre keine solche Distanzierung vom Gesehenen möglich, wären filmische Gewalterfahrungen wie jene aus *The Last House on the Left* auch gar nicht mehr konsumier- und rezipierbar, sondern reine Folter. Insofern liegt der Reiz einer Unterwerfung unter die Übermacht von affektiv inszenierten Straftaten immer auch im ambivalenten, jedoch bewusst spielerischen Begehren des Publikums an der vermeintlichen Auflösung und Überschreitung der Grenzen zwischen dem eigenen Ich und der Leinwand.[302] Dies bedingt aber, dass sich das Publikum des simulativen Charakters seiner Filmerfahrung in letzter Konsequenz bewusst bleibt und folglich auch darüber, dass es sich angesichts seiner souveränen Position – mindestens nach Beendigung der Rezeption – der Übermacht der Bilder auch wieder entziehen kann.

Der Reiz der Unterwerfung unter fiktive Bilder von Gewalt erschöpft sich freilich nicht im Erspüren der Lust an der Grenzüberschreitung allein, sondern ermöglicht dem Publikum, soweit von der Inszenierung intendiert, eine Auseinandersetzung mit rechtsbezogenen Motiven. Insbesondere erlauben filmische Gewalterfahrungen wie jene von *The Last House on the Left* seinem Publikum eine Konfrontation mit der Angst, selbst Opfer einer schweren Straftat zu werden. Dieser Aspekt ist insofern vergleichbar mit der von Siegfried Kracauer postulierten Idee der «Errettung der physischen Wirklichkeit»:

> «Die Spiegelbilder des Grauens [...] locken den Zuschauer, [...] sich das wahre Angesicht von Dingen einzuprägen, die zu furchtbar sind, als dass sie in der Realität wirklich gesehen werden könnten. Wenn wir [...] die Haufen gemarterter menschlicher Körper in Filmen über Nazi-Konzentrationslager erblicken – und das heißt: erfahren –, erlösen wir das Grauen aus seiner Unsichtbarkeit hinter den Schleiern von Panik und Fantasie.»[303]

Auch wenn Kracauers Feststellung auf dokumentarische Bilder realer Verbrechen abzielt, muss dasselbe für fiktive Bilder gelten; zumindest dann, wenn diese Bilder – wie die erwähnten Szenen aus *The Last House on the Left* – durch die Art der Inszenierung einen Eindruck des Realen erwecken und als körperliche Attacken auf das Publikum konzipiert sind. Das dem Publikum durch die Konfrontation mit solchen Bildern ermög-

---

301 Moldenhauer, *Ästhetik des Drastischen*, 122.
302 Morsch, *Medienästhetik des Films*, 45.
303 Kracauer, *Theorie des Films*, 396.

lichte Beiwohnen von Vergewaltigungen, Tötungsdelikten und Verstümmelungen sind Erfahrungen, die die Lebenserfahrung eines gewöhnlichen Publikums in der Regel übersteigen. Solchen Straftaten wenigstens im filmischen Spiegel gegenübertreten zu können, bedeutet letztlich, diese Bilder zur Wirklichkeit zu erheben und damit – sinngemäss nach Kracauer – zu *erretten.* Entscheidend für diese *Errettung* ist die von Kracauer postulierte Gleichsetzung von Sehen und Erfahren – eine Prämisse, die auch den modernen performativen sowie phänomenologischen Theorien des Filmischen zugrunde liegt.[304] Unter dieser Perspektive eines Erfahrungsaggregats des Filmischen beinhaltet die Tortur der Unterwerfung unter fiktive Rechtsgutsverletzungen nicht nur eine rein masochistisch-destruktive Komponente, sondern verfolgt einen potenziell heilsamen Zweck: Die filmische Inszenierung ermöglicht es, dass schwere Verbrechen, viel mehr als anlässlich der Lektüre von nüchternen Gerichtsentscheiden oder schriftlichen Schilderungen von Betroffenen, zu einer genuinen Erfahrung der jeweiligen Rezipierenden werden. Durch diese Erfahrbarmachung sowie die damit einhergehende Materialisierung verlieren die in *The Last House on the Left* geschilderten Straftaten auch nicht ihren Unrechtsgehalt, der letztlich Legitimation der jeweiligen gesetzlichen Strafnormen bildet. Etwas vereinfacht gesagt dienen filmische Gewalterfahrungen wie die Umschriebenen deshalb immer auch der Legitimation des hoheitlichen Strafens.

Das zur Errettung der physischen Wirklichkeit Gesagte funktioniert allerdings nur, soweit die auf der diegetischen Ebene auftretenden Gewaltdarstellungen auf einer performativen Ebene mit der Gewalterfahrung des Publikums korrelieren, die Ebenen von Signifikat und Signifikant also zusammenfallen. Dies muss nicht immer der Fall sein, da – wie ausgeführt – für die hier umschriebene Unterwerfungsperspektive nicht primär die auf der diegetischen Ebene auftretenden Opfer- und Henkerkonstellationen massgebend sind, sondern das Verhältnis zwischen Publikum und filmischer Inszenierung. Das bedeutet andererseits, dass eine von der Inszenierung intendierte Unterwerfung unter die Übermacht gewaltsamer Bilder auch denkbar ist, ohne dass die Bebilderung konkreter Straftaten effektiv Teil der Erzählebene darstellt.[305] Deutlich zeigt sich diese Inszenierungsstrategie etwa bei Stanley Kubricks Adaption von Stephen Kings Roman *The Shining*, wo die gesamte Inszenierung – seien es lautliche, bildliche oder körperliche Elemente – auf die physische Erfahrbarmachung einer

304 Stiglegger, *Ritual & Verführung*, 14 f.
305 Sinngemäss auch Stiglegger, 186.

Drohsituation gegenüber dem Publikum ausgerichtet ist: Seien es die unterschwellig-bedrohlichen Klänge des mittels Synthesizer verfremdeten mittelalterlichen Hymnus Dies irae, seien es die plötzlich hereinbrechenden, das affektive Gedächtnis des Publikums ansprechenden, albtraumhaften Bilder von blutdurchströmten Korridoren, seien es die klinisch-steril komponierten Bilder des leerstehenden Hotelkomplexes, oder seien es die sich gemäss der Logik eines (Alb-)Traums entfaltenden Narrationslinien – all diese Elemente scheinen dem Publikum ein drohendes Unheil anzukündigen. Erst gegen Ende schlägt diese subtile Bedrohung in eine filmische Erfahrung des Terrors um, als der dem Wahnsinn verfallene Jack Torrence (Jack Nicholson) mit einer Axt bewaffnet und begleitet von expressiven Klängen seine Frau und sein Kind durch die unendlichen Gänge des Gebäudekomplexes jagt. Die berühmte Ikonografie des die Badezimmertüre zerberstenden Axtschlags gilt letztlich auch dem Publikum, welches in der Figur der hysterisch-verzweifelten Wendy Torrance (Shelly Duvall) sein mimetisch-mitleidendes Spiegelbild findet.

Abb. 114: Mitleidende Zuschauerperspektive: der Axtschlag gegen das Publikum.

Und wenn ganz zum Schluss Jack Torrence im eisigen Irrgarten seinen Tod findet, dann sieht sich auch das Publikum in der endlosen, sich ständig wiederholenden eisigen Szenerie, in einem delirierenden Albtraum gefangen, in dem sich Raumkoordinaten zunehmend auflösen und der Wahnsinn des Protagonisten zum eigenen Wahnsinn des Publikums wird.

Abb. 115 und 116: Gefangen im eisigen Labyrinth.

Anders jedoch als noch bei *The Last House on the Left*, wo die Gewalterfahrung des Publikums eine spiegelbildliche Repräsentation in den diversen Zerstörungshandlungen an den filmischen Körpern fand, bleibt die Tortur in *The Shining* weitestgehend ohne Bildwerdung im filmischen Spiegel; denn zumindest die stellvertretend für das Publikum mitleidenden Danny und Wendy Torrence können sich vor drohenden Verletzungen retten. Insofern verunmöglicht das Filmische seinem Publikum auch eine Konfrontation mit dem filmischen Abjekt und die dadurch versprochene Errettung der Wirklichkeit. Stattdessen liegt der Reiz der filmischen Tortur in der ambivalenten Lust an der physischen Grenzüberschreitung sowie in der trügerischen Hoffnung, der körperlich unerträgliche Zustand möge sich durch eine Begegnung mit dem Schreckensbild verflüchtigen. Erst ganz zum Schluss muss das Publikum erkennen, dass nicht die filmischen Figuren Danny und Wendy Torrence, sondern es selbst Opfer geworden ist – Opfer der konstanten Attacken des herrisch auftretenden filmischen Artefaktes gegen sämtliche Sinneswahrnehmungen, aber noch vielmehr Opfer seiner eigenen Erwartungen.

1.2.3 Die Perspektive des Täters als Unterwerfung des abjekten Leinwandkörpers

Wenn also für die dem Publikum nahegelegte masochistische oder sadistische Perspektive nicht die Leinwandbilder an sich, sondern vielmehr die auf einer Metaebene erfahrbar gemachten Botschaften massgebend sind, bedeutet dies auch, dass Bilder von Gewalt vom Publikum nicht zwingend als solche empfunden werden müssen. In einem gewissen Masse trifft dies auch auf die in *The Last House on the Left* im Anschluss an die Misshandlungen von Mari und Phyllis folgenden Rachehandlungen der Eltern von

Mari zu; dies, obschon die entsprechenden Szenen nicht minder drastisch ausfallen und etwa das Abbeissen eines Geschlechtsteils oder die Enthauptung mittels Motorsäge beinhalten. Dass solche Bilder für das Publikum leichter rezipierbar sind, ergibt sich zunächst aus den auf der Handlungsebene eingeführten moralischen Positionen: So erscheinen Krug, Fred und Sadie nicht primär als Opfer, sondern eher als Täter, die nunmehr einer gerechten Strafe zugeführt werden. Wichtiger als diese oberflächlichen Botschaften ist jedoch die Art und Weise der Inszenierung, welche unter weitgehender Aussparung eines mimetisch-mitleidenden Potenzials der Getöteten erfolgt. Stattdessen spiegelt die Kamera die aus der vorhergehenden Gewalterfahrung des Publikums vorbestehende Wut in den Gesichtern der rächenden Eltern wider und lässt diese stellvertretend für die Zuschauenden am Leinwandkörper abreagieren. Auch wenn die Rache in *The Last House on the Left*, worauf noch zurückzukommen sein wird, in ihrer Wirkung ambivalent und zwiespältig bleibt, ist die reaktive Gewalt der Eltern durch die von der Inszenierung ermöglichte Distanzierung doch deutlich leichter konsumierbar als die vorhergehenden Gewalttaten an Mari und Phyllis.

Entscheidend dafür, dass gewaltsame Bilder in dieser Konstellation eher genossen werden können, ist damit ganz grundsätzlich die von der Inszenierung zwischen den verletzten Leinwandkörpern und dem Publikum geschaffene Distanz. Noch deutlicher zeigt sich ein derartiger Distanzgewinn etwa bei den Filmen von Laurel und Hardy, die zwar vordergründig drastische Bilder von Gewalttaten beinhalten, die aber – dadurch, dass die Rezipierenden unentwegt mit sämtliche Attacken unbeschadet überstehenden und insofern unverletzlichen Körpern konfrontiert werden – als harmloser, humoristischer Slapstick erscheinen.[306] Ähnliches gilt für komödiantisch angelegte Splatter-Filme wie *Braindead* oder *From Dusk Till Dawn*, wo die gegen Vampire oder Zombies gerichtete Gewalt dem Publikum schon aufgrund der Andersartigkeit der verletzten Kreaturen kein empathisches Mitleiden erlaubt. In all diesen Beispielen ermöglicht die Inszenierung stattdessen, die vordergründig brutalen Geschehnisse als exzessives und humoristisches Spektakel zu geniessen, ohne dass die gewaltsamen Bilder

---

306 Stiglegger, 108; vgl. hierzu auch Zegers und Zegers, „Eye Trauma in Laurel and Hardy Movies – Another Nice Mess", die aufzeigen, dass die in den 92 Laurel-und-Hardy-Filmen wiederkehrend auftretenden Augenverletzungen in der Realität alles andere als harmlos gewesen wären, sondern zu insgesamt 88 schweren Augentraumata geführt hätten.

zu einer sinngemässen Gewalt am Publikum werden. Entscheidend ist hierfür, dass der verletzte Leinwandkörper jeweils als etwas Abjektes, Fremdes und Ausgegrenztes wahrgenommen wird:[307] seien es die unverletzbaren Körper bei Laurel und Hardy, die imaginären Kreaturen aus *Braindead* und *From Dusk Till Dawn* oder die gerächten Kriminellen aus *The Last House on the Left.* Aufgrund dieser Andersartigkeit wird dem Publikum denn auch eine empathische In-Bezug-Setzung zwischen sich und den gewaltsamen Bildern erschwert und eine Distanz zwischen dem Ich und der Leinwand gelegt.

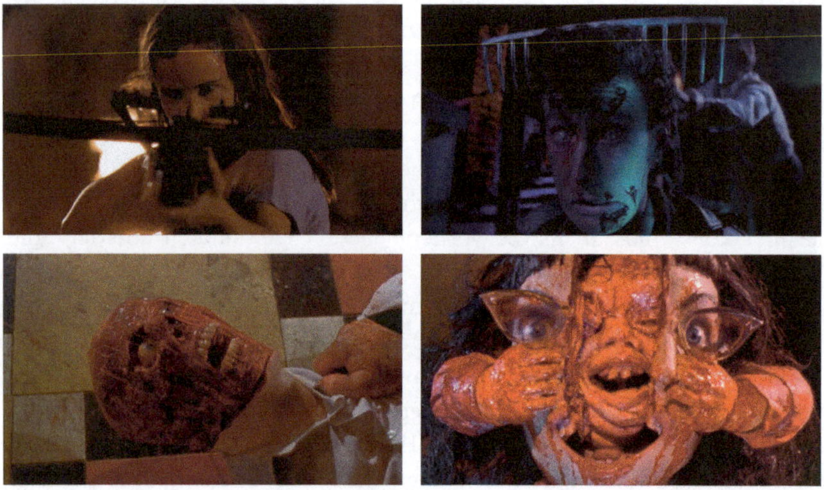

Abb. 117 bis 120: Die gewaltsame Unterwerfung des ausgegrenzten Anderen in *From Dusk Till Dawn* (oben links) und *Braindead.*

Wenn, wie gesehen, eine Distanzeinbusse zwischen Leinwand und Publikum noch mit einer Unterwerfung des Publikums unter gewaltsame Bilder – im Sinne einer sinnbildlichen Annäherung an eine Opferperspektive – einherging, so liegt der Distanzzunahme zwischen filmischer Gewalt und Publikum ein gegenläufiger Gedanke zugrunde: Es ist dies die Beherrschung der gewaltsamen Leinwandgeschehnisse durch das Publikum als sinnbildliche Annäherung an eine Täterperspektive. Diese Beherrschung des abjekten Leinwandkörpers liegt demnach – etwas vereinfacht gesagt – in der Selbsterhöhung des Publikums gegenüber fiktiven

307 Stiglegger, *Terrorkino*, 33.

Gewalttaten im filmischen Spiegel.[308] Gerade bei den erwähnten Splatter-Exzessen in *Braindead* oder *From Dusk Till Dawn* verbindet sich dieser Abgrenzungsprozess des Publikums zudem mit einer morbiden Neugier auf das Innere des fremden, als andersartig empfundenen Leinwandkörpers, welcher mittels Zerstörungshandlungen unterworfen und so angeeignet wird.[309] Anders als der masochistischen Rezeptionsperspektive des mitleidenden Publikums liegt der die Leinwandbilder vermeintlich beherrschenden Perspektive somit ein sadistisch motivierter Zugang zugrunde. Massgebend für diesen sadistischen Zugang sind die bereits diskutierten Konzepte von Macht und Souveränität, wie sie sich in den Schriften Marquis de Sades, George Batailles oder auch in Friedrich Nietzsches Idee des Übermenschen[310] finden. Eine solche Souveränität zeigt sich innerhalb der filmischen Rezeption dabei in der vermeintlichen Macht des Publikums, über Leben und Tod des filmischen Körpers verfügen zu können.[311] Sinnbildlich lässt sich die sadistische Perspektive deshalb auch mit einem *acte gratuit* vergleichen – also einer willkürlichen, meist gewalttätigen und zerstörerischen spontanen Handlung, die ähnlich wie Camus' Idee des Absurden ohne Sinn oder nachvollziehbare Motivation bleibt.[312] Zur Verdeutlichung einer solchen, dem Absurden entspringenden Handlung lässt sich Gides Roman *Les caves du Vatican* heranziehen, in dem die Hauptfigur der Erzählung, Lafcadio, den ihm unbekannten Händler Fleurissoire aus einem fahrenden Zug stösst:

> «Veranschaulichen Sie sich doch: ein Verbrechen weder aus Leidenschaft noch aus Not! Der Grund, der ihn treibt, das Verbrechen zu begehen, ist eben der Trieb, ein Verbrechen ohne Grund zu begehen.» [313]

Ein ähnliches Motiv findet sich auch in Fjodor Dostojewskis Roman *Verbrechen und Strafe*: Der in ärmlichen Verhältnissen lebende Student der Rechtswissenschaften, Rodion Raskolnikow, tötet die ihm verhasste Pfandleiherin aus seiner inneren Überzeugung heraus, dass ihm diese ultimative Freiheit als besonderer Mensch gegenüber den gewöhnlichen Menschen zusteht. Für Raskolnikow wie auch Lafcadio gründet der *acte gratuit* jeweils

---

308 Stiglegger, *Ritual & Verführung*, 189.
309 Stiglegger, 187, 189.
310 Nietzsche, *Werke in drei Bänden*, Bd. 2 (Also sprach Zarathustra [Zarathustras Vorrede]), 278 ff.
311 Stiglegger, *Terrorkino*, 35.
312 Stiglegger, *Ritual & Verführung*, 179.
313 Gide, *Romane und lyrische Prosa*, 400.

in einer Form von Selbsterhöhung und der daraus folgenden individuellen Disponibilität - der Freiheit, in der Art eines über dem Gesetz stehenden, gottgleichen Individuums - über das Leben der Anderen zu verfügen.[314]

Das Konzept des *acte gratuit* lässt sich insofern sinngemäss auch auf das Verhältnis des Publikums zum filmischen Artefakt übertragen, als das Publikum innerhalb der Rezeption seiner Lust und Freude an der hemmungslosen Demontage des ausgegrenzten Leinwandkörpers nachgehen kann.[315] So kann das Publikum als eine aussenstehende und insofern souverän agierende Instanz beiwohnen, wie den abjekten Kreaturen in *Braindead* oder *From Dusk Till Dawn*, begleitet von Blutfontänen, mittels diverser Waffen und Werkzeugen die Gliedmassen abgetrennt werden. In einem übertragenen Sinne wird das Publikum insofern zu einer Art Schicksalshüter über Leben und Tod der filmischen Objekte, ohne dass es aufgrund des simulativen Charakters des Szenarios jedwede Konsequenzen zu befürchten hätte. In seiner reinsten Form findet sich ein solches Konzept in Gordon Herrschel Lewis Film *Blood Feast* (USA 1963), der rückblickend zuweilen als Urtyp des Splatter-Filmes eingeordnet wird. Aber selbst *Blood Feast*, dessen Handlungsgerüst sich aus rein selbstzweckhaft arrangierten Tötungsdelikten zusammensetzt, ist letztlich nichts anderes als der offensichtliche Rückgriff auf die Ästhetik des Grand-Guignol-Theaters.[316] Im Zentrum all dieser Szenarien steht die bis heute andauernde morbide Lust eines unbeteiligten Publikums an der Demontage und Zerstörung von abjekten, entfremdeten und als nicht-Selbst empfundenen Subjekten.

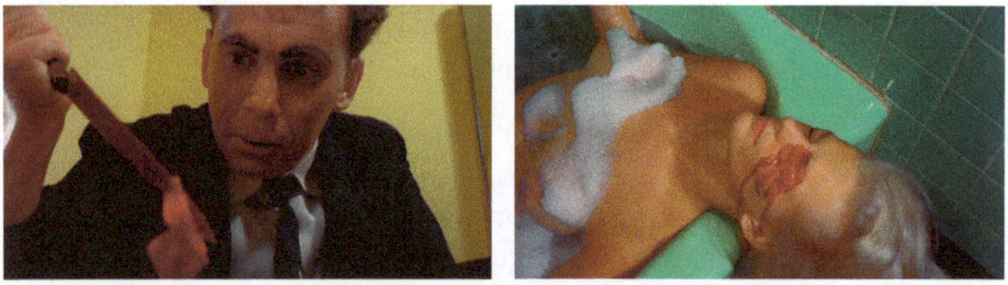

Abb. 121 und 122: Rückgriff auf die Ästhetik des Grand-Guignol-Theaters (*Blood Feast*).

Anders als etwa die Perspektive des mitleidenden Publikums, wo die Erfahrbarmachung von Straftaten dem Publikum noch eine Grundlage zur Reflexion bot, ist die sadistisch motivierte Unterwerfung des Leinwandkör-

314 Stiglegger, *Ritual & Verführung*, 179.

315 Stiglegger, *Terrorkino*, 35.

316 Moldenhauer, *Ästhetik des Drastischen*, 61.

pers aus einer rechtlichen Perspektive hingegen kaum von Bedeutung. So wird das Publikum weder gehalten, sich mit den inszenierten Verbrechen noch mit deren Konsequenzen ausserhalb der filmischen Simulation auseinanderzusetzen. Vielmehr wird durch die Sichtbarmachung von körperbezogenen, das Publikum nichtaffizierenden Straftaten der Unrechtsgehalt des Gezeigten regelmässig verharmlost. In anderen Worten verlieren die schwersten Verbrechen in der filmischen Überrepräsentation ihren eigentlichen Schrecken, der für die Verknüpfung an eine allfällige Strafe jedoch massgebend wäre. Die Straftat wandelt sich im filmischen Artefakt stattdessen zum Slapstick, zur Groteske oder zum ästhetischen Bilderreigen. Wenn die mitleidende Rezeptionsperspektive noch der Errettung des Strafrechts diente, geht die sadistische Perspektive deshalb immer auch mit einer Banalisierung von Straftaten einher.

Bemerkenswerterweise entspricht diese Sinnlosigkeit der Straftat auch der Beschaffenheit des *acte gratuit*, dem es begriffsnotwendig an einem eigentlichen Ziel oder einer Sinnzuschreibung mangelt. Selbst Raskolnikow musste im Roman *Verbrechen und Strafe* nämlich erkennen, dass sich seine Tat als sinnlos entpuppte; dies nicht nur angesichts des sinnlosen Opfers der getöteten Pfandleiherin, sondern – als Reflexwirkung der Tat – eben auch für ihn als Täter selbst.[317] Nichts anderes gilt auch für das Verhältnis des Filmischen zu seinem Publikum. In Filmen wie *Blood Feast*, *Braindead*, aber selbst bei Laurel und Hardy erschöpft sich der Reiz der für das Publikum als *acte gratuit* inszenierten Gewalt im Rahmen eines komödiantisch-sadistischen Spektakels, ohne dass das Publikum Veranlassung hätte, sich mit seinen Ängsten und Wünschen in Bezug auf die gezeigten Verletzungen effektiv zu befassen. So mag die Überrepräsentation von Körperzerstörungen in den vorerwähnten Beispielen zwar als vordergründig reizvolles Spektakel dienen, dessen Reiz aber eben einzig im Spektakel selbst zu liegen kommt.

317 Raether, *Der Acte gratuit: Revolte und Literatur*, 35.

1.2.4 Die Ambivalenzen des Perspektivenwechsels

Vorstehend wurden die Konzepte einer masochistischen wie auch einer sadistischen Perspektive eingeführt. Nicht immer liegt der filmischen Inszenierung jedoch derart deutlich eine der beiden Perspektiven zugrunde. Vielmehr kann die Inszenierung zwischen den unterschiedlichen Blickwinkeln von Täter und Opfer sowie den damit einhergehenden Beherrschungs- und Unterwerfungsritualen alternieren, um bei seinem Publikum so – im Sinne eines diskursiven Zugangs zur Rezeption – Ambivalenzen und Differenzen zu bewirken.

Abb. 123: Subjektive Täterperspektive (*Peeping Tom*).

Auf einem solchen diskursiven Ansatz basiert beispielsweise die Inszenierung von Michael Powells Spielfilm-Thriller *Peeping Tom* (Vereinigtes Königreich 1960). Aus einer subjektiven Point-of-View-Perspektive, ähnlich der eines Ego-Shooters, werden die Tötungsdelikte an diversen wehrlosen Frauen gänzlich aus Tätersicht inszeniert. Eine noch deutlicher subjektive Perspektive macht sich sodann die Inszenierung in *C'est arrivé près de chez vous* (Belgien 1992) zu eigen: Der Film erzählt die Geschichte eines Filmteams, welches im Rahmen eines Dokumentarfilmprojekts in den Bann eines charismatischen Mörders gerät. Nicht nur das Filmteam, sondern auch das aus Tätersicht an den Geschehnissen teilnehmende Publikum verlieren dabei mehr und mehr die Distanz zu seinem Untersuchungsobjekt. Sie alle werden zwangsläufig zu Mittäterinnen an den fiktiven, aus der Sicht des Kameramanns festgehaltenen Gewalttaten.[318]

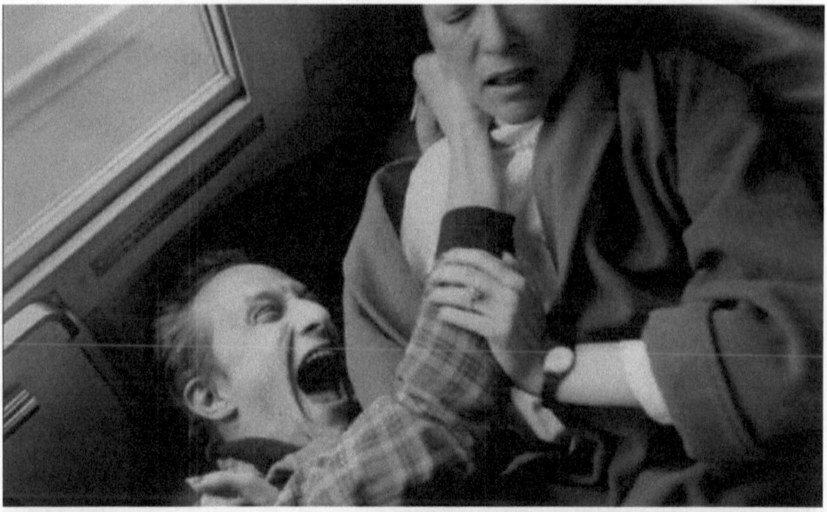

Abb. 124 und 125: Ambivalentes Mitwirken des Publikums (*C'est arrivé près de chez vous*).

318 Mit Blick auf das moderne Kino findet sich eine Inszenierung von Gewalttaten aus einer radikalen Täterperspektive in Franck Khalfouns Neuverfilmung von *Maniac* (USA/Frankreich 2012), wo sich der von Elijah Wood gespielte Frauenmörder Frank Zito nur anhand eines flüchtigen Blicks in den Rückspiegel eines Fahrzeugs zu erkennen gibt.

In völligem Kontrast zu dieser auf einer vordergründigen Ebene eingeführten Täterperspektive stehen die im Subtext der beiden Filme erfahrbar gemachten Botschaften. So sind die einzelnen, unter spiegelbildlicher Mitwirkung des Publikums verübten Delikte dergestalt inszeniert, dass dadurch die Empathie der Rezipierenden erweckt wird – sei es durch die schmerzverzerrten Gesichter der hilflosen weiblichen Opfer in *Peeping Tom*[319] oder, noch deutlicher, durch die völlig sinnlose und als Gewalterfahrung bebilderte Auslöschung einer ganzen Familie (inklusive vulnerablem Kleinkind) in *C'est arrivé près de chez vous*. Die dem Publikum auf der Ebene des Signifikanten aufgezwungene sadistische Perspektive steht damit in unauflösbarem Widerspruch zu dem auf der Ebene des Signifikats vermittelten masochistischen Blickwinkel. Ebendiese in der Inszenierung angelegten Ambivalenzen führen zwangsläufig zu einer moralischen und rechtlichen Orientierungslosigkeit: So ist das Publikum gleichermassen Täter wie Opfer der Gewalttaten; es beherrscht diese zwar vermeintlich, wird von diesen jedoch sogleich auch unterworfen. Der filmische Spiegel bricht insofern mit der vordergründigen sadistischen Perspektive und entlarvt den Publikumsblick durch die masochistische Filmerfahrung als eine Form von destruktivem Voyeurismus. Das im Lacanschen Spiegelbild entblösste Publikum wird dadurch wiederum angehalten, sich mit seiner ureigenen Lust am Beiwohnen an schweren Verbrechen sowie mit seiner in ihm angelegten Sensationslust bezüglich schwerer Gewalttaten in der medialen Reproduktion auseinanderzusetzen.

Eine ähnlich diskursive Perspektive macht sich auch die Inszenierung von *The Last House on the Left* zu eigen. Im Zentrum des Zurückblickens des Filmes steht allerdings nicht mehr ein destruktiver Voyeurismus des Publikums, sondern dessen Begehren nach Gerechtigkeit, das augenblicklich in Rachefantasien umzuschlagen droht. Ein solches Begehren nach Gerechtigkeit spiegelt sich auf einer diegetischen Ebene zunächst in den Figurenzeichnungen wider, insofern als – etwas verkürzt gesagt – die an Mari und Phyllis verübten Verbrechen durch die darauffolgenden reaktiven Gewalttaten der Eltern gesühnt werden. Dieses auf der Handlungsebene eingeführte Prinzip ist eines, das – unter den Begrifflichkeiten der *absoluten Straftheorien* oder dem *Vergeltungsprinzip* – bis heute Grundlage

319 Der zur Entstehungszeit skandalöse Ruf des Filmes gründete nicht zuletzt auch auf der Besetzung des Hauptprotagonisten, des unscheinbaren Kameramanns Mark Lewis, mit dem österreichischen Schauspieler Karlheinz Böhm, dessen Bekanntheit sich bis dahin vorwiegend aus seiner Rolle als Kaiser Franz Joseph in der Sissi-Trilogie ergab.

diverser Straftheorien bildet. Der in der filmischen Handlung durch die reaktive Tötung der vormaligen Aggressoren bewirkte Ausgleich unterscheidet sich jedoch von jenem modernen Verständnis von Vergeltung, wo die Restitution der Gerechtigkeit mittels eines staatlichen Surrogats (also in der Form einer stellvertretenden Sanktion) erfolgt. Stattdessen wird dem durch die Ermordung der beiden Mädchen geschaffenen Unrecht mit der anschliessenden Tötung der vormaligen Täter, und damit durch das Zufügen eines gleichartigen Schadens, begegnet. Diese reaktive Handlung wird zudem nicht durch staatliche Behörden, sondern die Angehörigen der Geschädigten selbst vollzogen. All dies ergibt sich aus der Logik der von der filmischen Projektion erschaffenen Welt, in welcher staatliche Reaktionen (beispielsweise in der Gestalt der unbeholfen agierenden Polizistenfiguren) offensichtlich sinnlos erscheinen. Die Konsequenz dieser Sinnlosigkeit ist es denn auch, dass es an den Privaten (den Eltern von Mari) liegt, das abhandengekommene Gleichgewicht durch eigene Taten aufzuwiegen. Bereits in Anbetracht dieser auf der diegetischen Ebene eingeführten Hinweise liesse sich für das Publikum deshalb schlussfolgern, dass es sich bei den Taten von Maris Eltern nicht um eine rein schuldausgleichende Vergeltung, sondern um eine nicht zu legitimierende Rache handeln dürfte. Noch deutlicher ergibt sich dieser Schluss allerdings aus der Performanz, also der das affektive Gedächtnis des Publikums ansprechenden Ebene der Inszenierung.

Es wurde dargelegt, dass die drastisch inszenierten Misshandlungen von Mari und Phyllis als eigentliche masochistische Tortur des Publikums konzipiert sind. Die Inszenierung der Übergriffe zielte darauf ab, die gegen die Mädchen gerichtete Gewalt auch für das Publikum erfahrbar zu machen; sodass sich Letzteres – von den konstanten gewaltsamen Bildern und lautlichen Angriffen überfordert – der Übermacht der Attacken unterwerfen musste. Vor diesem Hintergrund ist denn auch der anschliessende Perspektivenwechsel von einer Opfer- zu einer Täterperspektive, welcher sich sowohl auf einer diegetischen als auch auf einer extradiegetischen Ebene vollzieht, zu verstehen. Wenn die Eltern von Mari die abjekten Straftäter diversen körperlichen Misshandlungen aussetzen, müssen diese Handlungen also als Ausdruck eines genuinen Vergeltungswunsches des Publikums aufgefasst werden, das in den filmischen Figuren sein stellvertretend handelndes Spiegelbild findet.

Im Kontext mit diesem Vergeltungswunsch ist zu bemerken, dass jüngere Anhänger von vergeltungstheoretischen Strafansätzen wie etwa Jeffrie

Murphy oder Tonio Walter darauf hingewiesen haben, dass ein Vergeltungswunsch in jedem Menschen von Natur aus angelegt sei. Jeffrie Murphy meint etwa, dass jedem die Idee gefalle, dass bösen Menschen ihre schmerzhafte, aber gerechte Strafe zukomme; besonders genussvoll sei dies dann, wenn diese Strafe in die Zuständigkeit der Opfer falle: «we like to see the portrayal of evil people getting their painful but just deserts, and we particularly enjoy it when these deserts are administered by their victims.»[320] Daraus wiederum folgert Murphy, dass sich die Legitimation von Strafe nach ebendiesem Vergeltungswunsch zu richten habe, wobei die jeweiligen Hassgefühle nicht unterdrückt, sondern durch ihr Ausleben abgebaut werden sollten.[321] Ähnlich argumentiert Tonio Walter, der unter Hinweis auf den real verhandelten Fall des *Buchhalters von Auschwitz*, Oskar Gröning, seine Argumentation für eine absolute Straftheorie aus dem Umstand ableitet, wonach einer einsamen vergebenden Geste einer Nebenklägerin das Beharren sämtlicher weiterer Privatkläger auf Bestrafung des Beschuldigten gegenübergestanden seien. Dieses Begehren erklärt sich Walter durch einen «elementaren Hunger nach Gerechtigkeit» beziehungsweise nach Vergeltung, welcher in jedem Menschen natürlich angelegt sei, und entsprechend auch die Grundlage und Legitimation des modernen Strafrechts bilden sollte.[322] Bemerkenswert ist, dass Walter ausdrücklich von einem «Hunger» und damit von einem körperlichen Begehren spricht. Das Prinzip der Vergeltung ist nach diesem Verständnis von Walter und Murphy damit nicht nur, wie bei Hegel oder Kant, ein metaphysisches Konstrukt, sondern entspricht einem körperlichen Bedürfnis der direkt und indirekt von einer Verletzung Betroffenen.

Der vorab umschriebene Perspektivenwechsel in *The Last House on the Left* von einer masochistischen zu einer sadistischen Perspektive ist vor ebendiesem «Hunger» nach Vergeltung im Sinne eines körperlichen Begehrens des Publikums zu verstehen. Unter diesem Blickwinkel bezweckt die von den stellvertretend für das Publikum agierenden Eltern erwirkten Verletzungen einen Ausgleich für die vorangegangene masochistische Filmerfahrung. Die Vergeltungsbedürfnisse des Publikums werden also, wie von Murphy vorgeschlagen, nicht länger unterdrückt, sondern am filmischen Leihkörper sinngemäss abreagiert. Dieses Prinzip funktioniert allerdings nur, wie zur sadistischen Rezeptionsperspektive ausgeführt, soweit der

320 Murphy, *Retribution Reconsidered*, 64.
321 Murphy, 69.
322 Walter, *Strafe und Vergeltung*, 7.

unterworfene Leinwandkörper als etwas Ausgegrenztes, Abjektes wahrgenommen und das Publikum so vor Mitleid geschützt wird. Insofern ist es auch nur konsequent, wenn die Inszenierung des finalen Gewaltrausches darauf abzielt, dem Publikum die verletzten Figuren (also die vormaligen Vergewaltiger) nicht als hilflose Opfer, sondern als eine zu bestrafende Verbrecherbande zu zeigen. Deutlich wird dies in der der Rache vorgelagerten Szene des letzten Abendmahls: Zwar versucht sich die in elegante Gewänder gekleidete Gruppe gegenüber den bürgerlichen Hausherren als eine Gruppe vornehmer Handelsreisender auszugeben; diese Fassade zerfällt jedoch spätestens dann, als die Gruppe während des Essens gegen sämtliche Anstandsregeln verstösst.[323] Der Eindruck einer Horde rülpsender, schmatzender und mit vollem Mund sprechender Proletarier richtet sich offensichtlich an das Ekelempfinden des Publikums, um bei diesem im Hinblick auf das Kommende eine Distanzzunahme zu bewirken.

Abb. 126: Das letzte Abendmahl in *The Last House on the Left.*

Noch deutlicher ergibt sich eine solche Distanzzunahme aus der Inszenierung der nachfolgenden Gewalt selbst. Denn während die grausamen Übergriffe gegenüber den beiden Mädchen noch von einem beinahe dokumentarisch-authentischen Gestus durchzogen waren, werden die reaktiven Taten der Eltern nunmehr ins Groteske bis Irreale verkehrt.[324] Passenderweise beinhaltet der erste Akt der Rache denn auch keine reale Gewalt,

323 Moldenhauer, *Ästhetik des Drastischen*, 232.
324 Moldenhauer, 232.

sondern eine Traumvision: Weasel werden in einer innerhalb der Handlung völlig isoliert stehenden Sequenz, welche einzig als Materialisierung des Vergeltungswunsches des Publikums zu deuten ist, mittels Hammers und Meissels die Zähne ausgeschlagen. Weasel erwacht daraufhin schweissgebadet und von einer düsteren Vorahnung geplagt in seinem Bett. Ein erstes Mal bricht damit auch der Film mit den Erwartungen des Publikums, indem es die fiktive Gewalt als Wunschbild der Rezipierenden entlarvt.

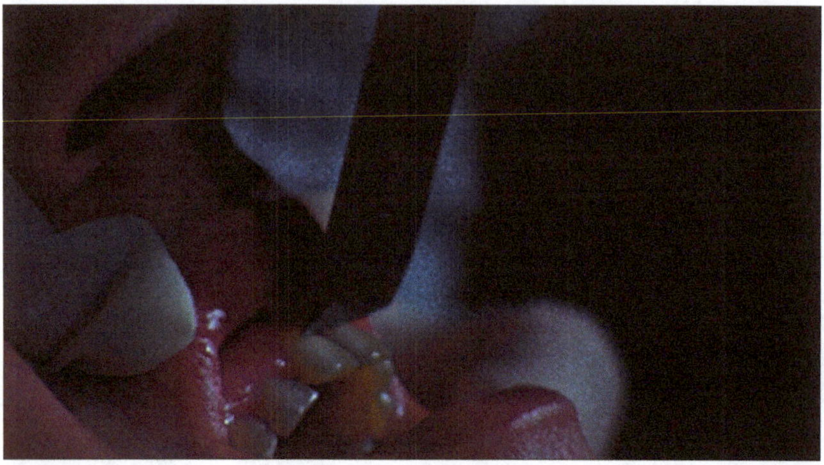

Abb. 127: Die Rache als Traumvision des Publikums.

Doch bevor das Publikum auf die Täuschung reagieren kann, folgt die reale Gewalt, die sofort wieder ins Absurde kippt. Weasel, der gegenüber der Mutter von Mari damit prahlt, mehr als sechs Orgasmen in Folge haben zu können, wird das Geschlechtsteil abgebissen und ausgespuckt. Der entblösste und kastrierte Mann wälzt sich darauf schreiend am Boden und wird der Lächerlichkeit des Publikums preisgegeben.[325] Das Tötungsdelikt an Krug Stillo, dem vormaligen Haupttäter der Gruppe, ist unter dem Einsatz einer Kettensäge zwar drastisch inszeniert, allerdings wird das mitfühlende Potenzial des Publikums angesichts einer implizierten Notwehrkonstellation (so wird der Vater von Krug vorab gewaltsam attackiert) gleich wieder abgeschwächt. Und anders als die Ermordung von Mari, anlässlich derer das Publikum noch mit verschiedenen expliziten Details konfrontiert wurde, erfolgt die Enthauptung von Krug Stillo vollkommen ausserhalb des Kamerabildes. Es ist vielmehr die obere Begrenzung des filmischen Bildes

325 Moldenhauer, 234.

an sich, welche den Kopf stellvertretend vom Körper abtrennt, während die Kamera auf dem Gesicht des Vaters verharrt.[326] Die Grossaufnahme des hasserfüllten Antlitzes des Familienvaters ist dabei nichts anderes als die Konfrontation des Publikums mit seinem eigenen, vergeltungshungrigen Spiegelbild. Während also die vorhergehende Opferperspektive noch darauf ausgerichtet war, die drastischen Übergriffe an den Mädchen im Sinne einer Gewalterfahrung des Publikums zu erfassen, zielt die Inszenierung der reaktiven Handlungen darauf ab, diese dem Publikum als moralisch richtig und legitim zu vermitteln.

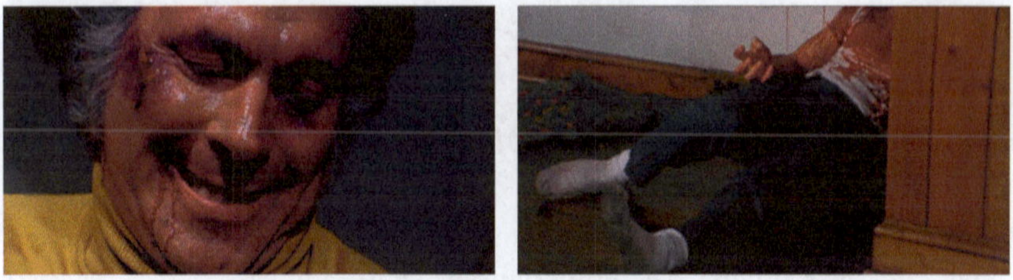

Abb. 128 und 129: Reduktion des mitfühlenden Potenzials: der mimetisch nachvollziehbare Hass des Familienvaters und die Abtrennung des Kopfes ausserhalb des Kamerabildes.

Der eigentliche Bruch erfolgt erst im Nachgang des Gewaltrausches – nachdem das Brummen der Motorsäge und sämtliche anderen Geräusche verstummt sind. Die für die Gewaltorgie ursächliche Verbrecherbande ist zwar getötet, doch scheint sich beim Publikum kein befreiendes Gefühl der Erlösung einzustellen. Stattdessen sitzt das Publikum gemeinsam mit dem blutüberströmten und sich mit zittrigen Händen festhaltenden Elternpaar im Wohnzimmer. Statt dem Triumph der Gerechtigkeit lässt der Blick in den filmischen Spiegel nur Leere, Verzweiflung und Hilflosigkeit erkennen. Die Auslöschung der Täterschaft hat weder den filmischen Figuren noch dem Publikum Erlösung, Befriedigung und schon gar keinen Ausgleich für die vorangegangenen Gewalttaten gebracht. Stattdessen scheint das Publikum, gemeinsam mit den filmischen Figuren, in einem gewaltsamen Strudel, einem eigentlichen Bannkreis der Gewalt gefangen, wo Unrecht neues Unrecht bewirkt und Gewalt neue Gewalt hervorbringt.

326 Moldenhauer, 235.

Abb. 130: Die Ernüchterung.

Erst jetzt, im Moment der vollkommenen Ernüchterung, und damit auf einer affektiven Ebene des Filmerfahrens, wird impliziert, dass es sich bei den vorangegangenen Handlungen nicht um eine schuldausgleichende Vergeltung, sondern um eine diese übersteigende Rache gehandelt hat. Eine Rache, die sich in ihrem Unrechtsgehalt von den ihr zugrundeliegenden Straftaten kaum mehr unterscheidet. Indem das filmische Artefakt seinem Publikum also die Anerkennung seines Begehrens (beziehungsweise den Einbruch erlösender Gerechtigkeit) verweigert, wirft es automatisch einen Blick zurück. Die Rezipierenden haben sich, getrieben von ihrem Hunger nach Vergeltung, dazu hinreissen lassen, sich nicht nur mit den Rachehandlungen der fiktiven Figuren zu solidarisieren, sondern sich deren Gewaltfantasien zu eigen zu machen, diese vielleicht sogar zu geniessen. Im Fokus des Zurückblickens steht damit immer auch die Scham des Publikums, als das gesehen zu werden, was es ist: Ein Publikum, das sich unbewusst einer täterschaftsähnlichen Rolle angenähert hat, die kaum seiner angestammten Position entsprechen dürfte. Insofern geht mit der inszenatorisch bewirkten Scham auch eine Ambivalenzerfahrung einher: Wer ist hier überhaupt Opfer? Und wer ist Täter? Sind die Eltern von Mari Opfer oder nicht vielmehr auch Täter? Wie unterscheidet sich unrechte Gewalt von einer legitimen Gegengewalt? Weshalb besteht eine spielerische Lust darin, direkt gewaltsamen Rachehandlungen beizuwohnen? Wie kann der körperliche «Hunger nach Vergeltung» befriedigt werden, ohne dadurch neuerliches Unrecht zu bewirken? Und schliesslich: Sind Opfer oder deren Angehörige überhaupt dazu fähig, einen erlittenen Schaden auszugleichen?

Das Publikum wird durch das Zurückblicken des Filmes dazu angehalten, über derartige Fragen nachzudenken. Eine befriedigende Lösung oder Antwort auf die Ambivalenzen bekommt es freilich keine. Denn während das Publikum noch immer hilflos nach Erklärungen ringt, wird es durch die Inszenierung mit weiteren, in diesem Kontext völlig unpassenden Irritationen konfrontiert: So ertönt, völlig konträr zum ernüchternden filmischen Bild, fröhliche Bluegrass-Musik; darauf erfolgt der bereits erwähnte Abspann im Sinne einer Slapstick-Komödie. Es scheint, als würde der Film die Hilflosigkeit seines Publikums einzig mit Spott und Hohn quittieren. Die Wirkung all dieser Widersprüchlichkeiten lässt sich vielleicht am treffendsten mit den zynischen Worten des Regisseurs Wes Craven selbst zusammenfassen:

> «The contrast between the song and those characters was sort of like showing an image of the village getting napalmed and then saying ‹Fuck 'em if they can't take a joke›».[327]

Es ist ein schmerzhafter Witz, bei dem einem das Lachen im Hals stecken bleibt. Aber letztlich sind es diese unvereinbaren Gegensätze zwischen Komik und Ernsthaftigkeit, zwischen Täterperspektive und Opferperspektive, zwischen Sadismus und Unterwerfung, zwischen Gewalt und Gegengewalt und zwischen Authentizität und unbeholfenen Geschmacklosigkeiten, die die verführerische Qualität des Filmes ausmachen. All diese Ambivalenzen stehen stellvertretend für die filmisch aufgegriffenen Konzepte von ausgleichender Gerechtigkeit, der Lust an körperlicher Gewalt und der Frage nach einem befriedigenden Strafzweck – allesamt Themen, welchen gewisse Auslegungsschwierigkeiten wesensinhärent sind. Vielleicht sind die ambivalenten Filmerfahrungen von *Peeping Tom*, *C'est arrivé près de chez vous* oder eben *The Last House on the Left* aber die ehrlichste Art, sich solcher Schwierigkeiten anzunehmen.

2 Recht im Film als seduktive Herausforderung

Es wurde aufgezeigt, wie rechtliche Motive das Publikum in den Bann ziehen und zu neuen Positionen, Vorstellungen oder Wünschen, also zu etwas Anderem, verführen können. Eine weitere Möglichkeit der Verführung von

327 Szulkin, *Wes Craven's Last House on the Left*, 120.

Recht im Film findet sich darin, wenn rechtliche Botschaften innerhalb der Inszenierung als Herausforderung des Publikums in Erscheinung treten. Dabei ist auf das im Rahmen der thematischen Schnittpunkte angesprochene konzeptionelle Verständnis der Rezeption zurückzukommen, wonach das filmische Artefakt eine duellartige Beziehung zu seinem Publikum aufbaut und mit diesem in eine Art Dialog tritt.[328] Innerhalb dieses wechselseitigen, diskursiven Zusammenspiels kann die Inszenierung sein Publikum unter anderem mit rechtsbezogenen Geheimnissen und Herausforderungen konfrontieren, um so selbst etwas zurückzufordern: seien es Antworten oder auch nur eine moralische (Neu-)Ausrichtung. Das Verständnis des Filmes ist damit mehr als nur eine einseitige Projektion von bewegten Bildern und Ton, die auf ein passiv-konsumierendes Publikum treffen; vielmehr wird das Publikum anlässlich der Rezeption zu einer dem Film vermeintlich gleichwertigen Partei erhoben, welche sich an den fiktiven (rechtlichen) Vorgängen beteiligen oder – wenn auch auf einer illusionären Ebene – auf diese einwirken kann. Durch die Illusion einer solchen Teilhabemöglichkeit wird dem Publikum gewissermassen suggeriert, aus eigener Anstrengungskraft eine Wiederverzauberung der Welt, wie sie von Erika Fischer-Lichte im Zusammenhang mit der Ästhetik des Performativen postuliert wurde, zu bewirken.

Diese Spielart der Seduktion findet sich beispielsweise dort, wo die Inszenierung sein Publikum an einer fiktiven Wahrheits- oder Gerechtigkeitsfindung teilhaben lässt. So basiert der Reiz vieler Kriminalfilme nicht zuletzt darauf, dass sich das Publikum durch eigenes Miträtseln an einer Tätersuche beteiligen kann, wobei es in den stellvertretend im Filmischen auftretenden Detektiv- und Polizeifiguren sein ermittelndes Spiegelbild findet. Dieses Prinzip wird anhand von Filmen wie *Rashōmon* (Japan 1950) oder *Blow Up* (Vereinigtes Königreich/Italien 1966) noch zu verdeutlichen sein. Noch offensichtlicher wird der Einbezug des Publikums im eingangs angesprochenen Fernsehfilm *Terror – Ihr Urteil*, wo sich das Publikum in der Rolle einer mit der Ausfällung eines Strafurteils betrauten Jury wiederfindet. Stiglegger bezeichnet diese Form der Verführung, die mit dem Wunsch des Publikums spielt, in das filmische Artefakt einzugreifen, als den *prometheischen Impuls*.[329] Mit diesem Impuls ist nichts anderes gemeint als das beim Publikum bewirkte Begehren, im wechselseitigen

328 Vgl. Kapitel III, 2.1.
329 Stiglegger, *Ritual & Verführung*, 195, 198.

Zusammenspiel mit dem filmischen Vorbild als rechtsprechende Instanz tätig zu werden.

Eine weitere Möglichkeit, wie Recht im Film als Herausforderung des Publikums in Erscheinung treten kann, basiert auf der Inszenierung von Differenz und Ambivalenz. Diese Spielarten wurden bereits anhand der beiden Beispiele von *The Last House on the Left* wie auch *Touch of Evil* angesprochen. In beiden Beispielen stand als Ursache der Ambivalenz jeweils die Verweigerung der Anerkennung des in den filmischen Spiegel projizierten Begehrens des Publikums. Durch ebendiesen Bruch von Erwartungen, als Zurückblicken des Filmischen, wird das Publikum angehalten, nach einer Auflösung der Widersprüchlichkeiten zu suchen und so dem filmischen Blick etwas Eigenes entgegenzusetzen.[330] Der Blick in den filmischen Spiegel regt damit an, sich zu gewissen Fragen von Recht, Gerechtigkeit, Schuld und Strafe zu positionieren und ein utopisches Gegenmodell zu den filmischen Realitäten zu suchen. Für die Inszenierung solcher Ambivalenzen lassen sich – was anhand des Films *Irréversible* noch zu zeigen sein wird – wiederum die beiden seduktiven Mittel von Performanz und Mythos nutzbar machen.

2.1 Geheimnis und Wahrheit

> [Nicholas Angel:] *Danny, this is murder.*
> [PC Danny Butterman:] *It's not murder, it's ketchup.*
> — Simon Pegg und Nick Frost, *Hot Fuzz*

Es wurde ausgeführt, dass die Beschäftigung mit rechtsbezogenen Fragen, welche das grosse Ganze zum Inhalt haben, für das Publikum verführerisch ist. Zu solchen Grundsatzfragen gehören nicht nur jene nach dem Sinn, der Herkunft und der Bestimmung von *Gerechtigkeit*, sondern auch jene nach den Anforderungen und Herstellungsbedingungen von *Wahrheit*. Bereits Nietzsche erkannte im Menschen einen unaufhörlichen «Trieb zur Wahrheit».[331] Aber noch vielmehr als ein dem Menschsein immanentes Begehren ist die Ermittlung und Ergründung von Wahrheit letztlich eine Rechtsfrage. Denn jede Rechtsanwendung setzt zunächst die Feststellung eines Sachverhalts vorweg, der alsdann unter eine rechtliche Norm subsumiert

330 Baudrillard, *Von der Verführung*, 94, wonach die Herausforderung immer mit der Verpflichtung einhergehe, etwas „zu entgegnen und zu überbieten".

331 Nietzsche, *Werke in drei Bänden*, Bd. 3 (Über Wahrheit und Lüge im außermoralischen Sinn), 309 f.

werden kann. Eine solche Ermittlung, Untersuchung und Feststellung eines rechtserheblichen Sachverhaltes geht zwangsläufig mit der Aufarbeitung eines vergangenen Geschehens einher, einer Annäherung daran, was sich abgespielt haben könnte – in anderen Worten, einer Annäherung an die Wahrheit. Recht ist ohne Wahrheit undenkbar. Und über Wahrheit, wie sie im Sinne von Wahrheitshypothesen in Anklageschriften oder als gerichtlich festgestellte Wahrheiten in Gerichtsentscheiden Niederschlag findet, lässt sich oftmals trefflich streiten. Bezeichnenderweise drehen sich die berühmtesten Gerichtsfilme wie *Anatomy of a Murder* (USA 1959), *12 Angry Men* (USA 1957), *Witness for the Prosecution* (USA 1957), *A Few Good Men* (USA 1992) und viele weitere nicht um die rechtliche Würdigung eines zugestandenen Sachverhalts, sondern vielmehr um die Aufarbeitung des Sachverhaltes an sich: Was hat sich zugetragen? Wer ist Täter? Wer hat ein Alibi? Und ganz grundsätzlich: Lässt sich die Hypothese der Anklage beweisen? Die fiktiven Verhandlungen simulieren damit nicht nur einen Streit über die Findung von Recht, sondern immer auch einen Streit über die Findung von Wahrheit.

Eng verknüpft mit der Wahrheit ist der Begriff des *Geheimnisses.* Ausgangspunkt eines Strafverfahrens bildet regelmässig ein kleiner Hinweis, ein Anfangsverdacht als möglicher Anknüpfungspunkt für die Behörden, das Unbekannte und Unerklärliche zu ergründen. In der Folge wird dem Verborgenen und Geheimen mittels Hinweisen, Aussagen, Dokumenten, Indizien und Gutachten nachgegangen – immer mit dem Ziel, das Geheimnis des Anfangsverdachts zu lüften und sich der zunächst noch verborgenen Wahrheit anzunähern. In diesem Sinne ist eine Anklageschrift nichts anderes als ein die Untersuchung abschliessender und an das Gericht gerichteter Wahrheitsvorschlag beziehungsweise eine Hypothese der Wahrheit.

Ähnlich den bereits thematisierten Gerechtigkeitsfragen gibt der filmische Spiegel seinem Publikum wiederum die Möglichkeit, sich mit den genannten Phänomenen von *Wahrheit* und *Geheimnis* produktiv auseinanderzusetzen. Massgebend ist dafür die Prämisse, wonach die Rezeption immer mit der Hoffnung des Publikums verbunden ist, dass die Befassung mit den flüchtigen Bildern und Klängen letztlich eine Begegnung mit dem hinter der Inszenierung liegenden Wahren und Wahrhaftigen ermöglicht.[332] Patrick Fuery bezeichnet diese Form der Verführung als «seduction of light», als das im gegenseitigen Diskurs zwischen Film und Publikum

332 Sinngemäss auch Stiglegger, *Ritual & Verführung*, 45.

hervorgehende Verlangen nach Aufhellung und Aufdeckung eines sich in der Inszenierung versteckten Geheimnisses.[333]

Dass sich dieses Verlangen des Publikums, im filmischen Bild mehr als das vordergründig Abgebildete erkennen zu wollen, letztlich auch für die Vermittlung rechtlicher Grundsatzfragen instrumentalisieren lässt, lässt sich anhand des Sub-Genres des *Whodunits* (als spezifische Form des Kriminalfilms) illustrieren, dessen vielleicht schönsten Beispiele die Verfilmungen von Agatha Christies Romanen *Death on the Nile* (Vereinigtes Königreich 1978) und *Murder She Said* (Vereinigtes Königreich 1961) darstellen. In den beiden Filmen werden mit Peter Ustinov als Hercule Poirot und Margareth Rutherford als Miss Marple sodann filmische Identifikationsfiguren geschaffen, die sich stellvertretend für das Publikum auf eine simulierte Mördersuche begeben.

Abb. 131 bis 134: Opulent bebilderte Mördersuche: *Murder She Said* (oben) und *Death on the Nile* (unten).

Der Reiz solcher fiktiven Ermittlungen liegt beim Publikum zunächst in der von Walter Benjamin im Kontext mit dem Optisch-Unbewussten postulierten Realitätsflucht. So verbringt die Kamera das Publikum in *Murder She Said*, ähnlich einer nostalgischen Geisterbahnfahrt auf einem Jahrmarkt, in die Szenerie eines romantischen Landsitzes im aristokratischen England. In *Death on the Nile* verbindet sich die Durchbrechung der gelebten Realität

333 Fuery, *New Developments*, 171; diese Verführung zum Licht wurde in Kapitel IV, 1.1.3 in Bezug auf die Suche nach einer göttlichen Gerechtigkeit bereits thematisiert.

hingegen mit der Sehnsucht nach Exotik beziehungsweise mit einer in opulente Bilder verpackten Nilkreuzfahrt; schwelgerisch gleitet die Kamera durch beeindruckende Landschaften, durchwandelt historische ägyptische Stätten oder hält vor einer Kabinentüre inne, um dort ein klandestines Gespräch zweier verdächtiger Figuren zu belauschen. Durch diese Affizierung sämtlicher Sinneswahrnehmungen wird dem Publikum jeweils suggeriert, dass sich die Entschlüsselung des Geheimnisses aus der Inszenierung selbst beziehungsweise aus den von dieser dargebotenen optischen und akustischen Hinweisen ergeben müsse. In diesem Zusammenhang kann wiederum auf die Ich-konstituierende Funktion des Kinos verwiesen werden, wonach das Publikum das Geschehen auf der Leinwand durch die selektive Präsentation einzelner optischer oder akustischer Clous einer vorgedachten Ordnung als Realität empfinden möchte.[334] Für den Moment möchte das Publikum also die Künstlichkeit und Konstruiertheit der fiktiven Bilder vergessen und sich, gemeinsam mit den ikonischen Detektivfiguren, des im romantischen Landsitz oder in der luxuriösen Flusskreuzfahrt verborgenen Geheimnisses annehmen.

Damit ist auch gesagt, dass die verführerische Qualität solcher fiktiven Wahrheitssuchen in *Murder She Said* oder *Death on the Nile* regelmässig in der dem Publikum ermöglichten Annäherung an ein vermeintlich hinter der Inszenierung verstecktes Geheimnis liegt, weniger aber in der auf der Handlungsebene erfolgten Enthüllung desselben; dies insbesondere dann nicht, wenn das Publikum während der Rezeption sein eigenes Konstrukt, seine eigene materielle Wahrheit entworfen hat, welche alsdann nicht immer mit der auf der Erzählebene enthüllten Wahrheit korrespondiert. Ein beliebter narrativer Code des *Whodunits* ist es denn auch gerade, dass die stellvertretend ermittelnden Figuren am Schluss mit Informationen aufwarten, welche sich der sinnlichen Wahrnehmung des Publikums bis dahin entzogen haben. In solchen Momenten werden dem Publikum deshalb immer auch die Konstruiertheit der fiktiven Realität sowie die Differenz zwischen den filmischen Bildern und der gelebten Realität vor Augen geführt. Besonders treffend wird diese Differenz zwischen Simulation und Realität im komödiantischen Detektivfilm *Murder by Death* (USA 1976) zum Ausdruck gebracht, als die von Truman Capote interpretierte Figur die Enttäuschung des Publikums wie folgt verbalisiert:

334 Stiglegger, *Ritual & Verführung*, 15.

«Ihr Kriminalhelden seid so lange so clever gewesen, dass ihr euch inzwischen wie Götter vorkommt. Mit der billigsten Effekthascherei führt ihr eure Leser an der Nase herum. Ihr quält sie mit aus den Fingern gesogenen Schlüssen, die keinen Sinn haben. Noch auf den fünf letzten Seiten führt ihr Charaktere ein, die im ganzen Buch mit keinem Federstrich erwähnt werden. Informationen werden zurückgehalten, damit ja keiner errät, wer der Täter ist.»

Abb. 135: Abbild der enttäuschten Publikumserwartung: Truman Capote in *Murder by Death.*

Überhaupt lässt sich *Murder by Death* als eigentlicher Gegenentwurf zu den klassischen Codes des *Whodunits* lesen: Diverse ikonische Detektivfiguren untersuchen stellvertretend für das Publikum einen Mord, der dann doch keiner ist; und im Verlauf der Handlung werden diverse Clous und Indizien vorgehalten, die sich allesamt als Trugbilder erweisen. Der Wunsch des Publikums nach der Ergründung eines Verbrechens und nach der Entschlüsselung von fiktiven Hinweisen wird als illusionäres Phantom entlarvt. Ebendieses Spiel mit der Differenz zwischen Realität und Simulation, wie es Truman Capote hier umschreibt, ist wiederum ein Prinzip, das sich ausgezeichnet zur Vermittlung von rechtsbezogenen Botschaften und Herausforderungen nutzbar machen lässt. Dies ist nachstehend anhand der beiden Beispiele *Rashōmon* und *Blow Up* zu verdeutlichen, die zwar vordergründig nach den Mechanismen von Gerichts- und Kriminalfilm funktionieren, infolge ihrer diskursiven Rezeptionsperspektive jedoch zu einer Herausforderung über die Abhängigkeit von Wahrheit und Recht werden.

2.1.1 Im Dickicht der Lügen

Im Jahre 1950 verfilmte Akira Kurosawa unter dem Titel *Rashōmon* zwei Kurzgeschichten von Akutagawa Ryūnosuke. Der Filmtitel, ins Deutsche übersetzt «Dickicht», deutet schon die ans Publikum gerichtete Herausforderung an. Denn die Rezeption des Filmes erweist sich selbst als Dickicht, innerhalb dessen die Sinneswahrnehmung des Publikums auf die Probe gestellt wird.

In einem Tempel treffen sich drei Männer: ein Bürger, ein Mönch und ein Holzfäller. Der Holzfäller scheint verzweifelt: «I don't understand. I just don't understand.» Die ersten Worte des Filmes sind nicht nur an die beiden fiktiven Figuren gerichtet, sondern auch an das Publikum, das der Holzfäller fragend anblickt. Aber noch bleiben die Motivationen und Gefühlsregungen der Figuren unerklärlich. Nur zögerlich erklärt sich der Holzfäller. Er berichtet von einem Tötungsdelikt an einem Mann und einer kürzlich stattgefundenen Gerichtsverhandlung vor einem nicht näher bekannten Gericht. Es sind zunächst nur Versatzstücke, einzelne Puzzleteile, die für sich keinen Sinn ergeben, aber dennoch ist dem Film die Aufmerksamkeit des Publikums nun gewiss.

Der folgende, sich erklärende Bericht des Holzfällers wird aus einer gänzlich subjektiven Perspektive erzählt. Das Publikum wird aus der Szenerie des Tempels herausgerissen und auf eine neue Erzählebene verfrachtet. Zusammen mit dem Holzfäller findet es sich im Wald wieder, wo es sich gemeinsam mit dem Protagonisten durch ein Dickicht von Ästen und Blättern kämpft. Die Kamera filmt den Protagonisten dabei nie frontal, sondern nimmt, indem sie aus der Perspektive eines subjektiven Verfolgers rastlos durch das Unterholz gleitet, eine observierende Position ein. Die gleissenden Sonnenstrahlen, die zwischen den Baumkronen hineinfallen und das Gesicht des Holzfällers entfremden lassen, blenden auch das Publikum und lassen dieses das Geschehen kaum richtig einordnen. Der irreale Eindruck findet eine sinnbildliche Verdoppelung im Lautlichen – in einer an Ravels Bolero angelehnten musikalischen Unterlegung wird der Unruhe der bewegten Bilder Ausdruck verliehen.[335]

335 Stiglegger, 44.

Abb. 136 bis 141: Die Geschichte des Holzfällers als sinnliche Publikumserfahrung.

Auf diesen mit der sinnlichen Überforderung des Publikums einhergehenden Verlust von Orientierung folgt ein unvermittelter Schock: Der Holzfäller entdeckt im Unterholz eine Leiche. Dieser Schluss lässt sich aber einzig an den in Richtung des Publikums gestreckten, zur toten Person gehörenden Händen sowie den mimetisch nachvollziehbaren, zur Fratze entstellten Gesichtszügen des Holzfällers ausmachen. Der Rest der Leiche wird nicht gezeigt; es scheint, als würde diese im Raum des Kinos zu liegen kommen. Unklar bleibt auch, ob der ins Gesicht geschriebene Schrecken des Protagonisten dem Anblick der Leiche oder nicht vielmehr dem Publikum gilt. Doch bevor das Publikum die Geste richtig zu deuten vermag, erfolgt ein weiterer Schnitt und es findet sich vor dem Gericht wieder.

Abb. 142: Vor Gericht: das Prinzip des Auslassens als inszenatorische Strategie.

Diesem Gericht mangelt es jedoch an all jenen ikonografischen Elementen, die für ein solches gewöhnlich wesensbestimmend sind.[336] Weder Richter noch Ankläger oder Verteidiger werden von der Kamera erfasst und bleiben als solche unsichtbar. Auch ein Gerichtssaal existiert nicht. Die vom Gericht befragten Personen sitzen auf einem Steinboden an einem nicht näher bestimmbaren Ort. Es scheint, als würden die Räumlichkeiten des Gerichts vielmehr in der Vorstellung des Publikums existieren, wobei der Kinosaal zum sinnbildlichen Gerichtssaal wird. Passend hierzu agieren die vom Gericht befragten Personen frontal vor der Kamera und sprechen scheinbar direkt das Publikum an. Die Fragen des Gerichts finden wiederum ausserhalb des filmischen Kosmos statt und lassen sich nur durch die sinngemässen Wiederholungen durch die Akteure sowie deren Antworten erahnen. Bereits hier wird deutlich, dass die Inszenierung durch das Prinzip des Auslassens und Nichtzeigens auf den prometheischen Zugriff-

336 Vgl. hierzu die Ausführungen betreffend die vom Publikum hinsichtlich der Etikettierung als *Gerichtsfilm* gemeinhin erwarteten Wesensmerkmalen in Kapitel II, 3.2.1.

simpuls seines Publikums abzielt, welches sich seinerseits in der Rolle des Gerichts wiederfindet, das mit der Würdigung des filmischen Rätsels betraut wird.

Abb. 143: Masako vor Gericht.

Als nächste vom Publikum befragte Person wird die Figur des Diebes Tajōmaru eingeführt. Wie schon bei der Erzählung des Holzfällers findet auch der Bericht von Tajōmaru eine Bildwerdung im filmischen Spiegel. Das Publikum wird zum beobachtenden Komplizen, wenn Tajōmaru im labyrinthischen Gewirr von Ästen und Bäumen den Samurai Takeshiro überwältigt, danach dessen Ehefrau Masako vergewaltigt und schliesslich in einem heroischen Schwertkampf Takeshiro tötet. Daraufhin wird das Publikum wieder auf die Ebene des Gerichts verfrachtet. Es folgt die Befragung der Ehefrau des Samurais. Doch je mehr sich der Film dem Geheimnis anzunähern scheint, desto mehr entfernt er sich auch von diesem. Denn mit jeder vor dem Gericht befragten Person wird eine komplett neue filmische Wahrheit eröffnet, die jeweils in unauflösbarem Widerspruch zur vorhergehenden Geschichte steht. So wird das Publikum, konträr zur vorhergehenden Geschichte, in der Version der Ehefrau des Samurais Zeuge, wie Masako, begleitet von treibenden Klängen, selbst einen heroischen, mit der Qualität einer theatralen Performance-Kunst vergleichbaren Messerkampf mit dem Banditen ausficht, der als eigentliche Lust am fremden, bewegten (weiblichen) Körper inszeniert ist. Nach dieser Choreografie gibt sich die Frau dem Banditen hin – um ihren Ehemann damit zu erretten. Nachdem dieser jedoch nur Verachtung für seine Frau übrighat, ergreift sie einen Dolch. Daraufhin färbt sich der Bildschirm schwarz. Als sich das Publikum vom Blackout erholt hat, erkennt es im filmischen Spiegel das Antlitz des toten Samurais. Vor den hilflosen Augen der Rezipierenden versucht Masako vergebens, sich in einem See zu ertränken.

Und wieder wird das Publikum brutal aus der Erzählebene gerissen und in den Gerichtssaal verfrachtet, wo es Zeuge wird, wie der getötete Samurai seine Version der Geschehnisse über ein Medium einspricht. Das Publikum wohnt bei, wie der Samurai im Anschluss an einen heroischen, tänzerischen Kampf vom Banditen gefesselt wird und selbst hilflos zusehen muss, wie sich seine Ehefrau dem Banditen hingibt. Daraufhin verlangt Masako von Tajōmaru, dass dieser ihren gefesselten Mann töte. Aber nicht nur dem Publikum, sondern auch dem Banditen, der sich diesem Ansinnen stellvertretend widersetzt, ist diese Forderung zuwider. Er verlässt die Szenerie, ebenso wie die nun fliehende Masako. Das Publikum bleibt allein mit Takeshiro zurück, der sich den zurückgelassenen Dolch mitten ins Herz sticht.

In einem übertragenen Sinne gilt der Dolchstoss dem Publikum, welches im filmischen Bild seine eigene Ernüchterung wiederfindet – zum einen darüber, dass die Aufklärung eines Tötungsdeliktes nunmehr einem profanen Selbstmord gewichen ist, zum anderen ob der Erkenntnis, dass sich eine abschliessende Wahrheit aufgrund der in sich widersprüchlichen Erzählungen aus dem Filmischen offenbar nicht herausziehen lässt. Diese Ernüchterung spiegelt sich stellvertretend auch in den Gesichtern der beiden filmischen Protagonisten des Bürgers und des Mönchs wieder, welche sich währenddessen – auf der ersten Handlungsebene – noch immer mit dem Holzfäller im Tempel aufhalten. Der Holzfäller entgegnet der Ernüchterung des Publikums nun mit seiner eigenen Version der Geschichte: Offenbar hat er nicht nur die Leiche des Samurais aufgefunden, sondern ist auch Zeuge der ursächlichen Geschehnisse geworden. Ein letztes Mal begibt sich das Publikum deshalb in den Wald.

Dort wird es mit dem Holzfäller Zeuge, wie sich alle drei in das Tötungsdelikt involvierten Figuren – Takeshiro, Masako und Tajōmaru – von Egoismus und selbstsüchtigen Motiven haben leiten lassen. Masako fordert nach dem sexuellen Übergriff von den beiden Männern einen Schwert-

Abb. 144 bis 149: Der Schwertkampf zwischen Tajōmaru und dem Banditen als theatrale Performance-Kunst.

kampf auf Leben und Tod, wobei sie dann beim Sieger bleiben wolle. Der anschliessende Kampf hat nichts mehr mit der Performance-Kunst aus den vorhergehenden Geschichten gemein. Die Männer wälzen sich wie Kleinkinder im Dreck, tollen hilflos herum und werden der Lächerlichkeit des Publikums preisgegeben. Nur mit Glück gelingt es dem Banditen, den wehrlos im Gebüsch liegenden Takeshiro zu erstechen. Als der Bandit daraufhin seine Belohnung einfordert, wenden sich Masako wie auch das Publikum angewidert ab.

Abb. 150 bis 153: Die Dekonstruktion des heldenhaften Schwertkampfes.

In der letzten Szene ist das Publikum zurück im Tempel. Währenddessen prasselt ein heftiger Gewitterschauer auf das filmische Bild und gibt die Katharsis der filmischen Herausforderung zu erkennen. Entspricht die Geschichte des Holzfällers, welche das Publikum als bildgewordene Realität miterfahren konnte, nun der Wahrheit? Zumindest scheint es so, da keine der filmischen Figuren darin besonders vorteilshaft gezeichnet wird, mit Ausnahme des Holzfällers selbst. Doch bevor das richtende Publikum sein abschliessendes Urteil fällen kann, wird das Geschehen von einem jähen Schreien unterbrochen. Die drei Männer entdecken in einem Körbchen ein ausgesetztes Kleinkind. Der Bürger entwendet daraufhin den im Korb befindlichen und offenbar für das Kind bestimmten Kimono sowie ein Amulett. Als der Holzfäller den Bürger mit dem Diebstahl konfrontiert, entlarvt der Bürger seinerseits die vorangegangene Schilderung des Holzfällers als Lüge: So habe der Holzfäller in seiner Geschichte verheimlicht, den Dolch von Masako gestohlen zu haben – was offensichtlich auch der Grund war, weshalb er nicht als Zeuge vor Gericht aufgetreten ist. Selbstgefällig lächelnd und kichernd wendet sich der Bürger ob seiner Erkenntnis, dass jeder Mensch lügt, an das Publikum. Der Diebstahl des Kimonos und des Amuletts ist vor diesem Hintergrund die Konsequenz einer Welt der verlorenen Werte – wo Konzepte wie Wahrheit, Gerechtigkeit oder strafrechtliche Zurechnung nicht mehr als leere Worthülsen sind. In diesem Sinne entspricht das Handeln des Bürgers jenem von Hank Quinlan aus *Touch of Evil*, welcher sich angesichts der Allgegenwart von Camus' *Absurden* die Freiheit herausnimmt, dem Unrecht der Welt mit eigenem Unrecht zu begegnen.

Abb. 154 bis 157: Die Katharsis der filmischen Herausforderung: der Diebstahl des Kimonos und Amuletts sowie die Enthüllung der letzten Lügengeschichte.

Doch wie soll das als Gericht auftretende Publikum unter diesen Gegebenheiten je ein gerechtes Urteil fällen? Denn keine der vom Publikum erlebten Geschichten scheint der Wahrheit zu entsprechen, sondern jede Figur scheint, wie vom Bürger festgestellt, eine andere Version von dieser zu erzählen. Dadurch, dass die filmische Erzählung die jeweiligen Schilderungen jedoch als bildgewordene Wahrheit wiedergibt, wird dem Publikum suggeriert, dass niemand bewusst lügt, sondern verschiedene Wahrheiten nebeneinander koexistieren. Diese Pluralität an Wahrheiten scheint dabei Konsequenz der Subjektivität der menschlichen Wahrnehmung an sich zu sein – ein Phänomen, das in den modernen Sozialwissenschaften im

Sinne einer Reminiszenz an den Film als «Rashomon-Effekt» bezeichnet wird.[337] Dieses Phänomen findet wiederum Niederschlag in der die Sinne des Publikums affizierenden Inszenierung: So wird durch den irritierenden Einsatz von Licht, Ton und bewegten Bildern wie auch das unvermittelte Hin- und Her-Chargieren zwischen den Handlungsebenen dem Publikum die Brüchigkeit der eigenen Sinneswahrnehmungen verdeutlicht und der Wahrheitsbegriff letztlich als Simulation entlarvt.

All diese erzeugten Ambivalenzen und Differenzen zwischen reproduzierten Bildern und subjektiven Realitäten, zwischen Darstellung und Dargestelltem, dienen in *Rashōmon* einem philosophischen Impetus, den der Kurosowa-Monograf Donald Ritchie wie folgt zusammenfasste:

> «In more ways than one, Rashōmon is like a vast distorting mirror or, better, a collection of prisms that reflect and refract reality. By showing us its various interpretations [...], he has shown first that human beings are incapable of judging reality, much less truth, second, that they must continually deceive themselves if they are to remain true to the ideas of themselves that they have.»[338]

Das Publikum, welches sich gemeinsam mit den fiktiven Figuren durch das filmische Dickicht kämpft, wird also herausgefordert, sein Verhältnis zur Realität zu überprüfen und das Konzept von Wahrheit sowie gerichtlicher Wahrheitssuche zu hinterfragen. Gibt es angesichts der in *Rashōmon* erfahrbaren Subjektivität überhaupt eine absolute Wahrheit eines vergangenen Geschehnisses? Wenn sich, wie in *Rashōmon*, die materielle Wahrheit des Erlebten mit Blick auf die Subjektivität der Wahrnehmung nicht rekonstruieren lässt – wie hat ein Gericht dann zu entscheiden? Wie lässt sich aus den verschiedenen, sich widersprechenden Sachverhaltsvarianten ein Sachverhalt herausfiltern, über welchen ein Gericht befinden kann? Oder in anderen Worten: Welche Anforderungen an den Wahrheitsbegriff müssen gestellt werden, wenn Richterinnen den eigenen Sinnen nicht mehr trauen können? All diese im wechselseitigen Diskurs zwischen Publikum und Film aufgeworfenen Fragen sind insofern von Bedeutung, als mit einem Strafprozess bis heute die Vorstellung einhergeht, dass anlässlich desselben nicht die materielle Wahrheit, sondern «nur» eine prozessuale Wahrheit ermittelt werden soll.

---

337 Davis, Anderson, und Walls, *Rashomon Effects*, 157.
338 Richie, *The Films of Akira Kurosawa*, 76.

Während dem Publikum auf einer erzählerischen Ebene eine konkrete Antwort verweigert wird, wird auf einer symbolischen Ebene eine mögliche Lösung skizziert: Zum Schluss des Filmes nimmt der Holzfäller den Säugling in die Arme und bittet den Mönch, das Kind grossziehen zu dürfen. Als der Holzfäller anfügt, dass er bereits sechs Kinder zu Hause habe und es auf ein weiteres nicht ankomme, stimmt der Mönch, vom Altruismus des Holzfällers gerührt, dem Vorhaben zu. Er übergibt ihm das Kind und versichert, dass er seinen Glauben an die Menschheit nicht aufgeben wolle. In der Schlusseinstellung ist der Holzfäller zu sehen, wie er mit dem Säugling im Arm den Tempel verlässt.

Abb. 158 und 159: Der Wandel zum Guten und Gerechten.

Die Ikonografie des Säuglings steht sinnbildlich für die Wiedergeburt, die damit einhergehende Hoffnung auf eine neue Generation und als Zeichen eines fortwährenden Wandels zu einer gerechteren Welt. Die Nächstenliebe des Holzfällers sowie dessen Entscheid, das moralisch Richtige zu tun, vermag die vorangegangenen Unwahrheiten und den Diebstahl des Dolches zu kompensieren. Das Filmende lässt sich deshalb nicht nur als tröstende Klärung der filmischen Ambivalenzen, sondern auch als Versprechen gegenüber dem Publikum lesen, wonach das Eingeständnis, dass kein Gericht der Welt in der Lage sein wird, eine absolute Wahrheit zu ermitteln, durch ein fortwährendes Streben nach Gerechtigkeit und Humanität aufgewogen und die Menschheit so errettet werden kann. Ähnlich wie in der Schlussszene aus *Jungfrukällan* wird ebendiesem Wandel zum Guten und Gerechten in der sinnlichen Inszenierung Ausdruck verliehen. Begleitet von lieblichen Klängen lichtet sich das filmische Bild, die Wolken und der Regen verschwinden und das Publikum wird von den einsetzenden Sonnenstrahlen geblendet.

2.1.2 Abstrakte Rätselhaftigkeit

Ähnlich wie in *Rashōmon* steht auch in Michelangelo Antonionis Kultfilm *Blow Up* wiederum die sinnlich erfahrbar gemachte Fragilität der Wirklichkeit im Zentrum der filmischen Herausforderung. Im Grunde funktioniert der Film dabei nach den narrativen Codes des Detektivfilmes – eine fiktive Figur untersucht stellvertretend für das miträtselnde Publikum einen Kriminalfall. Doch während die im Detektivfilm klassischerweise aufgebotenen übermenschlichen Figuren wie Peter Ustinov als Hercule Poirot, Robert Downey Jr. als Sherlock Holmes, Götz George als Schimanski, Angela Lansbury als Jessica Fletcher, Claus Theo Gärtner als Josef Matula oder Margaret Rutherford als Miss Marple aufgrund ihrer mythischen Strahlkraft als spiegelbildliches Ich-Ideal eines wahrheitshungrigen Publikums erscheinen, erweist sich die von David Hemming interpretierte Figur des gelangweilten und misogynen Fotografen Thomas als denkbar ungeeignete Identifikationsfigur. Missmutig schleppt sich Thomas durch eine artifizielle Szenerie aus Londons Swinging Sixties, hangelt sich von einem Shooting zum nächsten. Die fotografierten Models sind für ihn nicht mehr als dekorative Objekte, austauschbar und uninteressant. Entsprechend bösartig und grob geht der Protagonist auch mit seinen Mitmenschen um, beleidigt und beschimpft die fotografierten Frauen oder macht sich über sie lustig. Thomas ist genauso gefühl- und seelenlos wie die gekünstelten Bilder, welche er mit dem Fotoapparat für sein Publikum festhält. Auch das Publikum wird widerwillig in das ziellose Leben miteinbezogen. So

Abb. 160: Seelenloser Bilderreigen.

setzt sich die erste halbe Stunde des Filmes aus einer scheinbar beliebigen Aneinanderreihung von nichtssagenden Handlungsfragmenten zusammen, ohne dass darin Ansätze einer eigentlichen Geschichte erkennbar wären. Die Orientierungslosigkeit von Thomas wird zur Orientierungslosigkeit des ermüdeten Publikums, welches sich nichts mehr wünscht, als dem seelenlosen Bilderreigen eine Bedeutung abzugewinnen. In einem übertragenen Sinne bringt diesen Wunsch ein Künstler, Bill, zum Ausdruck, den Thomas aufsucht, um sich von diesem ein paar Ölbilder zeigen zu lassen. Angesprochen auf ein kubistisches Gemälde fasst Bill das Begehren, im reproduzierten Bild mehr als nur eine abstrakte Komposition von Formen und Farben erkennen zu wollen, für das Publikum zusammen:

> «That must be five or six years old. They don't mean anything when I do them. Just a mess. Afterwards, I find something to hang on to, like that – quite like that leg. Then it sorts itself out and adds up. It's like finding a clue in a detective story.»

Kurz darauf findet das bedeutungssuchende Publikum einen ebensolchen Schlüssel: Gemeinsam mit Thomas steht es während des Eindunkelns vor den Toren eines Parks. Ein Windstoss erfasst das Bild, erkennbar an den Ästen, die sich im Wind krümmen. Die jazzige Musik verstummt und das Dröhnen des Windes wirkt unterschwellig-physisch auf das Publikum. Der Park wird zum spiegelbildlichen Sehnsuchtsort, zum Wunschbild, das sich hinter dem Grün der Wiese und dem Rauschen der Blätter mehr verbergen könnte als das vordergründig Dargestellte. Thomas nimmt die Einladung an; er durchschreitet stellvertretend für das Publikum das Tor zum Geheimnis.

Abb. 161 und 162: Thomas (David Hemmings) vor dem Tor zum Geheimnis.

In den folgenden Szenen erweist sich die Blickrichtung des Publikums als erratisch, ständig zwischen den unterschiedlichen Rollen von Beobachter und beobachtetem Objekt divergierend: Einerseits fällt der Blick des Publikums mit dem Blick des Fotografen zusammen, welcher stellvertretend – durch die Linse der Fotokamera als das Auge des Publikums – die verschiedenen, sich im Park aufhaltenden Figuren betrachtet. Andererseits scheint es, als wäre das Publikum selbst Objekt der filmischen Schaulust beziehungsweise der vom Fotografen direkt in den Kinosaal gerichteten Kamera. Innerhalb dieses gegenseitigen Vexierspiels zwischen Publikum und Filmischem, zwischen Objekt und Subjekt, tauchen zwischen den Bäumen und dem Geäst des Parks unvermittelt menschliche Umrisse auf. Das Publikum glaubt anhand der schemenhaften Körper von weitem ein Liebespaar zu erkennen, das sich händehaltend durch das Grün bewegt. Es wirkt, als ob das Publikum Teil eines eigens für es entworfenen tänzerischen Spiels geworden ist. Durch die klickende Kameralinse des Fotografen ist zu erkennen, wie sich die beiden Körper mit einer traumgleichen Leichtigkeit winden, aufeinander zugehen, einander umgarnen und für Momente wieder voneinander ablassen. Von weither erklingt das Lachen einer Frau. Dann ist das kurze Traumspiel bereits vorbei, das Publikum und der Fotograf entfernen sich. Doch just in diesem Moment kommt eine unbekannte Frau herbeigerannt, sie schreit empört und verlangt die Herausgabe der Aufnahmen. Ihre Empörung gilt sinngemäss dem Publikum, welches sich in seiner vorangegangenen voyeuristischen Lust am Sehen und Betrachten der fremden Körper ertappt fühlt. Thomas gibt ihr den Film nicht und die Unbekannte entfernt sich. Eine flüchtige Begegnung nur, eigentlich eine Nebensächlichkeit; zurück bleiben der leere Park und das Rauschen des Windes; aber mit dieser geheimnisvollen Begegnung ist die Neugierde des Publikums geweckt. Es hat einen Schlüssel, einen möglichen Zugang zum filmischen Rätsel gefunden.

Abb. 163 bis 166: Erratische Perspektiven: das Publikum als Objekt wie auch Subjekt des filmischen Blicks.

Abb. 167: Eine flüchtige Begegnung.

Am nächsten Tag erscheint die Unbekannte im Atelier von Thomas. Wieder verlangt sie die Herausgabe der Bilder. Noch deutlicher als das erste Aufeinandertreffen im Park ist die neuerliche Begegnung als Akt der Verführung inszeniert – eine Verführung des filmischen Protagonisten, aber noch mehr, eine Verführung des Publikums. Thomas willigt stellvertretend in den Pakt ein: die Herausgabe der Bilder gegen die voyeuristische Schaulust am weiblichen Körper.[339] Begleitet von sanften Melodiebögen gleitet die Kamera über den halb entblössten Körper der unbekannten Frau und auch Thomas beginnt, sich seiner Kleider zu entledigen. Doch jäh wird das träumerische Spiel unterbrochen, ein aggressives Klingeln der Türglocke reisst das Publikum zurück in die Realität. Daraufhin verlässt die weibliche Verlockung die Szenerie; es bleibt Thomas gerade noch Zeit, ihre Telefonnummer zu notieren. Es wird die letzte Begegnung des Publikums mit der geheimnisvollen Unbekannten sein und die hinterlassene Nummer wird sich als Sackgasse erweisen. Nur das Publikum weiss, dass Thomas die Filmrollen zuvor ausgetauscht und der Frau eine andere Rolle mitgegeben hat.

Abb. 168 und 169: Die Wiederbegegnung mit der Unbekannten.

Endlich kommt Thomas dem Begehren seines Publikums nach, er nimmt sich des Geheimnisses der verführerischen Unbekannten an und macht sich daran, die Aufnahmen aus dem Park zu entwickeln. Die Abzüge werden für das Publikum gut sichtbar nebeneinander zur Betrachtung aufgehängt. Zunächst lässt sich nichts Aufregendes auf den grobkörnigen Bildern ausmachen – im Schwarz-Weiss der Abzüge scheint sich das Geheimnis des Parks in einem grauen, nicht mehr definierbaren Einheitsbrei aufzulösen. Doch plötzlich, am rechten Bildrand, versteckt zwischen dem Geäst und den Gebüschen, zeichnet sich die Form einer Pistole ab – kaum wahrnehmbar, aber zu eindeutig, um dem reinen Zufall entsprungen zu sein. Aber da ist noch mehr – hinter dem Baum, und auf derselben Linie wie die Pistole, liegt eine körperliche Gestalt auf dem grauen Boden. Thomas macht davon ein *Blow Up*, auf welchem der Körper in der Körnung der Vergrösserung kaum mehr zu erkennen ist. Ist es die Leiche eines Mannes?

339 Stiglegger, *Ritual & Verführung*, 65 ff., untersucht dieses Prinzip der Verführung „mittels einer inszenierten Erotik" anhand des Erotikfilms *Emanuelle* (Frankreich 1974).

Abb. 170 bis 172: Das Publikum auf Spurensuche.

Doch bevor das Publikum seinen Verdacht auszuformulieren vermag, folgt ein Schnitt. Das Publikum ist zurück im Park. Es ist Nacht geworden. Hilflos tastet sich das Auge der Rezipierenden durch die düstere Szenerie, die noch grauer und farbloser als in den Abzügen im Atelier erscheint. Und plötzlich, aus dem Schwarz der Nacht, breitet sich in aller Klarheit ein menschlicher Körper aus: die Leiche eines Mannes, absolut und gegenwärtig. Das sinnbildliche Versprechen des Malers Bill hat sich bewahrheitet. Die Sinnsuche innerhalb der seelenlosen Bilder hat sich zur Detektivgeschichte gewandelt – und mittendrin das Publikum als ermittelnde Instanz.

Abb. 173 und 174: Die vermeintliche Materialisierung des Geheimnisses.

Doch der Triumph der Erkenntnis währt nur für einen kurzen Augenblick. Denn im Nachgang an die vermeintliche Materialisierung des Geheimnisses durch die Ikonografie der Leiche folgt die Enttäuschung. Zurück im Atelier muss Thomas feststellen, dass sein Besitz durchwühlt wurde und dabei sämtliche Abzüge wie auch die Negative der Bilder gestohlen wurden. Verzweifelt sucht Thomas den Ort ab, sucht nach möglichen Indizien im Filmischen, die dem vom Publikum aufgespürten Verbrechen Ausdruck verleihen. Er findet, versteckt hinter einer Kiste, schliesslich das *Blow Up* der Leiche im Gras. In seiner Verzweiflung wendet sich der Fotograf an eine Freundin und gesteht ihr, Zeuge eines Tötungsdeliktes geworden zu

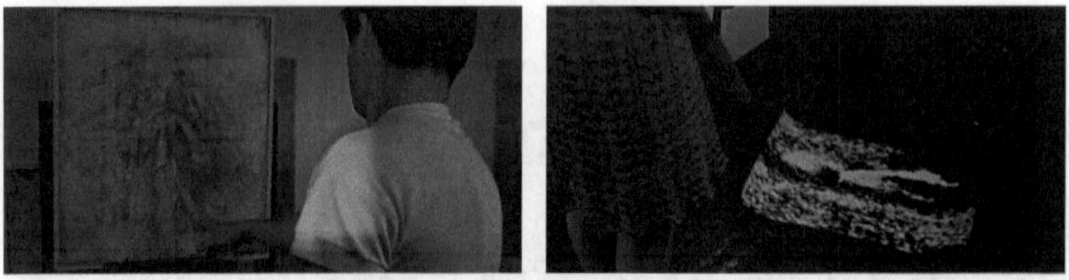

Abb. 175 und 176: Gespiegelte Rätselhaftigkeiten: das kubistische Gemälde des Malers Bill (oben) und das Blow Up der Leiche im Gras (unten).

sein. Er verbalisiert damit erstmals das Verbotene und Geheime, das sich bislang – im Sinne einer gegenseitigen Komplizenschaft – einzig zwischen dem filmischen Protagonisten und dem Publikum abgespielt hat. Aber selbst diese Offenbarung ändert nichts daran, dass sich das vom Publikum erwünschte Geheimnis des Anderen wie ein Phantombild mehr und mehr aufzulösen droht. «Looks like one of these paintings», meint die Freundin irritiert, als sie von Thomas das Blow Up der Leiche gezeigt bekommt. Und tatsächlich, auf dem herangezoomten Abzug erscheinen statt der angestrebten Klarheit einzelne Flächen und Formen, die sich in ihrer abstrakten Rätselhaftigkeit nicht mehr vom Gemälde des Künstlers unterscheiden lassen.

Mehr und mehr wandelt sich die Detektivarbeit von Thomas nunmehr zur Obsession. Als letzte Hoffnung bleibt der Tatort selbst, der Park, als Ausgangspunkt und Ursache des filmischen Rätsels, als Spiegel der Sehnsucht des Publikums nach dem Geheimen, Verbotenen und Hyperrealen. Doch die Ikonografie des Parks erweist sich zum Schluss als Enttäuschung. Denn wie auf dem zum abstrakten Gemälde degradierten Abzug vorgezeichnet, ist auch im Park keine Leiche mehr auffindbar. Dort wo einst der männliche Körper lag, ist nun bloss noch eine leere Grasfläche auszumachen. Ohne Leiche hat auch die Sinneszuschreibung der filmischen Herausforderung ihre Bestimmung verloren – denn ohne Leiche keine Tat, ohne Tat keine Detektivgeschichte und ohne Detektivgeschichte kein Geheimnis. Das stetig nach möglichen Hinweisen, Indizien oder Beweisen dürstende Publikum ist einem filmischen Trugbild erlegen. Die Obsession des Fotografen, in reproduzierten Bildern mehr als das Wirkliche und Reale erkennen zu wollen, ist zur Obsession des Publikums geworden. Treffend fasst Patrick Fuery diese Obsession zusammen:

> «The more we look for clues, the more we peer at the light and dark areas trying to shift them into shapes, the more the answer eludes us – so

much so that the seduction has taken place before we know it, transforming itself into one of the corollaries of seduction – obsession.» [340]

Abb. 177: Die Auflösung des Geheimnisses: der leere Park.

Sämtliche verführerischen Strategien des Filmischen, das Geheimnis, der Mord oder die weibliche Verlockung, sie alle erweisen sich als Phantomgebilde, die vermeintlich real erscheinen, sich aber dem materiellen Zugriff des Publikums entziehen. Der Film hat das Publikum bis zuletzt fest im Griff, zeigt ihm verschiedene Schlüssel auf, nur um es mit Kraft wieder zurückzustossen und damit die Feststellung von Stiglegger zu verdeutlichen: «Film ist reine Seduktion und niemals Erfüllung.»[341]

Ebendieses Zurückstossen des Publikums beziehungsweise die zwischen den reproduzierten Bildern und den dadurch erschaffenen Begehren gelegte Differenz verfolgt, wie schon bei *Rashōmon*, offensichtlich einen deiktischen Zweck. Bereits in *Rashōmon* musste das als Gericht auftretende Publikum erfahren, dass sich – angesichts der Subjektivität der Wahrnehmungen – eine Rekonstruktion der Wirklichkeit anhand von Zeugenangaben als utopisch erweist. In *Blow Up* wird diese Frage hinsichtlich des Vertrauens in die Aussagekraft von Bildern ausgedehnt: Wie sehr können wir anlässlich einer Untersuchung und Ermittlung Bildern trauen, die einen möglichen Straffall dokumentieren? Wie verhält es sich mit weiteren Be-

340 Fuery, *New Developments*, 171.

341 Stiglegger, *Ritual & Verführung*, 73, der eine vergleichbare Form der Verführung, den Reiz des verbotenen Blicks, anhand des Erotikthrillers *Basic Instinct* (USA/Frankreich 1992) aufzeigt.

weismitteln – etwa Videoaufnahmen oder DNA-Spuren? Wie verlässlich sind deren Deutungen? Sind wir, ähnlich dem einer Obsession erlegenen Fotografen, nicht allzu leicht geneigt, aufgrund von Spuren oder Indizien ein Beweisergebnis, eine Sachverhaltshypothese, zu antizipieren und eine dazu passende Geschichte zu konstruieren? Gerade mit modernen Beweismethoden, etwa der Auswertung von DNA-Spuren, geht regelmässig die Erwartung einher, ein Allerweltsmittel der Verbrechensaufklärung gefunden zu haben. Auch wenn dank der DNA-Methodik in der jüngeren Vergangenheit beachtliche Erfolge bei der Aufklärung von schweren Verbrechen verzeichnet werden konnten, mahnt das blinde Vertrauen in die Beweiskraft von vermeintlich objektiven Spuren zur Vorsicht.[342] Denn was für das trügerische, phantomhafte Blow Up gilt, gilt sinngemäss auch für andere Beweismittel. Ein Bild einer beliebigen Person unter einem Baum sagt nichts über das Vorliegen eines Tötungsdelikts. Ist die Person dort oder entspringt das Abbild der Imagination? Ist die Person tot? Und wenn ja, wie ist sie zu Tode gekommen? Darüber liefert das reproduzierte Bild in *Blow Up* keine Antwort. Genauso wenig bildet auch eine Übereinstimmung einer an einem Tatort gefundenen Spur mit der DNA aus einer Vergleichsdatenbank einen Nachweis für die Täterschaft des Spurengebers, könnte doch die Spur von jemandem übertragen worden und die für die Spur verantwortliche Person gar nie am Tatort gewesen sein.[343]

Es sind solche und ähnliche rechtsbezogene Gedankenspiele, die sich aus der wechselseitigen, zwischen Publikum und Film entfaltenden, filmischen Erfahrung ergeben. Aber ähnlich wie in *Rashōmon* lässt sich auch in *Blow Up* keine oberflächliche Antwort aus dem filmischen Artefakt ziehen. Stattdessen bleibt dem Film bis zum Schluss seine phantomhafte Qualität und Rätselhaftigkeit erhalten.

In der letzten Szene des Filmes trifft Thomas im Park auf eine Gruppe von Pantomimen, welche für das Publikum eine Performance aufführen. Sie tragen auf einem Sportplatz ein artifizielles Tennismatch aus – mit imaginären Schlägern und Bällen. Die Bewegung des Balles lässt sich einzig anhand der Kamerabewegung ausmachen, welche den Flug sinngemäss simuliert. Plötzlich verlässt die Kamera die Umgebung des Sportplatzes, zieht einen grossen Bogen und macht Halt vor dem sichtlich erstaunten Fotografen. Dieser hebt den unsichtbaren Gegenstand auf und wirft ihn,

342 Niggli, Heer, und Wiprächtiger, *Schweizerische Strafprozessordnung*, Vor Art. 255, N 2.

343 Niggli, Heer, und Wiprächtiger, Vor Art. 255, N 2.

ausserhalb der Kamera, zurück ins Spielfeld. Während die Kamera noch immer auf dem Antlitz von Thomas verharrt, ertönen im Hintergrund die Geräusche von Tennisschlägen. Oder ist es doch nur eine akustische Täuschung? Der irritierte Ausdruck von Thomas wird zum mimetischen Spiegel des Publikums, welches, wie Thomas, Opfer eines perfiden Spiels geworden ist - ein Spiel über die Lust am Geheimen, am Verbotenen, am Verbrecherischen und am Voyeuristischen.

Abb. 178 und 179: Realität oder Simulation? Das gestörte Vertrauen in objektive Bilder.

In einem übertragenen Sinne liegt der Schlüssel des filmischen Rätsels in diesem Spiegelbild des Fotografen. Der konsternierte Anblick ist als sinnbildliche Warnung des Publikums oder vielmehr aller mit der Ermittlung und Aufklärung von Sachverhalten betrauten Personen zu verstehen, nicht der suggestiven Kraft von vermeintlich objektiven Bildern, Indizien, Hinweisen, Aufnahmen oder Spuren zu verfallen. Die als Simulation ausgestalteten filmischen Erfahrungen von *Blow Up* oder auch *Rashōmon* fungieren insofern als Instrument, sich solcher Gefahren, welche mit der materiell-rechtlichen Aufarbeitung von vergangenen Geschehnissen einhergehen, spielerisch anzunehmen. Gerade mit Blick auf diese deiktischen und bewusstseinserweiternden Aspekte geben die diskursiven Rezeptionsperspektiven der beiden Filme dem Publikum Anlass, sich produktiv mit den thematisierten Abhängigkeiten von Wahrheit und Recht zu befassen.

2.2 Verführerische Zeitreise

Time gives legitimacy to its existence. Time is the only true unit of measure. It gives proof to the existence of matter. Without time, we don't exist.
— Scarlett Johansson, *Lucy*

Im Kapitel zu *Gewalt, Verletzung und Seduktion* wurde dargelegt, wie die gewaltsame Rezeptionsperspektive in *The Last House on the Left* als Spiel mit dem Vergeltungsbegehren des Publikums figuriert, wobei angesichts des Ausbleibens einer mit der Katharsis der Schlussszene einhergehenden Läuterung das Publikum dazu verbracht wird, sich mit den Gegensätzlichkeiten von Vergeltung und Rache sowie der Frage nach der Notwendigkeit eines hoheitlichen Strafanspruchs zu befassen. Ein vergleichbares, mit Blick auf die somatische Adressierung des Publikums allerdings noch expliziteres Konzept der Herausforderung liegt auch dem französischen Film *Irréversible* (Frankreich 2002) des Regisseurs Gaspar Noé zugrunde. Bereits die heftige Kontroverse, die der Film auslöste, lassen Rückschlüsse auf die Intensität der filmischen Erfahrung und den transgressiven Charakter der Inszenierung zu. So hielt Anthony Lane im *New Yorker* fest: «Even if you closed your eyes – a tempting option – you would still know that you were in the hollering presence of pain. The story is undiluted dread.» Ähnlich pointiert äusserte sich auch James Berardinelli: «Whatever else it may be, Irréversible is disturbingly unforgettable. It is impossible to have a blasé reaction to a film this visceral. Indifference is not an option.»[344] Tatsächlich lotet die Inszenierung von *Irréversible*, insbesondere die albtraumhaften Bilder im Sexclub «Rectum» gleich zu Beginn sowie die unerträglich lange Vergewaltigungsszene in der Mitte des Filmes, die Grenzen dessen aus, was einem Publikum im Rahmen der Rezeption körperlich zugemutet werden kann. Das Konzept der konstanten somatischen Überforderung ist dabei – ähnlich der sinnlich überwältigenden Eingangssequenz aus *Touch of Evil* – Abbild und Verdeutlichung eines filmisch vermittelten Ordnungsverlustes, wo Konzepte wie Recht und Gerechtigkeit ihre Bedeutung verloren haben. Nicht nur durch den körperlichen Einbezug des Publikums, sondern auch auf der Handlungsebene wird diesem Ordnungsverlust Ausdruck verliehen: Eine eigentliche, kohärente Chronologie gibt es nicht, die Handlungsfragmente entfalten sich gewissermassen rückwärts; der Film beginnt mit dem Abspann und endet mit der Eröffnung; eine komplette Inversion von Sein und Zeit.

---

344 Ausführlich zur Rezeption in den Medien Morsch, *Medienästhetik des Films*, 31.

Zunächst ziehen die Danksagungen, dann die Namen der Beteiligten durch das Bild, einige der Buchstaben spiegelverkehrt. Schliesslich kippt die endlose Flut von Namen und Worten rechts aus dem Bild, bis auch die allerletzte Zeile verschwunden ist. Begleitet von dumpfen akustischen Schlägen, einem pochenden Herzschlag gleich, werden in leuchtend roten und weissen Buchstaben die Namen der Hauptbeteiligten eingeblendet: Cassel, Dupontel, Bellucci, Noé. Danach erscheint der Satz: «Le temps détruit tout», die Zeit zerstört alles.[345] Bereits die Einfachheit und Banalität dieses Slogans provoziert und lädt das Publikum ein, dieser Behauptung etwas entgegenzusetzen.[346]

Nach dem Abspann folgt ein Prolog oder – der eigentlichen Chronologie der Handlung gemäss – die Schlussszene: Blitzlichter, die Kamera dreht sich in einem dunklen Raum, von irgendwo flackert eine Lampe, Sirenen ertönen, Blaulicht, dann wird ein Raum sichtbar und das Publikum in ein karges Zimmer verbracht. Ein kaum bekleideter Mann (Philippe Nahon) spricht das Publikum unvermittelt an: «Die Zeit zerstört alles»; es scheint, als soll mit der Wiederholung dieses Satzes das Kredo des Filmes gefestigt werden. Wer die anderen Filme von Gaspar Noé kennt, weiss, dass es sich beim Mann um die Figur des Pferdemetzgers aus den Filmen *Carne* (Frankreich 1991) und *Seul contre nous* (Frankreich 1998) handelt.[347] Erst als die Kamera zurückfährt, lässt sich erkennen, dass noch ein weiterer Mann im Raum ist, an welchen die Worte offenbar adressiert sind. «Was ist denn passiert?», erkundigt sich der zweite Mann. Der Angesprochene beginnt zu berichten, dass er im Gefängnis gewesen sei, weil er mit seiner Tochter geschlafen habe. «Das westliche Syndrom», entgegnet der andere verständnisvoll, aber es sei nicht tragisch, «wir haben doch alle den Teufel in uns». Die Kamera geht wieder zurück zum ursprünglichen Berichterstatter: «Und plötzlich sagen sie dir, du seist böse», dabei gebe es «keine Untaten, nur Taten». Bevor das Publikum auf all diese Provokationen reagieren kann, verschiebt sich das Gespräch auf einen benachbarten Sexclub, das «Rectum». Und so unvermittelt, wie die Kamera den Raum betreten hat, entschwindet sie durch das Fenster auf die Strasse. Sich windend und drehend nähert sie sich dem eben noch von den Männern erwähnten Club, dem «Rectum».

345 Stiglegger, *Ritual & Verführung*, 202.
346 Stiglegger, 201.
347 Stiglegger, 203.

Abb. 180 und 181: Der Prolog.

Das Publikum erkennt einen Mann, der verletzt aus dem Club getragenen wird, und einen anderen, der von der Polizei in Handschellen abgeführt wird. Dann bohrt sich der Kamerablick direkt in den Höllenschlund des Clubs. Wiederum folgen Momente kompletter Orientierungslosigkeit. Nur für kurze Augenblicke werden einzelne Objekte gestreift, welche Hinweise auf den filmischen Raum geben. Dazwischen treten eruptive Bilder von kurzen sexuellen Szenarien, untermalt von einem entfernten Gestöhne, einem pulsierenden Geräusch- und Lärmteppich sowie einem unangenehmen elektrischen Surren; ein Ton, der auch von der französischen Polizei eingesetzt wird, um Menschenmassen im Rahmen von Demonstrationen aufzulösen.[348] In diesen Momenten verlässt die Inszenierung die Pfade des dem Spielfilm normalerweise inhärenten Abbildcharakters und erreicht kurzzeitig die Qualität des *cinéma pur*, also eines von sämtlichen narrativen

348 Morsch, *Medienästhetik des Films*, 33.

Mustern befreiten und insofern nichtliterarischen Experimentalfilms.[349] Eine gewisse Normalisierung stellt sich erst wieder ein, als die beiden zuvor aus dem Club geführten Männer, Marcus (Vincent Cassel) und Pierre (Albert Dupontel), erneut den Club betreten. Offenbar wurde die Zeit zurückgedreht.

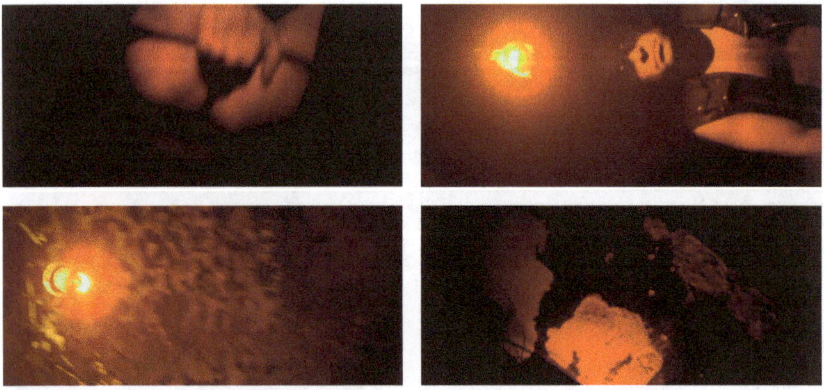

Abb. 182 bis 185: Experimentelle Bilder im «Rectum».

Die beiden Männer sind, eng begleitet von der entfesselten und hinter ihnen nacheilenden Kamera, auf der Suche nach einer Person namens Le Tenia, dem Bandwurm. Insbesondere Marcus rennt wie ein Derwisch, fluchend und von einer unerklärlichen Aggression getrieben, durch die labyrinthartigen Gänge. Die Suche nach Le Tenia, den niemand zu kennen scheint, offenbart sich als sinngemässer Abstieg in die Höllenkreise aus *Dantes Inferno*, einer nicht enden wollenden Suche nach dem *Herzen der Finsternis*[350], welche die Nerven und die Seherfahrung des Publikums auf die Probe stellt. Als nach quälenden Minuten ohne erkennbaren Fortgang der Gesuchte endlich gefunden scheint, wird dieser von Marcus umgehend brutal attackiert. Doch der Attackierte wehrt sich, er bricht den Arm des Angreifers, wirft Marcus zu Boden und vergewaltigt ihn, umringt von einer aufgeheizten Schar nackter Männer sowie vor den Augen des überforderten Publikums. Daraufhin packt der bislang eher besonnen agierende Pierre einen Feuerlöscher und schlägt damit unaufhörlich auf den Kopf des Vergewaltigers ein. Sinnbildlich gelten seine brachialen Schläge dem Publikum, welches nicht nur von der Kameraposition in eine Opferperspektive ge-

349 Stiglegger, *Ritual & Verführung*, 19.
350 Vgl. hierzu Kapitel IV, 1.1.2.

drängt wird, sondern ganz grundsätzlich als passiv-unterworfenes Subjekt nicht mehr weiss, wie es auf die filmischen Attacken reagieren soll.[351] Der Gewaltrausch endet erst, als sich das Gesicht des Vergewaltigers, von den unzähligen Schlägen gezeichnet, zunehmend in einen undefinierbaren blutigen Brei verwandelt. Wieder dreht sich die Kamera und der Schwindel erfasst das Publikum.

Die eigentliche Herausforderung dieser visuellen, akustischen und körperlichen Überwältigung liegt darin, dass für diese zunächst kein rationaler Grund, keine Legitimation erkennbar ist. Das hilflose Publikum wird mit einer Katharsis in der Form einer vollkommen entäusserten Inszenierung konfrontiert, ohne die Ursache dafür zu kennen. Eine mögliche Ursache lässt sich infolge der anti-chronologischen Erzählung zu diesem Zeitpunkt auch noch keine ausmachen. Erst nach und nach werden die Handlungsfragmente der rückwärtsgerichteten Zeitreise zusammengesetzt. Das Publikum findet sich, ohne erkennbaren Zwischenschnitt, in einem Taxi auf der Fahrt zum «Rectum» wieder und wird Zeuge, wie Marcus, dem Wahnsinn nahe, den Fahrer rassistisch beschimpft und wild mit einer Eisenstange um sich schlägt. Noch weiter zurück in der Chronologie wird eine Prostituierte von Marcus attackiert, die daraufhin den Namen ihres Zuhälters, Le Tenia, sowie dessen Aufenthaltsort preisgibt. Plötzlich werden weitere Personen eingeführt, Männer, die über Rache sprechen sowie über eine an einem Tatort aufgefundene Geldbörse. Dann werden Marcus und Pierre von der Polizei über ein vorangegangenes Verbrechen einvernommen. Eine Frau mit blutigem Gesicht wird von Sanitätern weggetragen, Marcus scheint verzweifelt. Die Frau ist seine Freundin; sie liege im Koma, wird gesagt. Wieder erklingt ein dumpfes Pochen, den Herzschlag des Publikums simulierend, welches der Wahrheit Stück für Stück näherkommt.

Darauf folgt jene Szene, welche der eigentlichen Chronologie der Geschichte zufolge für die Gewalterfahrung zu Beginn des Filmes ursächlich ist. Es ist jene Sequenz, die aufgrund ihres grenzüberschreitenden Charakters auch den skandalösen Ruf des Filmes begründet: Alex (Monica Bellucci), Marcus' Freundin, verlässt eine Party, dicht hinter ihr die Kamera. Draussen auf der Strasse versucht sie, ein Taxi zu rufen. Eine andere Frau rät ihr, die Unterführung zu nehmen, es sei zu gefährlich in dieser Gegend. Das Publikum beschreitet gemeinsam mit Alex die Unterführung. Noch deutlicher als die Begegnung mit dem «Rectum» ist der Abstieg in die Unterführung als Abstieg in die Unterwelt inszeniert. Langsam verklingen

351 Stiglegger, *Ritual & Verführung*, 204.

Abb. 186 bis 189: Der Abstieg in die Hölle.

die Geräusche der Stadt, nur Alex' hallende Schritte sind zu hören, der Raum verengt sich, die Wände färben sich blutrot, das Licht flackert. Quasi aus dem Nichts tauchen zwei Gestalten auf, ein Mann und eine Frau. Der Mann ist aufbrausend, geht die Frau an, schlägt auf sie ein. Es handelt sich um Le Tenia und um die Prostituierte, eine Transfrau, die kurz zuvor noch von Marcus angegangen wurde.

Abb. 190 und 191: Die fatale Begegnung (oben) und die Gefangennahme des Publikums durch den starren Kamerablick (unten).

Und just als das Publikum im verengten Raum die beiden Personen passieren möchte, lässt Le Tenia von der Frau ab; seine Aggressionen richten sich nun unvermittelt gegen Alex. Er nimmt ein Messer, hält es ihr an den Hals, zwingt sie auf den Boden und vergewaltigt sie anal. Anders als der Gewaltexzess im Sexclub, wo die taumelnde Kamera eine gänzlich subjektive Perspektive einnahm, ist der Übergriff an Alex durch eine komplette Reduktion filmischer Mittel gekennzeichnet. Die Kamera verfällt, als ob sie selbst nicht weiss, wie auf das Gesehene angemessen zu reagieren, in eine Schockstarre. Statisch und mit dokumentarischem Gestus werden die Geschehnisse von vorne eingefangen. Selbst die lautliche Ebene wird auf das Wimmern von Alex und die fortwährenden vulgären Äusserungen des Vergewaltigers reduziert. Die Provokation und Unerträglichkeit der Szene liegt denn auch nicht allein in ihrer Drastik, sondern in der dem Publikum dabei aufgezwungenen Position. Denn anders als ein unbekannter Passant, der sich kurz den Geschehnissen von hinten annähert, und sich, offenbar davon angewidert, sogleich wieder entfernt, wird das Publikum vom starren Kamerablick gefangen genommen. Ein Wegsehen ist nicht möglich; das Publikum muss als passiv-ertragendes Subjekt den Übergriff erdulden und dies für die Dauer von fast zehn Minuten.

In einer späteren Einstellung werden in der Wohnung von Alex, wenn auch nur kurz, zwei Poster von Filmen von Stanley Kubrick zu sehen sein. Die Rezeptionsperspektive der Vergewaltigungsszene aus *Irréversible* erinnert (abgesehen von den identischen Namen der beiden Figuren) denn auch nicht von ungefähr an die Gehirnwäsche, der Alex (Malcolm McDowell), der Protagonist aus *A Clockwork Orange* (USA 1971), in einer medizinischen Resozialisierungsanstalt unterzogen wird. An einen Kinosessel gefesselt und mit gewaltsam durch Klammern aufgesperrten Augen wird Alex eine Begegnung mit diversen Bildern von Gewalt und Brutalität abgenötigt.

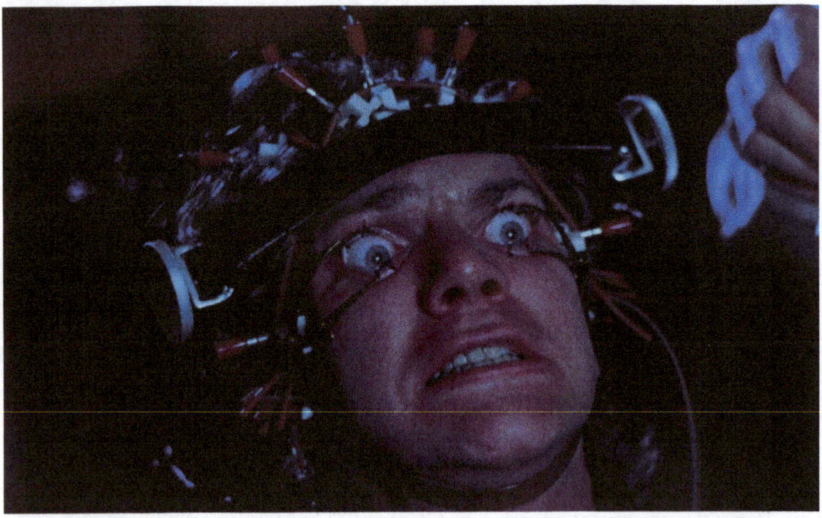

Abb. 192: Eine erzwungene Begegnung mit gewaltsamen Bildern (*A Clockwork Orange*).

Ähnlich wie Alex findet sich auch das an den Kinositz zurückgebundene Publikum in *Irréversible* in einer ausweglosen Situation wieder; es wird zur Konfrontation mit dem Unerträglichen gezwungen, ohne sich diesem entziehen oder anderweitig darauf reagieren zu können. In keinem anderen filmischen Beispiel erweist sich die Rezeption einer gewaltsamen Straftat derart deutlich als eine sinnbildliche Gewalt mit und an seinem Publikum wie die grenzüberschreitende Inszenierung der Vergewaltigung in *Irréversible.* Die fiktive Straftat wird zur Gehirnwäsche des Publikums.

Irgendwann lässt Le Tenia von Alex ab. Es folgt ein kurzer Moment der Stille und Entspannung. Die beiden Körper liegen regungslos nebeneinander. Aber die Tortur des Publikums ist damit noch nicht zu Ende. Sie sei eine «Bonzennutte» und er noch lange nicht mit ihr fertig, schnaubt Le Tenia in Richtung Publikum. Wieder und wieder deckt er den regungslosen Körper mit Faustschlägen ein. Die Zerstörung gilt nicht nur dem weiblichen Körper, sondern auch der Strahlkraft der Schauspielikone Monica Bellucci, deren Gesicht zunehmend in blutige Einzelteile zerlegt wird.[352] Zum Schluss wird die kaum mehr erkennbare Fratze krachend gegen die Kamera geschlagen. Durch die Kollision mit dem Publikum scheint die Kamera endlich aus ihrer Schockstarre befreit. Erschrocken fährt sie hoch und entlässt das Publikum aus der Tortur.

Mit dieser ungemein drastisch inszenierten Gewalterfahrung bietet die Inszenierung dem Publikum nunmehr eine Erklärung, einen möglichen Schlüssel für den zunächst noch unerklärlichen Gewaltexzess zu Beginn. Dass der gewaltsame Angriff auf das Publikum im «Rectum» als Reaktion auf den Übergriff an Alex gelesen werden kann, ergibt sich auch aus einer der Vergewaltigung vorgelagerten Szene, welche der eigentlichen Chronologie der Geschichte zufolge eigentlich direkt an das durch die Straftat bewirkte Unrecht anknüpft: Mehrere Männer reden ununterbrochen auf Marcus ein. Sie beschwören ihn und das Publikum, dass die Polizei nichts unternehmen werde. Man werde den Täter vielleicht ins Gefängnis stecken, wo sich dieser jedoch waschen und anziehen könne, ja sogar einen Arzt aufsuchen dürfe. Blut aber verlange nach «Rache» und diese sei «Männersache». Der Mensch habe «das Recht auf Rache».

Der so gegenüber dem Publikum heraufbeschworene Topos der Rache ist denn auch eine der stärksten und destruktivsten Kräfte des menschlichen Daseins und ein beliebter Mythos in unzähligen Sagen und literarischen oder filmischen Spiegelungen. So ist es ebendieser unerbittliche

352 Stiglegger, 205.

Trieb, der die Geschwister Elektra und Oreste aus Sophokles' Tragödie *Elektra* antreibt, die Ermordung ihres Vaters Agamemnon durch die eigene Mutter zu rächen, wodurch die ganze Familie ins Unglück gestürzt wird. Ähnlich nimmt im *Nibelungenlied* die von unstillbarem Schmerz geplagte Kriemhild Rache für die Ermordung ihres Gatten Siegfried. Rachegeschichten zeugen von einer archaischen Welt voller Schmerz, Verrat, Leidenschaft, Verlust, Hass, Tod und von Menschen, die Opfer ihrer Triebe werden. Sie folgen einer leicht durchschaubaren Codierung, an deren Ursprung ein fürchterliches Unrecht steht, dem wiederum durch die Zuführung einer reaktiven Gewalttat begegnet wird, wobei der Schmerz des neuerlichen Unrechts einen möglichen Schritt zur Läuterung darstellt. Auch den filmischen Beispielen von *Jungfrukällan* und *The Last House on the Left*, welche ihrerseits auf althergebrachten nordischen Legenden basieren, liegen solche archetypische Erzählmodelle zugrunde. Bezeichnenderweise sind es dabei oftmals Sexualdelikte, welche Ausgangspunkt des dramatischen Konfliktes bilden, weswegen entsprechende Geschichten bisweilen dem Genre von *Rape and Revenge* zugerechnet werden. Die Beliebtheit dieses Genres liegt dabei nicht nur in der oftmals selbstzweckhaften Vermengung von Sexualität und Kriminalität, sondern insbesondere darin, dass das Publikum die Geschichten durch ihre taktile Qualität auf einer körperlichen Ebene nachvollziehen kann. So kann die finale Vernichtung der Gruppierung um Krug in *The Last House on the Left* eben auch als Kompensation für die vorangegangene Gewalterfahrung des Publikums gelesen werden. Grundsätzlich liegt auch *Irréversible* ein solches Wechselwirkungsmodell von sexueller Gewalt und rächender Handlung zugrunde; zumindest dann, wenn die Geschichte in der chronologisch richtigen Abfolge erzählt würde: Der Missbrauch an Alex wird durch die nachfolgende Gewalttat am vermeintlichen Peiniger gerächt.

Rache ist jedoch begriffsnotwendig insofern vergangenheitsorientiert, als damit auf eine vorangegangene Ungerechtigkeit reagiert wird. Diese Selbstverständlichkeit gilt gleichermassen auch für andere rechtsbezogene Konzepte, die an ein in der Vergangenheit liegendes Unrecht anknüpfen – und damit auch, im Sinne einer staatlichen Reaktion, für die Ausfällung einer Strafe. Diese eigentlich banale Erkenntnis einer zeitlichen Abhängigkeit von Tat und Strafe, zwischen Aktion und Reaktion, brachte bereits Kant zum Ausdruck, soweit er festhielt, dass gegen einen Verbrecher eine richterliche Strafe «jederzeit nur darum wider ihn verhängt werden [muss], weil er verbrochen hat».[353] Aufgrund der umgekehrten Erzählweise von *Irréversible* wird dieses Prinzip sinnbildlich auf den Kopf gestellt. So wird das Publikum zunächst mit einem gewaltsamen Exzess konfrontiert, ohne aber den Auslöser dafür zu kennen. Es kann damit auch nicht einschätzen, inwieweit die Gewalttat eine allenfalls angemessene Reaktion auf ein vorangegangenes Unrecht darstellt.[354] Auch wenn im Fortgang der rückwärtsgerichteten Zeitreise Ursache und Wirkung der jeweiligen Taten nach und nach enthüllt werden, steht das somatische Filmerlebnis in unlösbarem Widerspruch zur aufgedeckten Rachegeschichte. Vielmehr erscheint der drastische, als gewaltsamer Angriff auf das Publikum inszenierte Übergriff an Alex gewissermassen als Reaktion auf die vorangegangene Gewalterfahrung zu Beginn, obschon, der eigentlichen Chronologie der Geschehnisse zufolge, die Abhängigkeiten genau umgekehrt wären. Diese Differenz zwischen Handlungsebene und Metaebene, zwischen Signifikant und Signifikat, führt zu einer völligen Desorientierung des Publikums, für welches sich Ursache und Wirkung, Recht und Unrecht sowie Täter und Opfer nicht mehr sinnvoll voneinander unterscheiden lassen.[355]

Diese Ambivalenzen ergeben sich dabei nicht nur aus der erwähnten Differenz der Narration und der affektiven Filmerfahrung, sondern auch aus der Handlungsebene selbst: Aus dem Verlauf der rückwärtsgerichteten Handlung wird mehr und mehr klar, dass auch Pierre mehr als nur freundschaftliche Gefühle für Alex hegte, was seinen heftigen Gewaltausbruch zu Beginn in neuem Licht erscheinen lässt. Ausserdem wird der zunächst nur schwer fassbare Marcus zunehmend als unberechenbarer, egoistischer, rassistischer und homophober Charakter entlarvt und dem Publikum so eine Identifikationsmöglichkeit mit dessen Schmerz, Hass und Wut entzogen. Und schliesslich, als das Publikum im Moment der Konfrontation mit dem Unerträglichen den Urheber der Gewalt, Le Tenia, kennt, muss es erkennen, dass es sich beim spontan ausgesuchten Objekt der Rache im «Rectum» offensichtlich um die falsche Person gehandelt hat. Denn ebenso blind wie das damals noch unwissende Publikum haben sich die Aggressionen von Marcus und Pierre gegen einen Unbeteiligten gerichtet, während sich der eigentlich Gesuchte in Sicherheit bringen und die Attacke – sichtlich amüsiert – aus der Distanz mitverfolgen konnte.

353 Kant, *AA*, VI (Die Metaphysik der Sitten), 331.
354 Stiglegger, *Ritual & Verführung*, 207.
355 In der von Gaspar Noé anlässlich des Filmfestivals von Venedig im Jahr 2019 gezeigten, nunmehr in chronologisch korrekter Abfolge ablaufenden Schnittfassung von *Irréversible* (sog. Straight Cut) geht dieser ambivalente Gehalt vollends verloren.

All diese der Inszenierung immanenten Widersprüchlichkeiten dienen zum einen dazu, die Attacke im «Rectum» als illegitime, fehlgeleitete Rachefantasie zu kennzeichnen, zum anderen aber auch dazu, dem Publikum die Abhängigkeit rechtlicher Konzepte von einer zeitlichen Bedingung zu illustrieren. Es scheint fast, als möchte die Inszenierung – auf einem oberflächlichen Verständnis von Martin Heideggers *Sein und Zeit* basierend – beweisen, dass die Zeit eine wesentliche Bedingung und ein Verständnishorizont des Seins darstellt, auf dessen Grundlage rechtliche Konzepte – seien es Recht und Unrecht, Schuld und Strafe oder Opfer und Täter – überhaupt erst sinnhafte Bezüge zueinander ausbilden können. Dass die gesamte Inszenierung auf diese Abhängigkeit von Sein und Zeit abzielt, zeigt sich auch, wenn Alex zum Schluss des Filmes John Dunnes populärwissenschaftliches Buch *An Experiment with Time* in den Händen hält, welches von der telepathischen Vorhersagekraft von Träumen handelt; oder wenn die Kamera in der Wohnung von Alex kurz das Filmposter von *2001: A Space Odyssey* (USA 1968) streift und so einen Bezug zu Stanley Kubricks existenzialistischer Meditation über Raum, Zeit und Existenz herstellt.

Wenn also weltliche Konzepte wie Recht und Unrecht, Schuld und Strafe oder Opfer und Täter jeweils von einer zeitlichen Bedingung abhängen, so muss die Inversion von Sein und Zeit in *Irréversible* zwangsläufig zu einem Verlust der Ordnung führen; denn ohne Zeit keine Bedeutung oder dem wiederkehrend beschworenen Kredo des Filmes zufolge: «Le tempts détruit tout», die Zeit zerstört alles. Vor diesem Hintergrund erklärt sich auch, weshalb der Pferdemetzger aus dem Prolog (Philippe Nahon), der wegen sexueller Handlungen mit seiner Tochter im Gefängnis sass, darüber sinniert, dass es «keine Untaten», sondern «nur Taten» gebe. Und genauso wie der Pferdemetzger vermag auch das Publikum angesichts der Inversion von Sein und Zeit nicht mehr das Gerechte vom Ungerechten und das Legitime vom Illegitimen zu unterscheiden. Stattdessen wird es mit lauter als Täter agierenden Gestalten konfrontiert, die durch ihre Taten wieder und wieder neues Unrecht hervorbringen. Sinngemäss entspricht die Rezeptionsperspektive des Publikums deshalb wiederum der von Walter Benjamin in dessen Aufsatz «Zur Kritik der Gewalt» postulierten Apologie eines Bannkreises der Gewalt, wonach Gewalt mit Gewalt zu begegnen zu einer Gegengewalt führt und so den Zirkel der Gewalt immer wieder in eine neue Runde versetzt.[356]

Innerhalb dieses zyklischen Prinzips gründet die Herausforderung des Publikums darin, nach einer möglichen Durchbrechung des Bannkreises zu suchen und dem Kredo von «Le temps détruit tout» sowie dem damit einhergehenden Bedeutungsverlust etwas entgegenzusetzen. Anbetrachts der inszenatorisch aufgegriffenen Abhängigkeit von Sein und Zeit liesse sich der filmische Subtext beispielsweise als Warnung vor jenen Strafansätzen lesen, deren Zweck nicht mehr die Reaktion auf ein vergangenes Unrecht, sondern die Einwirkung auf ein zukünftiges Verhalten ist. Eine derart konkrete Lesart des filmischen Textes würde sich allerdings als zu spekulativ erweisen und auch der indifferenten und ambivalenten Inszenierung nicht gerecht werden. Auch wenn sich damit, wie auch der Verführung generell, klare Zuschreibungen verbieten, ermöglicht die filmische Erfahrung seinem Publikum, im Antlitz des vollumfänglichen Ordnungsverlustes eine moralische Neuausrichtung vorzunehmen: über die Abhängigkeiten von Zeit und Recht sowie darüber, was eine angemessene Reaktion auf ein vorangegangenes Unrecht darstellt. Entscheidend ist dabei, dass die Inszenierung hinsichtlich dieser sinngemäss eingeforderten Positionierung keine eigene Auslegeordnung vornimmt, sondern diese seinem Publikum überlässt.

Ungeachtet dieses bewusstseinserweiternden Potenzials bleibt *Irréversible* für sein Publikum eine schwer konsumierbare und letztlich auch problematische Erfahrung; dies nicht zuletzt angesichts der diversen der Inszenierung immanenten transphoben, homophoben und misogynen Elemente. Wenn etwa Homosexualität fortwährend auf Analsex reduziert und dieser als unfruchtbare und dem Tod geweihte Sexualpraktik beschworen wird, wenn vor den Augen des Publikums eine Transfrau entblösst und gedemütigt wird oder wenn suggeriert wird, dass nur ein «richtiger Mann» eine Frau sexuell befriedigen könne, dann bleibt unklar, ob solche Elemente Abbild des heraufbeschworenen Bedeutungs- und Ordnungsverlustes sind, oder nicht doch Rückschlüsse auf ein zweifelhaftes Weltbild des Regisseurs zulassen.

Die filmische Erfahrung von *Irréversible* ist denn auch aus ganz anderen Gründen bemerkenswert. Sie zeigt die Grenzen dessen auf, was die Inszenierung zur Vermittlung von rechtsbezogenen Herausforderungen durch die Mittel von Mythos und Performanz in der Lage zu leisten ist: sei es

356 Lindemann, „Ein Wort gegen das Recht“, 115; mit Verweis auf Benjamin, „Zur Kritik der Gewalt“, 179.

durch den Bruch des erzählerischen Mythos von *Rape and Revenge* bis hin zur Überschreitung der Konventionen des narrativen Kinos oder noch viel mehr durch die konstante körperliche Affizierung des Publikums bis an und über die Grenzen des Erträglichen hinaus.

Und so widersprüchlich wie die gesamte filmische Erfahrung erweist sich auch der Schluss. In völligem Kontrast zu den vorangegangenen Szenen von Schmerz, Hass, Gewalt und Tod endet der Film mit Momenten voller Ruhe und Glückseligkeit. Das Publikum sieht dabei zu, wie die verliebten Marcus und Alex sich gegenseitig neckend im Bett herumtollen und wird Zeuge des umfassenden Glückes, als Alex das positive Ergebnis des Schwangerschaftstests abliest. Ganz zum Schluss liegt Alex auf einer Wiese, in der Hand das Buch *An Experiment with Time*, dazu die harmonischen Klänge von Beethovens 7. Sinfonie, Op. 92, 2. Satz. Und dennoch mag sich beim Publikum keine Erlösung einstellen. Denn anders als Alex weiss es um die Vorsehung des filmischen Traumes und deshalb auch um die Brüchigkeit und Vergänglichkeit des augenblicklichen Glückes.

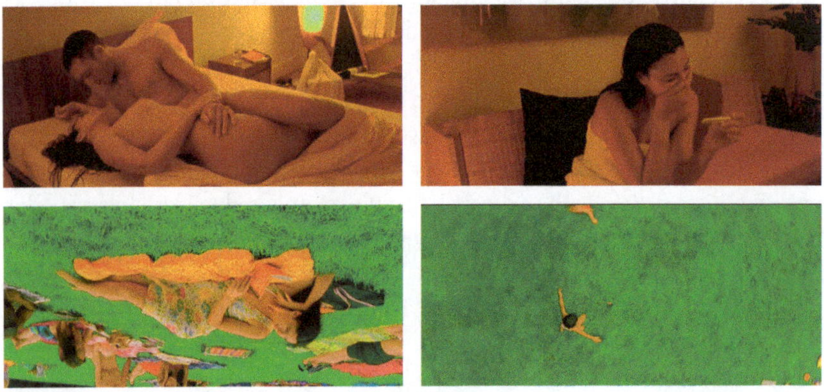

Abb. 193 bis 196: Trügerische Momente des Glücks.

Und als wollte die Kamera dieser Ambivalenz selbst nochmals Ausdruck verleihen, verfällt sie in immer schneller werdende Drehungen um die eigene Achse, bis der Schwindel in ein aggressives, unaufhörliches Flackern übergeht. Eine letzte Attacke auf das Publikum, bevor sich der Film in der Unendlichkeit der Milchstrasse, einem Kontinuum von Raum und Zeit, auflöst. Übrig bleibt ein Satz auf der Leinwand: «Le temps détruit tout».

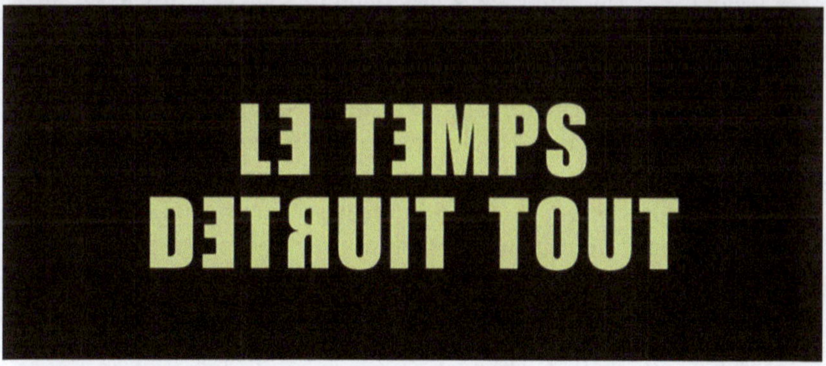

Abb. 197 und 198: Auflösung von Sein, Zeit und Existenz.

2.3 Die Seduktion im Zeitalter von Interaktion und medialer Reproduzierbarkeit

> *This is your last chance. After this, there is no turning back. You take the blue pill – the story ends, you wake up in your bed and believe whatever you want to believe. You take the red pill – you stay in Wonderland and I show you how deep the rabbit-hole goes.*
> — Laurence Fishburne, *Matrix*

Zu Beginn der Arbeit wurde dargelegt, wie in der deutschen Fernsehproduktion *Terror – Ihr Urteil* (Deutschland 2016) zum Schluss der filmischen Erzählung das Publikum dazu aufgefordert wird, selbst ins Geschehen einzugreifen. Als Richter darf es im Rahmen einer telefonischen Abstimmung über Schuld und Unschuld, über Verurteilung oder Freispruch des angeklagten Flugzeugpiloten entscheiden. Mit einer Mehrheit von 86,9 Prozent entschied sich der Grossteil des deutschen Publikums für einen Freispruch des Angeklagten. Lediglich 13,1 Prozent stimmten für einen Schuldspruch. Mit einem vergleichbaren Ergebnis von 84 Prozent der Abstimmenden wurde der Pilot auch in der Schweiz und in Österreich von der Anklage der Tötung freigesprochen. Diesem Abstimmungsergebnis gemäss wurde eine filmische Sequenz gezeigt, welche den Freispruch des Angeklagten zum Inhalt hatte.

Durch ebendiese Interaktionsmöglichkeit des Publikums, dem Nachgeben des *prometheischen Impulses*, unterscheidet sich *Terror – Ihr Urteil* jedoch von den in der Untersuchung bislang untersuchten Beispielen, wo sich das filmische Artefakt dem Zugriffsimpuls des Publikums jeweils widersetzte. So fand sich das Publikum in *Rashōmon* zwar auch in der Rolle einer fiktiven Richterschaft wieder, konnte jedoch – als von der Inszenierung passiv-unterworfenes, zwischen den diversen Handlungsebenen gewaltsam hin- und hergerissenes Subjekt – zu keinem Zeitpunkt auf das Geschehen Einfluss nehmen oder über die Schicksale der filmischen Figuren verfügen.

Nebst dieser nunmehr (vermeintlich) realen Interaktionsmöglichkeit weicht die Rezeptionsperspektive von *Terror – Ihr Urteil* von den in der Untersuchung besprochenen Filmen auch dadurch ab, dass es sich bei letzteren allesamt um Kinofilme handelte, deren Rezeption also auf die Vorführung auf einer Kinoleinwand (als produktiver Spiegel des Publikums) abzielte. Demgegenüber erfolgte die Rezeption von *Terror – Ihr Urteil* eben primär am Fernseher oder anderen Heimbildschirmen.

Stiglegger erkennt in diesen beiden Faktoren – «der Befähigung des Publikums zur Interaktion» sowie den «anderen Reproduktionsformen des

Films» im Gewande von Fernsehen, Video, DVD oder Internet – das Ende des Prinzips der filmischen Verführung sowie den eigentlichen «Tod des Mediums Film in seiner klassischen Form».[357] Anhand des Beispiels von *Terror – Ihr Urteil* soll diese kulturpessimistische Haltung Stigleggers deshalb einer Prüfung unterzogen werden.

2.3.1 Die Seduktion und andere mediale Vermittlungsformen

Zunächst ist nicht auf den ersten Blick erkennbar, weshalb sich die Rezeption auf der Leinwand derart eklatant von jener auf anderen Bildschirmen unterscheiden soll, ist doch die jeweilige Grundkonstellation weitestgehend deckungsgleich: Bewegte Bilder und Klänge treffen auf ein diese konsumierendes Publikum. Stiglegger begründet die privilegierte Gestalt einer Kinovorführung damit, dass im Rahmen anderweitiger Reproduktionsformen des Filmes das Medium «portionierbar» und «manipulierbar» werde.[358] Die Seduktion verlange demgegenüber eine «physische Passivierung» des Publikums sowie ein sich diesem widersetzendes filmisches Artefakt anlässlich eines dialogartigen Spiels.[359] Bei dieser Ansicht geht vergessen, dass im Rahmen einer Rezeption im Kino nicht nur eine Portionierbarkeit (beispielsweise durch eine früher durchaus übliche Pause zur Mitte des Filmes), sondern selbst eine Manipulation des filmischen Artefaktes nach wie vor möglich ist: Sei es durch eine akustische Einflussnahme auf die Tonwiedergabe (mittels Hineinrufens oder durch vergleichbare Störlaute) oder indem die Projektion (durch eine physische Einwirkung auf die Leinwand oder ein Abdecken der Linse) gestört oder für Momente unterbrochen wird. Zur Verdeutlichung des Gesagten ist *The Rocky Horror Picture Show* heranzuziehen, dessen Reiz sich weniger aus der Inszenierung des Filmes an sich ergibt, sondern vielmehr aus dem im Laufe der Jahre entstandenen Ritual, welches ein Mitmachen des Publikums erfordert – sei es durch Zurufen, Cross-Dressing oder sonstige performative Handlungen. Auch wenn diese interaktive Rezeptionsperspektive von *The Rocky Horror Picture Show* möglicherweise eine Ausnahme darstellt, ändert dies nichts daran, dass eine grundsätzliche Möglichkeit der Manipulierbarkeit, wie gesehen, auch im Kino gegeben ist. Die Regel des passiven Publikums resultiert denn auch nicht allein aus einer intrinsischen Beschaffenheit des Kinos

---

357 Stiglegger, *Ritual & Verführung*, 216.
358 Stiglegger, 216.
359 Stiglegger, 217.

an sich, sondern basiert auf einer kulturübergreifenden, gewohnheitsrechtlichen Codierung sowie auf der Suggestionskraft der das Publikum an sich bindenden Inszenierung. Insofern kann sich die von Stiglegger für das Gelingen des seduktiven Prozesses als wesentlich erachtete «physische Passivierung» des Publikums ohne Weiteres auch anlässlich der filmischen Rezeption vor einem Computer- oder einem Fernsehbildschirm einstellen. Entscheidend ist dafür einzig die Bereitschaft des jeweiligen Publikums, sich von der eigenständigen Kraft des Mediums und dessen suggestiven Reizen als passiv-konsumierende Instanz vereinnahmen zu lassen. Verlangt wird in anderen Worten die Seduktionsbereitschaft des Publikums, nicht aber eine spezifische Form des medialen Mittels. Nichts anderes gilt auch hinsichtlich der besprochenen psychoanalytischen Theorien, welche im filmischen Bild einen Spiegel des Unterbewusstseins der rezipierenden Person erblicken. Für diese Annahme ist es nicht relevant, ob der Lacansche Spiegel einer Kinoleinwand oder einem anderen Bildschirm entspricht. Es mag zutreffend sein, dass das Kino als bewusst geschaffener Raum der Illusionen für eine potenzielle Auslieferung an die Suggestionskraft des Filmes besser geeignet ist als ein Fernsehbildschirm, wo die Möglichkeiten der Ablenkung und Manipulation ubiquitärer erscheinen. Dies ändert nichts daran, dass eine solche Unterwerfung unter die Kraft des Filmischen auch andernorts als im Kino möglich ist, zumal angesichts der zunehmenden Verbreitung von technisch potenten Home-Cinema-Anlagen die Unterscheidung zwischen Heimkino und Kino in seiner klassischen Form ohnehin als porös und letztlich willkürlich anmutet. Man kann sich deshalb nicht des Eindrucks erwehren, dass Stiglegger Vorbehalte gegenüber modernen Rezeptionsformen auf einem nostalgisch-verklärenden Verständnis des Kinos basiert, wo sich der Zauber des Filmes einzig über die von einer Filmrolle mittels Lichtstrahls in einen dunklen Raum gespiegelte Projektion offenbart. Von diesem Konzept war aber bereits Abschied zu nehmen, als nach der Jahrtausendwende die bis dahin mechanische Projektion von Filmen auf Filmrollen durch digitale Verfahren ersetzt wurde – ohne, dass die Digitalisierung den Tod des Kinos und seiner verführerischen Spielarten bedeutet hätte.

Damit erweist sich die kulturpessimistische Prämisse von Marcus Stiglegger in ihrer nostalgischen Überhöhung des klassischen Kinos gegenüber neuen Rezeptionsformen von Filmen als weitestgehend unbegründet. Stattdessen spricht, dem sinngemässen Kredo von Walter Benjamin folgend, der bereits in den 1930er Jahren in den neu aufkommenden Medien eine Chance für eine Erweiterung der ästhetischen Erfahrung erblickte, nichts dagegen, andere Formen der filmischen Rezeption (Fernsehen, DVD, Streamingdienste oder YouTube) oder – um das Feld noch weiter zu öffnen – generell der medialen Vermittlung unter dem Blickwinkel der Verführung zu untersuchen.

2.3.2 Die Seduktion und die Möglichkeit zur Interaktion

Wenn also, wie gesehen, auch Fernsehproduktionen wie *Terror – Ihr Urteil* grundsätzlich dieselben seduktiven Wirkmechanismen zukommen können, stellt sich daran anknüpfend die Frage, ob und inwiefern das erwähnte Nachgeben des prometheischen Impulses in *Terror – Ihr Urteil*, also die effektive Eingriffsmöglichkeit des Publikums ins filmische Artefakt, dem Prinzip der filmischen Verführung entgegensteht. Denn ein autonomes, selbst ins Geschehen eingreifendes, über Freispruch oder Schuldspruch bestimmendes Publikum weicht von der für das Gelingen der Seduktion von Stiglegger geforderten Perspektive des passiven Ausgeliefert-Seins offensichtlich ab.

Stiglegger hält in diesem Zusammenhang fest, dass «die Sehnsucht nach dem Kunstwerk» zunehmend einer «Sehnsucht nach dem Spiel» weiche.[360] Diese Befähigung des Publikums zur Interaktion sowie die gleichzeitige Autorisierung des Publikums zur Mitgestaltung des Werkes führe zum Tod des Mediums in seiner ursprünglichen Form.[361] Dieses funktioniere nämlich nur kraft eines dialogischen Prinzips zwischen rezipierender Person und Filmischem, wobei hierfür nicht die Formbarkeit des filmischen Artefaktes, sondern einzig dessen Widerstandsfähigkeit von Bedeutung sei.[362]

Vergegenwärtigt man sich die in der Inszenierung von *Terror – Ihr Urteil* enthaltenen interaktiven Elemente, erschöpfen sich diese in zwei unterschiedlichen Endsequenzen, welche je nach Votum des Publikums abgespielt werden. Diese beiden Szenen wurden vorproduziert und bilden demzufolge einen integralen Bestandteil des filmischen Werks. Daraus folgt wiederum, dass die vermeintlichen Eingriffsmöglichkeiten des Publikums durch das filmische Artefakt vorbestimmt und insofern determiniert sind. In diesem Sinne kann es, anders als beispielsweise im experimentellen Theater oder auch anlässlich einer realen Gerichtsverhandlung, aus der

360 Stiglegger, 216.
361 Stiglegger, 216.
362 Stiglegger, 217.

dem Publikum obliegenden Wahl zweier vorgegebener Alternativen gar nicht zu unvorhersehbaren und unmotivierten Erscheinungen – also zu dem, was Erika Fischer-Lichte als «Emergenz» bezeichnet – kommen.[363] Ebenso wenig wird das Publikum, wie von Stiglegger befürchtet, zu einer dem filmischen Kunstwerk gleichzusetzenden Instanz erhoben. Vielmehr wird dem Publikum eine autoritäre Stellung vorgetäuscht und diesem suggeriert, selbst Teil eines kreativen Prozesses zu sein und im gegenseitigen Spiel mit dem Kunstwerk eine «Wiederverzauberung der Welt»[364] zu erwirken. *De facto* ist es aber das filmische Artefakt, das sein Publikum nach wie vor mit eisernem Griff führt und dieses mittels eines Arsenals an seduktiven Mitteln manipuliert. Der verführerische Reiz der Inszenierung von *Terror – Ihr Urteil* liegt nicht zuletzt in der illusionären Vorstellung des Fernsehpublikums, sich aktiv und gleichberechtigt mit den filmischen Figuren an der Ausfällung eines Strafurteils, einer eigentlichen Erschaffung von Recht, beteiligen zu können, wobei *de facto* gerade keine solche Einflussmöglichkeit besteht.

Aber selbst wenn man die beschränkte Auswahl von zwei Sequenzen als mögliche Partizipation des Publikums anerkennen und daraus einen beginnenden Abgesang des Prinzips der filmischen Verführung ableiten möchte, ist diesem Einwand entgegenzuhalten, dass die Inszenierung beziehungsweise die Lesart von *Terror – Ihr Urteil* darauf ausgelegt ist, dass sich die Mehrheit des Publikums für einen Freispruch entscheidet. Darauf weist bereits die Signifikanz des in Österreich, der Schweiz und Deutschland gleich ausgefallenen Abstimmungsergebnisses hin, welches in dieser Deutlichkeit kaum dem Zufall zuzuschreiben ist, sondern vielmehr auf eine dominante Lesart des filmischen Textes sowie der darin vermittelten rechtlichen Fragen hinweist. Bemerkenswert ist dabei, dass der vom Publikum jeweils geforderte Freispruch gerade nicht der Rechtsauffassung von Ferdinand von Schirach, welcher den Ausführungen von Schild zufolge wohl einen Schuldspruch für richtig erachtet hätte, entspricht.[365] Insofern erweist sich die Lesart der Inszenierung in rechtlicher Hinsicht als zutreffender als die dem Werk zugrundeliegende Haltung des Autors.

Nachfolgend soll diese dem Film immanente Lesart untersucht werden, wobei nicht nur der Auswahlmöglichkeit zwischen Freispruch und Schuldspruch, sondern ganz grundsätzlich der Frage nach dem Reiz der vom Film

363 Fischer-Lichte, *Ästhetik des Performativen*, 186.

364 Fischer-Lichte, 315.

365 Schild, *Verwirrende Rechtsbelehrung*, 50 ff.

inszenierten Rechtsfragen nachzugehen ist. Insbesondere ist aufzuzeigen, dass es das sich zwischen Publikum und Film entfaltende Spiel mit erzählerischen und rechtsbezogenen Mythen ist, welches für die verführerische Kraft des Werks verantwortlich ist.

Den in diesem Überkapitel zur Herausforderung bislang untersuchten Beispielen war gemein, dass die Rezeption der Filme jeweils durch die das Auge, das Gehör oder die körperliche Wahrnehmung affizierenden Merkmale der Inszenierung bestimmt war. *Terror – Ihr Urteil* bietet dem Publikum demgegenüber kaum audio-visuelle Reize. Stattdessen werden mit statischem Kamerablick die Geschehnisse im fiktiven Gerichtssaal festgehalten; auf hektische Bewegungen oder auf über das gesprochene Wort hinausgehende lautliche Elemente wird verzichtet. Auch wenn diese insofern reduzierte Perspektive auf den Umstand zurückzuführen ist, dass es sich bei *Terror – Ihr Urteil* um eine Verfilmung eines für die Theaterbühne vorgesehenen Stoffs handelt, ermöglicht es der abstrahierte Blickwinkel dem Publikum eben auch, seinen Fokus auf die Schilderungen der vor Gericht auftretenden Figuren beziehungsweise generell auf die Erzählebene zu legen. Auf dieser Ebene spielt die Inszenierung denn auch mit diversen narrativen Codes des Gerichtsfilmes sowie den damit einhergehenden Erwartungen des Publikums auf eine Begegnung mit verschiedenen rechtsbezogenen Mythen. Ein solcher Mythos wäre grundsätzlich auch der dem Genre des Gerichtsfilms immanente Reiz – ähnlich wie in *Rashōmon* –, eine rechtliche Wahrheit aus den filmischen Bildern und Klängen zu ermitteln. Als Konsequenz der Reduktion auf die narrativen Elemente steht in *Terror – Ihr Urteil* der rechtserhebliche Sachverhalt allerdings bereits endgültig fest; er ist durch die vorgelesene und vom Beschuldigten nicht bestrittene Anklageschrift determiniert. Die eigentliche Herausforderung des Publikums liegt einzig in der rechtlichen Würdigung dieses Sachverhalts.

Abb. 199: Statischer Kamerablick: der Gerichtssaal in *Terror – Ihr Urteil.*

In anderen Bereichen kommt die Inszenierung dem Begehren des Publikums hingegen nach – etwa, was die vom Film ermöglichte Begegnung mit diversen ikonografischen Figuren des Rechts anbelangt: der gutmütige und leicht ergreiste Vorsitzende, die taffe und gestrenge Anklägerin, die trauernde Privatklägerin oder der heroische Beschuldigte – die vor dem fiktiven Gericht auftretenden Figuren wirken in ihrer klischierten Zeichenhaftigkeit eher wie Karikaturen ihrer selbst, als Bildwerdung einer naiven Vorstellungskraft eines rechtsunerfahrenen Publikums. Überhaupt ermöglicht es der Spiegel von *Terror – Ihr Urteil,* dass die Komplexität und die juristischen Schwierigkeiten eines Strafverfahrens für den Moment der Rezeption vergessen gehen und so – ungeachtet der juristischen Fähigkeiten des Publikums – eine aktive Teilhabemöglichkeit fingiert wird. Besonders deutlich wird dieses Prinzip von Vereinfachung und Reduktion von Komplexität in der dem Publikum ermöglichten Wahl zwischen Freispruch- und Schuldspruch. Die eigentliche richterliche Entscheidfindung, gewöhnlich eine Auslegung und Anwendung verschiedenster, komplexer Rechtsnormen, wird auf eine banale Auswahl zweier vorgefertigter Lösungen reduziert. Im Mythos wird das Recht zum durchschaubaren System.

Abb. 200 und 201: Klischierte Figurenzeichnungen: die gestrenge Anklägerin und der heroische Beschuldigte.

Dennoch wird beim Publikum die Illusion aufrechterhalten, bei dieser Entscheidfindung Teil eines gewichtigen und bedeutsamen Prozesses zu sein. Dies gelingt dadurch, dass die fiktiven Figuren, insbesondere Verteidiger und Staatsanwältin, in ihren Äusserungen immer wieder auf rechtsphilosophisch anmutende Schlagworte rekurrieren: «übergesetzlicher Notstand», «das Gewissen», «Recht und Moral», «Naturrecht», «das Abwägen von Leben gegen Leben», «der Geist der Verfassung», «Immanuel Kant», «der Weichenstellerfall», «Rechtsstaatlichkeit», «Recht auf Widerstand» sowie «Menschenwürde» – eigentliche Worthülsen, die, ihrem rechtsphilosophischen Korsett entrissen, für sich alleine keinen Sinn ergeben. Aber durch den fortwährenden Rückgriff auf solch existenziell anmutende Bedeutungsträger wird suggeriert, dass es bei der finalen Wahl des Publikums um mehr als die blosse Auswahl zwischen zwei vorproduzierten Möglichkeiten geht, nämlich um eine Begegnung mit etwas Grösserem und Gewichtigerem; mithin einer Frage, die die Grenzen des *mythischen Rechts* überschreitet. Gleiches gilt für das direkte Ansprechen des Publikums durch den Vorsitzenden kurz vor der Urteilsfindung. Durch dieses Ansprechen des Publikums wird ein Vertrauensverhältnis zwischen Film und Betrachtenden und damit eine gegenseitige Komplizenschaft geschaffen, um dem Publikum so die Bedeutung des anknüpfenden Prozesses auf einer empathischen Ebene zu verdeutlichen:

> «Meine Damen und Herren, nun ist es an Ihnen: Freispruch oder Verurteilung. Lassen Sie sich nicht von Sympathie oder Antipathie für die Staatsanwältin oder den Verteidiger leiten. Urteilen Sie ausschliesslich nach dem, was sie selbst für richtig halten.»

Abb. 202: Der Vorsitzende wendet sich an das Publikum.

Ein solches unmittelbares Miteinbeziehen des Publikums findet sich auch an anderen Stellen des Filmes wieder, etwa wenn sich die Protagonisten direkt an die Kamera wenden und so eine mimetische Verflechtung mit dem Publikum herstellen.

Nebst dieser Vereinfachung und Durchbrechung von Komplexität ist eine weitere Ausprägungsart des Mythos für den Reiz von *Terror – Ihr Urteil* ursächlich: die ritualisierte, dem Ablauf einer Gerichtsverhandlung entsprechende Erzählweise. Die Handlung von *Terror – Ihr Urteil* ergibt sich im Wesentlichen aus den gesetzlich vorgegebenen Verfahrensschritten: der Eröffnung und den Vorfragen, dem Beweisverfahren und den Befragungen von diversen Personen sowie den Plädoyers und dem Urteilsspruch. Die Handlung folgt damit, wie viele andere Gerichtsfilme auch, einer eingängigen, vom verfahrensrechtlichen Rahmen vorgegebenen Codierung. Dass solche Erzählmuster auch heute noch funktionieren, liegt nicht nur in der latenten Sehnsucht des Publikums nach der Begegnung mit dem Altbekannten, sondern auch in den Parallelen solcher dramaturgischen Muster mit den Strukturmerkmalen der klassischen griechischen Tragödie – und damit einem Erzählmodell, dessen Beliebtheit bis weit in die Antike zurückreicht. So liegt dem Modell der Tragödie wie auch der Abfolge einer Gerichtsverhandlung jeweils eine ähnliche, einem linearen Schema folgende, fünfaktige Handlungsabfolge zugrunde, in deren Zentrum die Lösung eines Konfliktes sowie die Wiederherstellung von Harmonie stehen; dies eingebettet in eine Einheit von Ort, Zeit und Handlung.[366]

Unter Zugrundelegung der erwähnten fünfaktigen Struktur lässt sich das Handlungsgerüst von *Terror – Ihr Urteil* wie folgt zusammenfassen: die Exposition (Vorstellung des Gerichtes sowie der handelnden Figuren des Rechts), die steigende Handlung (Verlesen der Anklage, Beginn des Beweisverfahrens sowie die Befragung der verschiedenen Personen), die Peripetie (Plädoyer der Staatsanwältin sowie deren Antrag auf Verurteilung wegen Mordes in 164 Fällen) sowie ein retardierendes Moment (Plädoyer der Verteidigung sowie deren Antrag auf einen vollumfänglichen Freispruch, letztes Wort des Beschuldigten, Unterbrechung). Dieser stufenartige Aufbau des Filmes ist wiederum in eine Einheit von Ort, Zeit und Handlung eingebettet. So verläuft die Handlung einer linearen Chronologie folgend, wobei die Zeit identisch mit der Dauer der Verhandlung ist. Abgesehen von einer kurzen, bildhaften Einblendung eines sich im Sinkflug befindlichen Flugzeugs gleich zu Beginn, entfaltet sich die Geschichte durchwegs am gleichen Ort, einem fiktiven Berliner Gericht. Die vorgelagerten und für die Verhandlung ursächlichen Geschehnisse, der Abschuss des Passagierflugzeugs, werden dem Publikum lediglich mittels eines mündlichen Berichts, einer Art Teichoskopie, erörtert. Die gesamte Struktur des Filmes greift damit, wie viele andere Gerichtsfilme auch, auf eine weit zurückreichende, unbewusst vertraute und insofern natürlich erscheinende Codierung der griechischen Tragödie zurück, welcher sich das Publikum wieder und wieder gerne aussetzt.

Nach dem vierten Akt, der Retardierung, erfolgt jedoch ein Bruch. Die Handlung bricht ab. Stattdessen wendet sich der Vorsitzende an das Publikum, erhebt dieses nochmals formell zur Richterschaft. Das Publikum hat nicht nur über den Freispruch oder Schuldspruch des Piloten, sondern auch über den Fortgang der Tragödie zu entscheiden; es hat die angerissene Erzählung selbst zu Ende zu führen. Als letzter, fünfter Akt der Tragödie folgt auf die Retardierung gemeinhin die Katastrophe und Versöhnung. Im Sinne eines Zu-Ende-Denkens des Gesagten liesse sich deshalb schlussfolgern, dass nur ein Schuldspruch und eine Verurteilung des Piloten als denkbar schwerste Katastrophe und grösstmögliches Opfer des Angeklagten die Erzählung abzuschliessen vermag. Auch Schild leitet

366 Vgl. zur Struktur der griechischen Tragödie Stiglegger, *Ritual & Verführung*, 146; mit Verweis auf Brauneck und Schneilin, *Theaterlexikon*, 1011 ff.

Abb. 203: Bildhafte Einblendung eines sich im Sinkflug befindlichen Passagierflugzeugs.

aus ebendieser Folgerung ein mögliches Indiz für den von Ferdinand von Schirach mutmasslich erwünschten Schuldspruch ab.[367] Dabei übersieht Schild, dass selbst der Katastrophe in der Tragödie regelmässig ein versöhnendes und ausgleichendes Momentum, eine Katharsis, inne ist. Denn erst die Katharsis gibt der Katastrophe ihren Sinn und ermöglicht einen Ausgleich des durch den Konflikt geschaffenen Ungleichgewichts.[368] Bei einem Schuldspruch des Piloten würde sich jedoch keine Katharsis, kein versöhnlicher Ausgleich einstellen. Ein Schuldspruch wäre vielmehr sinnlos – nicht nur, weil er juristisch falsch wäre, sondern auch, weil er einer Kapitulation des Rechts und seiner Möglichkeiten gleichkäme. Der Schuldspruch wäre nichts anderes als die ernüchternde Einsicht, dass die vom Piloten für das Publikum nachvollziehbar und glaubhaft geschilderte Zwangslage, die ihn zu seiner Tat veranlasste, vom Recht keine ausreichende Berücksichtigung und Würdigung erfahren kann. Das Recht liesse sich nicht mit der Moral vereinbaren, es wäre selbst sinnlos, genauso wie das vom Piloten durch die Verurteilung erbrachte Opfer. Bereits dieser Gedankengang lässt erahnen, dass die für das Publikum intuitiv als richtig erscheinende Abfolge der Handlungsfragmente auf einen versöhnenden Freispruch hinauslaufen muss; nicht deshalb, weil die Handlung des Piloten rechtmässig gewesen

367 Schild, *Verwirrende Rechtsbelehrung*, 54.
368 Stiglegger, *Ritual & Verführung*, 146.

wäre, sondern um ihn aufgrund der Notlage von seiner Schuld zu befreien, ihn – im Sinne einer Katharsis – zu erlösen.

Nebst diesen narrativen Elementen lassen sich sodann noch weitere der Inszenierung inhärente Hinweise ausmachen, die zu demselben Ergebnis führen. Dabei ist auf die Erkenntnisse aus dem Kapitel zur *Verführung zum Bösen* zurückzukommen. Es wurde aufgezeigt, wie den Konzepten von *Macht* und *Souveränität*, im Sinne einer unbändigen Lust des souveränen Individuums an der Überschreitung sämtlicher Grenzen und Normen, eine verführerische und gleichzeitig zerstörerische Kraft immanent ist. Genau von dieser Kraft warnt indes die Staatsanwältin, soweit sie anlässlich ihres Plädoyers eine Warnung an das Publikum ausspricht: «Wenn Sie Lars Koch freisprechen, erklären Sie die Würde des Menschen, erklären Sie die Verfassung für wertlos.» Sinngemäss wird dem Publikum also suggeriert, dass ein Freispruch des Angeklagten einer Abschaffung der Verfassung, der höchsten staatlichen Normensammlung, gleichkommen würde. Und in ebendiesem Tabu der Grenzüberschreitung, der Ungültigerklärung der Verfassung, materialisiert sich die Bewusstwerdung der *Souveränität* des Publikums: als die ultimative Freiheit, ohne unmittelbar drohende Konsequenzen über die vermeintlich unantastbaren rechtlichen Mythen von Verfassung und Menschenwürde zu disponieren und diese für den Moment der Rezeption ausser Kraft zu setzen. Es ist dieselbe Lust, die auch den jungen Kevin Lomax aus *The Devil's Advocate* befiel, als er, gemeinsam mit dem Publikum auf dem Wolkenkratzer in New York stehend, mit seinem Blick über die Stadt für einen kurzen Moment die gesamte Welt beherrschen konnte.[369] Wenn sich also das Publikum per Telefonanruf über die Verfassung hinwegsetzen kann, kann es für einen kurzen Moment selbst ungeahnte Höhen der Macht erklimmen und als autonomer Gesetzgeber die (fiktive) Welt nach seinem Willen formen.

Im Weiteren sind die anhand von *Jungfrukällan* erarbeiteten Spielarten einer *Verführung zum Heiligen* in Erinnerung zu rufen.[370] Durch den fortwährenden Rückgriff auf die existenziell aufgeladenen, aber letztlich inhaltsleeren Begriffe wie «übergesetzlicher Notstand», «das Gewissen», «Recht und Moral», «Naturrecht», «das Abwägen von Leben gegen Leben», «der Geist der Verfassung», «Immanuel Kant», «der Weichenstellerfall», «Rechtsstaatlichkeit», «Recht auf Widerstand» sowie «Menschen-

369 Vgl. Kapitel IV, 1.1.1.
370 Vgl. Kapitel IV, 1.1.3.

würde» wird dem Publikum suggeriert, dass die Lösung der filmischen Herausforderung in einem höheren, die Regeln des profanen Gesetzesrechts überwindenden Prinzip liegen muss. Die Inszenierung spielt auf einer niederschwelligen Ebene mit der von Walter Benjamin propagierten Gegensätzlichkeit von mythischer Gewalt und göttlicher Gewalt.[371] Weil das positive Recht, also die Verfassung sowie die daraus abgeleiteten Prinzipien, keine Lösung für ein vermeintlich unlösbares rechtliches Rätsel bereithalten, muss das mythische Recht kraft eines ausserhalb des Rechts stehenden Prinzips - sei es das «Naturrecht» oder ein «übergesetzlicher Notstand» - durchbrochen werden. Auch wenn damit - gemäss der Botschaft des Filmischen - keine verfassungskonforme Lösung möglich ist, kann das Publikum den Angeklagten immerhin von seiner persönlichen Schuld mittels Freispruchs erlösen. Unter diesem Blickwinkel der *Verführung zum Heiligen* macht denn auch die reduzierte und entschleunigte Inszenierung durchaus Sinn, welche den juristischen Konflikt in das beinahe existenzialistische Szenario einer Gerichtsverhandlung überführt, um das Publikum so auf den erlösenden Moment des Freispruchs sowie die dadurch ermöglichte Begegnung mit einer transzendenten, also über den irdischen Grundsätzen stehenden Gerechtigkeit vorzubereiten.

Abb. 204: Der Freispruch des Beschuldigten als Ausdruck von Souveränität und transzendentalen Gerechtigkeitsprinzipien.

371 Benjamin, „Zur Kritik der Gewalt", 199.

Wie einleitend angesprochen, wären freilich keine transzendentalen Gerechtigkeitsprinzipien notwendig, um den angeklagten Piloten von seiner Schuld zu befreien. Denn materielles Recht und Moral liessen sich in der von der Anklage präsentierten Konstellation durchaus vereinbaren. So hat sich die Rechtswissenschaft längst vergleichbaren Konfliktsituationen wie jener des Piloten angenommen und mit dem entschuldbaren Notstand (für die Schweiz beziehungswiese auch für Deutschland, soweit ein Näheverhältnis besteht) beziehungsweise dem übergesetzlichen Notstand (für Deutschland) Lösungsmuster hervorgebracht, um der Zwangslage des Angeklagten Rechnung zu tragen und von einer Bestrafung abzusehen.[372] Insofern basiert das Narrativ des Dilemmas zwischen Moral und Recht beziehungsweise das vermeintlich unlösbare rechtliche Rätsel letztlich selbst auf einer Täuschung. Erstaunlich ist jedoch, dass selbst gestandene Rechtsexperten, etwa die Gäste der Schweizer Fernsehsendung *Arena*, dies nicht sogleich erkannten. Über die Gründe, weshalb sich selbst Fachpersonen vom filmischen Artefakt in die Irre führen liessen, kann nur spekuliert werden. Die vielleicht naheliegendste Erklärung liegt wiederum in der Kraft der Seduktion des *Rätsels* und der *Herausforderung*. Es wurde dargelegt, dass von der Befassung mit den grossen, noch nicht restlos erschlossenen Fragen des Rechts, sei es jene der *Gerechtigkeit* oder jene der *Wahrheit*, eine unbändige Kraft ausgeht – gleiches gilt auch für den vermeintlich unlösbaren Widerspruch von Recht und Moral in *Terror – Ihr Urteil*. Möglicherweise sind die Fachpersonen, ähnlich wie Thomas aus *Blow Up*, der in der Vergrösserung einer Fotografie ein Verbrechen zu erkennen glaubte, der Obsession erlegen, im filmischen Spiegel etwas Grösseres und Gewichtigeres sehen zu wollen als eine juristisch längst gelöste Lehrbuchaufgabe; vielleicht auch nur, um die Simulation für den Moment der Rezeption zur Wirklichkeit zu erheben und so der profanen juristischen Gegenwart entfliehen zu können. Denn wäre die Täuschung von vornherein durchschaut worden, hätte sich auch der Popanz der Fernsehproduktion erübrigt.

Tröstlich bleibt, dass die der Inszenierung inhärenten verführerischen Strukturen, entgegen der Rechtsauffassung Ferdinand von Schirachs, auf die juristisch korrekte Lösung, nämlich einen Freispruch, hinweisen. Und dass sich das Publikum in der Schweiz, in Deutschland und in Österreich für einen ebensolchen Freispruch entschieden hat, bildet ein (letztlich nicht abschliessend überprüfbares) Indiz, dass sich das Publikum für den Moment der Rezeption von der dem Film inhärenten Lesart hat leiten

372 Zur rechtlichen Auslegeordnung vgl. Kapitel I.

lassen. Die filmische Verführung weiss sich damit selbst im Gewande einer vermeintlichen Interaktionsmöglichkeit nicht nur gegen den Widerstand des hinter dem Werk stehenden Autors zu behaupten, sondern tritt auch gegenüber seinem Publikum als nach wie vor dominantes, lenkendes und autoritäres Konstrukt auf.

Wenn sich also das Prinzip der Verführung selbst in der Gestalt des interaktiven Films zu behaupten vermag, dann könnte – um das Feld der Untersuchung noch weiter zu öffnen – Analoges auch für andere Ausdrucksformen popkultureller Interaktion, namentlich für Videospiele, gelten; dies zumindest dann, wenn das jeweilige Spiel als ein gegenüber dem Spielenden dominantes, durch die Programmierung gesteuertes Konstrukt auftritt. Ohne diesen Gedanken hier abschliessend klären zu müssen, sei darauf hingewiesen, dass gerade die virtuellen Welten von Computerspielen ein ganzes Arsenal an potenziell verführerisch wirkenden Mechanismen bereithalten, welche aus juristischer Perspektive eine Auseinandersetzung als lohnend erscheinen lassen: seien dies eine Begegnung mit gängigen rechtsbezogenen Mythen im Gewande des Spiels, ein zur Vermittlung von Rechtsfragen erfolgendes Zurückgreifen auf das körperliche Verhältnis zwischen Spiel und Spielenden oder eine noch weitergehende Verdichtung des prometheischen Zugriffsimpulses bis hin zur Illusion einer simulierten (rechtlichen) Wirklichkeit.[373]

Ein solcher medienübergreifender und Modelle der Interaktion miteinbeziehender Ansatz funktioniert freilich nur dann, wenn wir, wie gesehen, das jeweils im Zentrum stehende popkulturelle Werk – sei es ein Videospiel, ein Musikstück oder ein Film – als genuines Kunstwerk mit eigenständiger Ausstrahlung begreifen. Denn ohne Machtgefälle zwischen Konsumierenden und Kunstwerk wird sich auch keine Verführung der betrachtenden, spielenden oder hörenden Person einstellen.

---

373 Vgl. hierzu etwa die Beiträge in Brincken und Konietzny, *Emotional Gaming*, die aufzeigen, wie das Konzept der Verführung auf Computerspiele Anwendung finden könnte.

V Fazit und Ausblick

> *The future is now! Soon every American home will integrate their television, phone and computer. You'll be able to visit the Louvre on one channel or watch female wrestling on another. You can do your shopping at home, or play "Mortal Kombat" with a friend from Vietnam. There's no end to the possibilities!*
> — Jim Carrey, *The Cable Guy*

Die vorliegende Untersuchung hatte zum Ziel, die Wirkmechanismen der Inszenierung von Recht im Film zu ergründen.

In einer ersten Bestandsaufnahme wurde die Fragestellung in das Forschungsfeld *Law and Film* eingebettet und in diesem Zusammenhang festgestellt, dass im Zentrum des von interdisziplinären Zugängen gezeichneten Forschungsfeldes die Frage nach einer möglichen Wirkung von Recht im Film steht. Mit der Autorentheorie, der Medienwirkungsforschung sowie der Genretheorie wurden mögliche Ansätze skizziert, um ebendiese Wirkung zu ergründen. Dabei wurde aufgezeigt, dass sich die Genese von Bedeutung nicht an einer hoheitlichen Position eines Autors festmachen lässt, sondern sich im Moment der Rezeption selbst, und damit im Verhältnis zwischen Publikum und filmischem Werk, entfaltet. Mit Blick auf die Medienwirkungsforschung wurde dargelegt, dass sich empirische Zugänge für die Ergründung konkreter Beeinflussungen von bewusst agierenden Rezipierenden als erkenntnisbringend erweisen, aber keine Einsichten über die Ausgestaltung der vorangegangenen Beeinflussungen durch das filmische Werk ermöglichen. Anschliessend wurden die genretheoretischen Überlegungen von Greenfield, Osborn und Robson einer Betrachtung unterzogen und es wurde ausgeführt, dass sich diese hinsichtlich der Bedeutung des Mythos als richtig erweisen, jedoch zu sehr einem bürgerlichen Kanon-Denken verhaftet sind und keine Beschäftigung mit rechtlichen Motiven, welche nicht in eine vorab definierte Vergleichsgruppe fallen, ermöglichen. Ganz grundsätzlich wurde festgestellt, dass es dem bisherigen Forschungsfeld weitestgehend an einem filmtheoretischen Fundament ermangelt, das den Film als mehr als eine (rechtliche) Erzählung erfasst und den Möglichkeiten der filmischen Inszenierung von bewegten Bildern und Ton hinreichend Rechnung trägt.

Als eigenständiger, am filmischen Werk ausgerichteter und insofern interpretativer Ansatz wurde Marcus Stigleggers Konzept der Seduktionstheorie des Filmes für die Ergründung möglicher Wirkmechanismen von

Recht im Film fruchtbar gemacht. Unter Zugrundelegung von Stigleggers Theorie wurde aufgezeigt, dass es nicht die Eigenheiten des Rechts sind, welche für den Reiz einer Begegnung mit rechtlichen Spiegelungen entscheidend ist, sondern die Art der filmischen Inszenierung. Es sind die Bilder, der filmische Schnitt, die Bewegungen, die Klänge und die Geschichten, in welchen rechtsbezogene Motive jeweils gespiegelt werden, die das Publikum auf unterschiedlichen Ebenen verführen. Als solche Mittel der filmischen Seduktion wurden zum einen der Mythos sowie zum anderen die Performanz hervorgehoben und zu einem theoretischen Fundament zusammengeführt.

Auf der Grundlage des Erarbeiteten wurden in der Folge zwei wesentliche Spielarten der Seduktion ausgemacht, nämlich die Seduktion zum *Anderen* sowie diejenige des *Rätsels* beziehungsweise der *Herausforderung*, und anhand filmischer Beispiele verdeutlicht.

So wurde aufgezeigt, wie sich die Konfrontation mit dem Allmachtsstreben des jungen und ehrgeizigen Anwalts Kevin Lomax in *The Devil's Advocate* oder mit dem über dem Gesetz stehenden Polizisten Hank Quinlan in *Touch of Evil* als Seduktion zum Bösen offenbart. Als gegenläufiges Modell wurde die Suche nach einer transzendentalen Gerechtigkeit in *Jungfrukällan* sowie *Bad Lieutenant* im Sinne einer Verführung zum Heiligen beleuchtet und anschliessend dem somatischen Potenzial von drastischen Inszenierungen von Körperverletzungen in *The Last House on the Left* nachgegangen.

Im letzten Teil der Untersuchung wurde anhand der Inszenierung einer simulierten Wahrheitssuche in *Rashōmon* sowie *Blow Up* und der Inversion von Sein und Zeit in *Irréversible* aufgezeigt, wie das Recht im Zurückblicken des filmischen Artefakts zu einer Herausforderung des Publikums wird. An diese Erkenntnisse anknüpfend wurde mit Blick auf die deutsche Fernsehproduktion *Terror – Ihr Urteil* dargelegt, wie in der Abstimmungsmöglichkeit über Freispruch oder Schuldspruch des Angeklagten eine konsequente Weiterführung des prometheischen Zugriffsimpulses zu erblicken ist, wobei sich das Konzept der Verführung auch im Gewande moderner Reproduktionsformen zu behaupten weiss – dies unter der Voraussetzung, dass das Medium gegenüber dem Publikum weiterhin als dominanter Part auftritt. Ausgehend von diesem Gedanken wurde schliesslich skizziert, wie sich die erarbeiteten Grundlagen auch auf andere Werke der Popkultur übertragen liessen.

Zusammenfassend ist festzuhalten, dass basierend auf dem Konzept der filmischen Seduktion eine filmtheoretische Grundlage erarbeitet wurde, anhand derer sich eine Erklärung formulieren lässt, wie rechtliche Motive im Film gegenüber dem Publikum ihre Wirkung entfalten. Damit wird auch die im interdisziplinären Forschungsfeld von *Law and Film* mangels eines entsprechenden filmtheoretischen Fundaments bestehende Lücke geschlossen.

Dazu sei sogleich einschränkend angeführt, dass sich aus der Seduktionstheorie allein keine über das Verhältnis von filmischem Artefakt und Publikum hinausgehenden Kausalitäten ableiten lassen. So lässt sich mit der Theorie zwar darlegen, wie die Inszenierung von Recht dem Publikum dominante Lesarten vorgibt, nicht aber, inwiefern diese Lesarten einen effektiven Einfluss auf die Rechtsvorstellung einer konkreten rezipierenden Person ausüben oder – nochmals in einem grösseren Kontext – gar die Rechtskultur formen und verändern können. Für den Nachweis solcher Abhängigkeiten ist eine über das Erarbeitete hinausgehende Beschäftigung mit den rezipierenden Personen sowie dem Phänomen der Rechtskultur gemäss der Methodik der Rechtssoziologie und Medienwirkungsforschung notwendig. Auch wenn sich die Seduktionstheorie für sich allein demnach als unvollständig erweist, bildet sie jedoch eine mögliche theoretische Basis für die darüber hinausgehende Ergründung der gegenseitigen Wirkmechanismen von Film, Recht und Kultur. Insofern ist die Untersuchung denn auch mit der Hoffnung verbunden, diese möge als Ausgangspunkt für weitere Erkenntnisse in diesem interdisziplinären Forschungsfeld dienen.

Die der Arbeit zugrundeliegende Prämisse geht sodann davon aus, dass sich die Wirkung von Recht im Film im wechselseitigen Verhältnis von filmischem Werk und Publikum beziehungsweise in der «Arbeit mit und am Zuschauer»[374] manifestiert, was einen interpretativen Ansatz sowie eine Auseinandersetzung mit den filmischen (Sub-)Texten erforderlich macht. In der Untersuchung wurde denn auch einzig den kraft ihrer intrinsischen Ausstrahlung wichtigsten Inszenierungsstrategien von Recht im Film nachgegangen. Diese selektive Auswahl erhebt keinen Anspruch auf Vollständigkeit, sondern wurde in der Gewissheit getroffen, dass darüber hinaus eine Vielzahl weiterer Spiegelungen denkbar sind, deren Wirkung noch zu ergründen wäre. Eine vollumfängliche Abbildung dieser Möglichkeiten war denn auch gar nie das Ziel der Untersuchung, zumal sich ein solches Unterfangen angesichts des interpretativen Ansatzes ohnehin als utopisch erweisen würde.

---

374 Stiglegger, *Ritual & Verführung*, 208.

Der Leitgedanke der Untersuchung war es vielmehr, einen möglichen Analyseansatz für die Ergründung dominanter Lesarten von Recht im Film aufzuzeigen. In diesem Sinne ist der Untersuchung zwangsläufig ein spekulatives Momentum inhärent – schon deshalb, weil die Prämisse der Unterwerfung des Publikums unter ein gegenüber diesem autoritär erstrahlenden Kunstwerk immer auf ein idealtypisches Zusammentreffen von seduktionsbereitem Publikum und seduktiver Inszenierung abzielt.[375] Dass dies im Einzelfall nicht immer zutrifft, ist nicht zu bestreiten, vermag das Modell aber, wie mehrfach dargelegt, nicht zu widerlegen. Zudem ist anzumerken, dass ein gewisser spekulativer Gehalt dem Untersuchungsobjekt selbst geschuldet ist. Die Verführung zeichnet sich letzten Endes dadurch aus, dass ihr ein Momentum der Täuschung, der Spekulation und der erkenntnistheoretischen Unantastbarkeit erhalten bleiben muss, um ihre volle Kraft zu entfalten. Sich dem Phänomen der Seduktion anzunähern, bedeutet deshalb, sich diese spekulativen Eigenheiten in einem gewissen Masse zu eigen zu machen.

Gerade in dieser Zugänglichkeit für Interpretation und Spekulation liegt der Vorteil der gewählten inszenierungsorientierten Methodik. So erlaubt es der offene Ansatz, die im Rahmen der Untersuchung gewonnenen Erkenntnisse potenziell auch hinsichtlich der Wirkmechanismen anderer rechtlicher Motive sowie deren Vermittlung im Gewande weiterer filmischer Reproduktionen nutzbar zu machen. In diesem Sinne bildet die Arbeit idealerweise einen Inspirationsanstoss für andere Autoren, die dargelegten Gedanken aufzunehmen und mit Blick auf die Erforschung des komplexen Zusammenspiels von Popkultur, Recht und Verführung weiterzuführen – sei dies durch die Ergründung der im Rahmen der Arbeit nicht weiter verfolgten Wirkung zivil- oder öffentlich-rechtlicher Motive im Film oder aber – wie bereits im vorstehenden Kapitel angeführt – hinsichtlich einer Ausdehnung der Untersuchungsmethodik auf andere popkulturelle Phänomene und Medien wie Fernsehserien, Musikstücke oder Videospiele. In Anbetracht der Vielzahl an möglichen Motiven und kulturellen Erzeugnissen scheint das Untersuchungsfeld nahezu unbegrenzt.

Zuallerletzt sei die Untersuchung auch mit einem Appell an Juristinnen verbunden, im Rahmen der Vermittlung rechtlicher Fragen und Grundsätze nicht ausschliesslich und allein auf die vermeintliche normative Übermacht textbasierter Methoden zu vertrauen. Es wurde mehrfach zum Aus-

375 Stiglegger, „Die Seduktionstheorie des Films", 89.

druck gebracht, dass es sich beim Film um ein Medium handelt, welchem mit Blick auf das ihm inhärente Affekt- und Verführungspotenzial gegenüber anderen Medien eine vorrangige Stellung zukommt – und damit auch gegenüber der Literatur oder, ganz grundsätzlich, schriftlichen Erzeugnissen.[376] Angesichts des Gesagten ist es deshalb eine grosse Chance, dieses Wirkpotenzial des Filmischen hinsichtlich der Vermittlung von Recht beziehungsweise bezüglich der Methoden der Rechtsdidaktik künftig besser nutzbar zu machen; beispielsweise indem Professorinnen oder Lehrbeauftragte vermehrt auf filmische Beispiele beziehungsweise auf deren seduktives Potenzial zurückgreifen, um den Studierenden spezifische rechtliche Fragen zu vermitteln (so könnte etwa die in *Rashōmon* erfahrbar gemachte Brüchigkeit der Sinneswahrnehmung als Grundlage einer Auseinandersetzung mit dem prozessualen Wahrheitsbegriff dienen). Erste Versuche mit solchen Konzepten, welche sich im angelsächsischen Rechtskreis schon lange etabliert haben, haben sich denn auch im deutschsprachigen Raum als erfolgsversprechend erwiesen.[377]

Man mag das eben Vorgeschlagene vielleicht als naive Utopie abtun und stattdessen auf die nicht ganz unberechtigte Gefahr hinweisen, dass die manipulative Kraft des Filmes letztlich bewirke, dass das Filmische bei seinem Publikum falsche Rechtsvorstellungen perpetuiere, was eine Auseinandersetzung als zwecklos erscheinen lasse. Dieser Einwand ist mit Blick auf die zu *Terror – Ihr Urteil* gemachte Feststellung, wonach die Aufwendung sämtlicher Mittel dazu führten, das Publikum, wenn auch nur für den Moment der Rezeption, mit einem fehlgeleiteten Rechtsverständnis zu konfrontieren, nicht völlig von der Hand zu weisen. Umso mehr wären die Experten jedoch gehalten, das interdisziplinäre Spielfeld von Recht und Popkultur nicht länger anderen Personen und Disziplinen zu überlassen. So liegt es eben auch in der Verantwortung der Juristen beziehungsweise der juristischen Behörden, auf die mediale Vermittlung rechtlicher Botschaften bei Bedarf Einfluss zu nehmen und – sofern notwendig – verzerrte oder verkürzte Darstellungen zu korrigieren. Ganz grundsätzlich aber würde mit einem vermehrten Befassen von Juristinnen mit der Kultur und ihren Erzeugnissen nicht nur der Horizont der Rechtswissenschaften eine Weiterung erfahren, sondern sich umgekehrt auch produktive Denkanstösse und

376 So sinngemäss auch Stiglegger, *Ritual & Verführung*, 217.

377 Vgl. etwa die im März 2014 im Kino „Lichtspiel / Kinemathek Bern" durchgeführte Lehrveranstaltung der Universität Bern zu „Recht, Strafe und Vergeltung im Film" oder aber die Veranstaltungsreihe „Recht im Film" der Universität Freiburg (Schweiz), die mittlerweile bereits zum zehnten Mal in Folge stattgefunden hat.

Einsichten für die Kulturwissenschaften ergeben. Diese ungemeine Vielfalt an Einsichten, welche sich aus einer solchen Beschäftigung eröffnen mögen, lässt sich schliesslich mit den Worten des Soziologen Zygmunt Bauman zusammenfassen:

> «Culture today consists of offers, not prohibitions; propositions, not norms. As Bourdieu had already noted, culture is engaged today in laying down temptations and setting up attractions, with luring and seducing, not with normative regulation; with PR rather than police superintendence; with production, sowing and planting of new needs and desires, rather than with duty.»[378]

378 Bauman, *Culture in a Liquid Modern World*, 13.

Literaturverzeichnis

Arena Spezial: Die Debatte. *SRF*. Letzter Zugriff am 28. März 2022. https://www.srf.ch/play/tv/arena/video/arena-spezial-die-debatte?urn=urn:srf:video:1189e525-50b3-446e-87be-21b20dff6867.

Arendt, Hannah. *Über das Böse: Eine Vorlesung zu Fragen der Ethik*. Herausgegeben von Jerome Kohn. Übersetzt von Ursula Ludz. 14. Aufl. München: Piper, 2021.

Asimow, Michael, Steve Greenfield, Stefan Machura, Guy Osborn, Peter Robson, Robert Sockloskie, Cassandra Sharp und Guillermo Jorge. "Perceptions of Lawyers – A Transnational Study of Student Views on the Image of Law and Lawyers". Rochester, NY: Social Science Research Network, 24. Februar 2020.

Asimow, Michael und Shannon Mader. *Law and Popular Culture: A Course Book*. 2nd ed. New York: Peter Lang, 2013.

Balázs, Béla. *Der Geist des Films*. 1. Aufl. [3. Nachdr.]. Frankfurt am Main: Suhrkamp, 2009.

——— *Der sichtbare Mensch oder die Kultur des Films*. Frankfurt am Main: Suhrkamp, 2001.

Barthes, Roland. „Der Tod des Autors" (La mort de l'auteur). In *Texte zur Theorie der Autorschaft*. Herausgegeben von Fotis Jannidis, Gerhard Lauer, Matias Martinez und Simone Winko, 185–93. Stuttgart: Reclam, 2000.

——— *Mythen des Alltags (Mythologies)*. Übersetzt von Horst Brühmann. 5. Aufl. Berlin: Suhrkamp, 2020.

Baudrillard, Jean. *Von der Verführung (De la séduction)*. Übersetzt von Michaela Meßner. Berlin: Matthes & Seitz Berlin, 2012.

Bauman, Zygmunt. *Culture in a Liquid Modern World*. Herausgegeben von Lydia Bauman. Cambridge, UK ; Malden, MA: [Poland]: Polity; In Association with the National Audiovisual Institute, 2011.

Benjamin, Walter. „Das Kunstwerk im Zeitalter seiner technischen Reproduzierbarkeit". In *Gesammelte Schriften*. Herausgegeben von Rolf Tiedemann und Hermann Schweppenhäuser, Band I [Abhandlungen]: 435–67. Suhrkamp Taschenbuch Wissenschaft. Frankfurt am Main: Suhrkamp, 1991.

——— „Zur Kritik der Gewalt". In *Gesammelte Schriften*. Herausgegeben von Rolf Tiedemann und Hermann Schweppenhäuser, Band II [Aufsätze, Essays, Vorträge]: 179–204. Frankfurt am Main: Suhrkamp, 1991.

Biti, Vladimir. *Literatur- und Kulturtheorie: Ein Handbuch gegenwärtiger Begriffe*. Reinbek bei Hamburg: Rowohlt Taschenbuch Verlag, 2001.

Black, David A. *Law in Film: Resonance and Representation*. Urbana: University of Illinois Press, 1999.

Black, Joel. *The Aesthetics of Murder: A Study in Romantic Literature and Contemporary Culture*. Baltimore: Johns Hopkins University Press, 1991.

Blumenberg, Hans. *Arbeit am Mythos.* 7. Aufl. Frankfurt am Main: Suhrkamp, 2021.

Borstnar, Nils, Eckhard Pabst und Hans Jürgen Wulff. *Einführung in die Film- und Fernsehwissenschaft.* 2., überarb. Aufl. Konstanz: UVK Verl.-Ges., 2008.

Brauneck, Manfred, und Gérard Schneilin (Hrsg.). *Theaterlexikon: Begriffe und Epochen, Bühnen und Ensembles.* Reinbek bei Hamburg: Rowohlt, 1986.

Bundesamt für Statistik. „Fernsehen: Nutzung nach Sprachregionen, Alter und Geschlecht – 1985–2018 | Tabelle", 17. Juli 2019. https://www.bfs.admin.ch/asset/de/9127484.

——— „Indikatoren zur Schweizer Film- und Kinolandschaft – 1980–2020 | Tabelle", 23. März 2021. https://www.bfs.admin.ch/asset/de/16364428.

Burleigh, Nina. *The Fatal Gift of Beauty: The Trials of Amanda Knox.* 1st ed. New York: Broadway Books, 2011.

Camus, Albert. *Der Mythos des Sisyphos (Le mythe de Sisyphe).* Übersetzt von Vincent von Wroblewsky. 24. Aufl. Reinbeck bei Hamburg: Rowohlt Taschenbuch Verlag, 2019.

Carrillo, Jo. "Links and Choices: Popular Legal Culture in the Work of Lawrence M. Friedman". *Southern California Interdisciplinary Law Journal* 17, Nr. 1 (2007): 1–22.

Cassirer, Ernst. „Das mythische Denken". In *Philosophie der symbolischen Formen,* Zweiter Teil. Darmstadt: Wissenschaftliche Buchgesellschaft, 1973.

Chase, Anthony. *Movies on Trial: The Legal System on the Silver Screen.* New York: New Press, 2002.

Cohen, Alexander J. "A Clockwork Orange and the Aestheticization of Violence". UC Berkeley Program in Film Studies, 1998. http://www.visual-memory.co.uk/amk/doc/0025.html.

Coninx, Anna. *Das Solidaritätsprinzip im Lebensnotstand: Zufall, rationale Entscheidung und Verteilungsgerechtigkeit.* Bern: Stämpfli [u. a.], 2012.

Conrad, Joseph. *Heart of Darkness.* London: Penguin, 2012.

Das Evangelium nach Matthäus. In *Die Bibel in der Einheitsübersetzung (von 1980).* Letzter Zugriff am 28. März 2022. https://www.uibk.ac.at/theol/leseraum/bibel/mt4.html.

Davis, Blair, Robert S. Anderson und Jan Walls (Hrsg.). *Rashomon Effects: Kurosawa, Rashomon and Their Legacies.* London/New York: Routledge, 2016.

De Quincey, Thomas. "On Murder Considered as One of the Fine Arts", 1827. https://supervert.com/elibrary/thomas-de-quincey/on-murder-considered-as-one-of-the-fine-arts.php.

Deleuze, Gilles. *Das Bewegungs-Bild (L'image-mouvement).* Übersetzt von Ulrich Christian und Ulrike Bokelmann. 1. Aufl. Frankfurt am Main: Suhrkamp, 2017.

Dempsey, Candace. *Murder in Italy: The Shocking Slaying of a British Student, the Accused American Girl, and an International Scandal.* New York: Berkley Books, 2010.

Dostojewskij, Fjodor M. *Verbrechen und Strafe (Преступление и наказание Prestuplenije i nakasanije).* Übersetzt von Swetlana Geier. 13. Aufl. Frankfurt am Main: Fischer Taschenbuch, 2010.

Dürrenmatt, Friedrich. *Gesammelte Werke.* Bd. 7 [Essays und Gedichte]. Zürich: Diogenes, 1988.

Eliade, Mircea. *Die Religionen und das Heilige: Elemente der Religionsgeschichte (Traité d'histoire des religions).* Übersetzt von Mohammed Rassem und Inge Köck. 3. Aufl. Frankfurt am Main: Insel Verlag, 1994.

Elsaesser, Thomas und Malte Hagener. *Filmtheorie zur Einführung.* 5., unveränd. Aufl. Hamburg: Junius, 2017.

Felix, Jürgen. „Autorenkino". In *Moderne Film Theorie.* Herausgegeben von Jürgen Felix, 4. Aufl., 13–57. Mainz: Bender, 2014.

Fischer, Thomas. „Die ARD, das Recht und die Kunst: ‚Terror' – Ferdinand von Schirach auf allen Kanälen!" *Die Zeit.* 18. Oktober 2016, Abschn. Gesellschaft. https://www.zeit.de/gesellschaft/zeitgeschehen/2016-10/ard-fernsehen-terror-ferdinand-von-schirach-fischer-im-recht.

Fischer-Lichte, Erika. *Ästhetik des Performativen.* 11. Aufl. Frankfurt am Main: Suhrkamp, 2019.

——— *Performativität: Eine Einführung.* 2. Aufl. Bielefeld: Transcript, 2013.

Fish, Stanley. "Consequences". *Critical Inquiry* 11, Nr. 3 (1985): 433–58.

——— *Is There a Text in This Class? The Authority of Interpretive Communities.* Cambridge, Mass: Harvard University Press, 1980.

Follain, John. *A Death in Italy: The Definitive Account of the Amanda Knox Case,* 2013. https://archive.org/details/deathinitalydefi0000foll.

Forstmoser, Peter, und Hans-Ueli Vogt. *Einführung in das Recht.* 5. Aufl. Bern: Stämpfli, 2012.

Freud, Sigmund. *Die Traumdeutung.* 12., unveränd. Aufl. Frankfurt am Main: Fischer Taschenbuch Verl., 2005.

——— *Totem und Tabu. Einige Übereinstimmungen im Seelenleben der Wilden und der Neurotiker.* 3. Aufl. Leipzig/Wien/Zürich: Internationaler Psychoanalytischer Verlag. Letzter Zugriff am 27. März 2022. https://www.gutenberg.org/files/37065/37065-h/37065-h.htm.

Friedman, Lawrence M. "Law, Lawyers, and Popular Culture". *The Yale Law Journal* 98, Nr. 8 (1989): 1579–1606. https://doi.org/10.2307/796606.

Fuery, Patrick. *New Developments in Film Theory.* New York: St. Martin's Press, 2000.

Gide, André. *Romane und lyrische Prosa.* Herausgegeben von Gisela Schlientz. Übersetzt von Ferdinand Hardekopf, Hans Prinzhorn und Gisela Schlientz. Stuttgart: Deutsche Verlags-Anstalt, 1973.

Girlanda, Rocco. *Io vengo con te: colloqui in carcere con Amanda Knox.* 1. ed. Milano: Piemme, 2010.

Graf-Stuhlhofer, Franz. „Über vereinfachende Versuche einer nationalen Zuordnung des Bösen. Der Umgang mit dem Thema des Bösen in der didaktischen Vermittlung der NS-Zeit". *Gesellschaft & Politik. Zeitschrift für soziales und wirtschaftliches Engagement* 51, Nr. 4/2014 und 1/2015: 31–34.

Greenfield, Steve, Guy Osborn und Peter Robson. *Film and the Law.* 2nd ed. Oxford/Portland: Hart Publishing, 2010.

Hediger, Vinzenz. *Verführung zum Film: der amerikanische Kinotrailer seit 1912.* Marburg: Schüren Verlag, 2001.

Hess, John. "Godfather II: Nothing is a Sure Thing". In *Movies and Methods: An Anthology.* Herausgegeben von Bill Nichols. Berkeley: University of California Press, 1976.

Heuermann, Hartmut. *Medienkultur und Mythen: Regressive Tendenzen im Fortschritt der Moderne.* Reinbek bei Hamburg: Rowohlt Taschenbuch Verlag, 1994.

Hickethier, Knut. „Genretheorie und Genreanalyse". In *Moderne Film Theorie.* Herausgegeben von Jürgen Felix, 4. Aufl., 62–96. Mainz: Bender, 2014.

Ho, Jean-Claude. „Law and Literature. Eine linke Antwort auf Law and Economics". *Forum Recht*, Nr. 3 (2008): 86–87.

Hobbes, Thomas. *Grundzüge der Philosophie.* Übersetzt von Max Frischeisen-Köhler. Leipzig, 1949. http://www.zeno.org/nid/20009184325.

———*Leviathan.* Reprinted from the Edition of 1651. Oxford: Clarendon Press, 1909. http://files.libertyfund.org/files/869/0161_Bk.pdf.

Hoberman, James und Jonathan Rosenbaum. *Mitternachtskino: Kultfilme der 60er und 70er Jahre (Midnight Movies).* Übersetzt von Olaf Möller. St. Andrä-Wördern: Hannibal Verlag, 1998.

Horkheimer, Max und Theodor W. Adorno. *Dialektik der Aufklärung: Philosophische Fragmente.* 20. Aufl. Frankfurt am Main: Fischer Taschenbuch Verlag, 2011.

Hunter, Dianne (Hrsg). *Seduction and Theory: Readings of Gender, Representation, and Rhetoric.* Urbana: University of Illinois Press, 1989.

Hurst, James Willard. *Law and Markets in United States History: Different Modes of Bargaining Among Interests.* Madison: University of Wisconsin Press, 1982.

Jonsson, Bengt R., Margareta Jersild, Sven-Bertil Jansson und Svenskt Visarkiv (Hrsg.). *Sveriges medeltida ballader.* Stockholm: Almqvist & Wiksell International, 1983.

Kahn, Paul W. *The Cultural Study of Law: Reconstructing Legal Scholarship.* Chicago: University of Chicago Press, 1999.

Kamir, Orit. "Why 'Law-and-Film' and What Does It Actually Mean? A Perspective". *Continuum* 19, Nr. 2 (Juni 2005): 255–78. https://doi.org/10.1080/10304310500084558.

Kant, Immanuel. *Gesammelte Schriften.* Preussische Akademie der Wissenschaften, Bd. 1–22, Deutsche Akademie der Wissenschaften zu Berlin, Bd. 23, Akademie der Wissenschaften zu Göttingen ab Bd. 24. Berlin, 1900 ff.

https://korpora.zim.uni-duisburg-essen.de/kant/verzeichnisse-gesamt.html.

Kiening, Christian. *Unheilige Familien: Sinnmuster mittelalterlichen Erzählens.* Würzburg: Königshausen & Neumann, 2009.

——— „VII. Ingmar Bergman: Das siebente Siegel (1957) und Die Jungfrauenquelle (1960)". In *Mittelalter im Film*. Herausgegeben von Christian Kiening und Heinrich Adolf, 249–82. Berlin: De Gruyter, 2006. https://doi.org/10.1515/9783110922615.249.

King, Gary C. *The Murder of Meredith Kercher*. London: John Blake, 2010. http://site.e brary.com/id/10641746.

Kracauer, Siegfried. *Theorie des Films. Die Errettung der äusseren Wirklichkeit (Theory of Film. The Redemtption of Physical Reality)*. Herausgegeben von Karsten Witte. Übersetzt von Siegfried Kracauer. 3. Aufl. Frankfurt am Main: Suhrkamp, 1996.

Kristeva, Julia. *Powers of Horror: An Essay on Abjection*. Übersetzt von Leon S. Roudiez. New York: Columbia University Press, 1982.

Kuzina, Matthias. *Der amerikanische Gerichtsfilm: Justiz, Ideologie, Dramatik*. Göttingen: Vandenhoeck & Ruprecht, 2000.

Laplanche, Jean und Jean-Bertrand Pontalis. *Das Vokabular der Psychoanalyse (Vocabulaire de la Psychanalyse)*. Übersetzt von Emma Moersch. 9. Aufl. Frankfurt am Main: Suhrkamp, 1989.

Lenz, Timothy O. *Changing Images of Law in Film & Television Crime Stories*. New York: P. Lang, 2003.

Lévi-Strauss, Claude. *Das wilde Denken (La pensée sauvage)*. Übersetzt von Hans Naumann. Frankfurt am Main: Suhrkamp, 1973.

Lindemann, Ophelia. „„Ein Wort gegen das Recht' Walter Benjamins ‚Zur Kritik der Gewalt'". *Kritische Justiz* 43, Nr. 1 (2010): 113–19.

Lombroso, Cesare. *L'uomo delinquente in rapporto all'antropologia, alla giurisprudenza ed alla psichiatria (Cause e rimedi)*. Project Gutenberg, 2019. https://www.gutenberg.org/ebooks/59298.

Luhmann, Niklas. *Ausdifferenzierung des Rechts: Beiträge zur Rechtssoziologie und Rechtstheorie*. 2. Aufl. Frankfurt am Main: Suhrkamp, 2015.

Machura, Stefan und Michael Asimow. „Das Ansehen von Anwälten bei Jurastudenten. Einflüsse von sozialem Hintergrund, Anwaltsfilmen und TV-Anwaltsserien". *Zeitschrift für Rechtssoziologie* 25, Nr. 1 (2003): 3–33.

Moldenhauer, Benjamin. *Ästhetik des Drastischen: Welterfahrung und Gewalt im Horrorfilm*. Berlin: Bertz + Fischer, 2016.

Morsch, Thomas. *Medienästhetik des Films: Verkörperte Wahrnehmung und ästhetische Erfahrung im Kino*. Paderborn: Wilhelm Fink Verlag, 2011.

Mulvey, Laura. "Visual Pleasure and Narrative Cinema". In *Media and Cultural Studies: Keyworks*. Herausgegeben von Meenakshi Gigi Durham und Douglas Kellner, 2nd ed., 267–74. Malden: Wiley-Blackwell, 2012.

Murphy, Jeffrie G. *Retribution Reconsidered: More Essays in the Philosophy of Law*. Dordrecht [Holland]; Boston: Kluwer Academic Publishers, 1992.

Murray, Williams. "Playboy Interview: Francis Ford Coppola". In *Francis Ford Coppola: Interviews*. Herausgegeben von Gene D. Phillips und Rodney Hill, 17–43. Jackson: University Press of Mississippi, 2004.

Nietzsche, Friedrich. *Werke in drei Bänden*. München, 1954. http://www.zeno.org/nid/2000925451X.

Niggli, Marcel Alexander, Marianne Heer und Hans Wiprächtiger (Hrsg.). *Schweizerische Strafprozessordnung/Jugendstrafprozessordnung.* 2. Aufl. Basler Kommentar. Basel: Helbing Lichtenhahn, 2014.

Noller, Jörg. *Theorien des Bösen zur Einführung.* 2., korr. Aufl. Hamburg: Junius, 2017.

Perelman, Chaïm. „Über die Gerechtigkeit: Fünf Vorlesungen". Übersetzt von Ottmar Ballweg. *ARSP: Archiv für Rechts- und Sozialphilosophie/Archives for Philosophy of Law and Social Philosophy* 51 (1965): 167–231.

Pfau, Michael, Lawrence J. Mullen, Tracy Deidrich und K. Garrow. "Television Viewing and Public Perceptions of Attorneys". *Human Communication Research* 21, Nr. 3 (1995): 307–30.

https://doi.org/10.1111/J.1468-2958.1995.TB00349.X.

Picturing Justice: The On-Line Journal of Law & Popular Culture. University of San Francisco School of Law, 1997-2006.

Podlas, Kimerlianne. "Please Adjust your Signal: How Television's Syndicated Courtrooms Bias our Juror Citizenry". *American Business Law Journal* 39, Nr. 1 (2008): 1–24.

Preston, Douglas J., Mario Spezi, Douglas J. Preston, Maria Zybak, Kathrin Wolf und Douglas J. Preston. *Der Engel mit den Eisaugen.* München: Knaur Taschenbuch Verlag, 2013.

Raether, Martin. *Der Acte gratuit: Revolte und Literatur. Hegel, Dostojewskij, Nietzsche, Gide, Sartre, Camus, Beckett.* Studia Romanica, Heft 37. Heidelberg: Winter, 1980.

Recht im Film. Letzter Zugriff am 24. Mai 2022. https://events.unifr.ch/droitcinema/de/.

Richie, Donald. *The Films of Akira Kurosawa.* 3rd ed. Berkeley: University of California Press, 1996.

Rohmer, Eric. *Der Geschmack des Schönen.* Herausgegeben von Marcus Seibert. Frankfurt am Main: Verlag der Autoren, 2000.

Sarris, Andrew. "Notes on the Auteur Theory in 1962". In *Film Culture Reader.* Herausgegeben von P. Adams Sitney, 121–35. New York: Cooper Square Press, 2000.

Sartre, Jean-Paul. *Das Sein und das Nichts: Versuch einer phänomenologischen Ontologie (L'être et le néant. Essai d'ontologie phénoménologique).* Herausgegeben von Traugott König. Übersetzt von Traugott König und Hans Schöneberg. 22. Aufl. Reinbek bei Hamburg: Rowohlt Taschenbuch Verlag, 2020.

Scheinpflug, Peter. *Genre-Theorie: Eine Einführung.* Berlin/Münster: LIT, 2014.

Schild, Wolfgang. *Verwirrende Rechtsbelehrung: Zu Ferdinand von Schirachs „Terror".* Münster: Lit Verlag, 2016.

Schrader, Paul. *Transcendental Style in Film: Ozu, Bresson, Dreyer.* New York: Da Capo Press, 1988.

Schramm, Edward. "Law and Literature". *Juristische Arbeitsblätter,* 2007, 581–85.

Seymour, David M. "Film and Law: In Search of a Critical Method". In *Law's Moving Image.* Herausgegeben von Leslie J. Moran und Emma Sandon, 107–20. London: Cavendish Pub, 2004.

Sherwin, Richard K. *When Law Goes Pop: The Vanishing Line between Law and Popular Culture*. Chicago: University of Chicago Press, 2000.

Sobchack, Vivian Carol. *Carnal Thoughts: Embodiment and Moving Image Culture*. Berkeley: University of California Press, 2004.

Stanislawski, Konstantin Sergeevič. *Stanislawski-Reader: Die Arbeit des Schauspielers an sich selbst und an der Rolle*. Herausgegeben von Bernd Stegemann. Leipzig: Henschel, 2021.

Stiglegger, Marcus. „Die Seduktionstheorie des Films". In *Methoden der Populärkulturforschung: Interdisziplinäre Perspektiven auf Film, Fernsehen, Musik, Internet und Computerspiele*. Herausgegeben von Marcus S. Kleiner und Michael Rappe, 85–113. Berlin/Münster: LIT, 2012.

——— *Ritual & Verführung: Schaulust, Spektakel & Sinnlichkeit im Film*. Berlin: Bertz und Fischer, 2006.

——— *Terrorkino: Angst/Lust und Körperhorror*. 3. Aufl. Berlin: Bertz + Fischer, 2010.

——— *Verdichtungen: Zur Ikonologie und Mythologie populärer Kultur*. Hagen-Berchum: Eisenhut, 2014.

Stratenwerth, Günter und Felix Bommer. *Schweizerisches Strafrecht, Allgemeiner Teil. 2: Strafen und Massnahmen*. 3. Aufl. Bern: Stämpfli Verlag, 2020.

Szulkin, David A. *Wes Craven's Last House on the Left: The Making of a Cult Classic*. Guildford, Surrey: FAB Press, 2000.

Von Brincken, Jörg und Horst Konietzny (Hrsg.). *Emotional Gaming: Gefühlsdimensionen des Computerspielens*. München: ePODIUM, 2012.

Walter, Tonio. *Strafe und Vergeltung: Rehabilitation und Grenzen eines Prinzips*. Schriften der Juristischen Studiengesellschaft Regensburg e.V., Heft 40. Baden-Baden: Nomos, 2016.

Weber, Max. *Wirtschaft und Gesellschaft: Grundriss der verstehenden Soziologie*. Herausgegeben von Johannes Winckelmann. 5., rev. Aufl. Tübingen: Mohr, 1980.

Wirth, Uwe. „Der Performanzbegriff im Spannungsfeld von Illokution, Iteration und Indexikalität". In *Performanz: Zwischen Sprachphilosophie und Kulturwissenschaft*. Herausgegeben von Uwe Wirth, 9–60. Frankfurt am Main: Suhrkamp, 2002.

Wood, Bret. *Orson Welles: A Bio-Bibliography*. New York: Greenwood Press, 1990.

Zegers, Lara DA und Richard Hc Zegers. "Eye Trauma in Laurel and Hardy Movies – Another Nice Mess". *Scottish Medical Journal* 61, Nr. 4 (November 2016): 207–12. https://doi.org/10.1177/0036933016680160.

Filmografie und Seriografie

12 Angry Men (USA 1957, Regie: Sidney Lumet)
2001: A Space Odyssey (USA 1968, Regie: Stanley Kubrick)
A Clockwork Orange (USA 1971, Regie: Stanley Kubrick)
A Few Good Men (USA 1992, Regie: Rob Reiner)
Amanda Knox: Murder on Trial in Italy (USA 2011, Regie: Robert Dornhelm)
American Crime Story (Serie, USA 2016, 2018, 2021)
Anatomy of a Murder (USA 1959, Regie: Otto Preminger)
Angel Heart (USA 1978, Regie: Alan Parker)
Antichrist (Dänemark 2009, Regie: Lars von Trier)
Apocalypse Now (USA 1979, Regie: Francis Ford Coppola)
Bad Lieutenant (USA 1992, Regie: Abel Ferrara)
Basic Instinct (USA/Frankreich 1992, Regie: Paul Verhoeven)
Bates Motel (Serie, USA 2013–2017)
Blood Feast (USA 1963, Regie: Herschell Gordon Lewis)
Blow Out (USA 1981, Regie: Brian De Palma)
Blow Up (Vereinigtes Königreich/Italien 1966, Regie: Michelangelo Antonioni)
Braindead (Australien 1992, Regie: Peter Jackson)
Breaking Bad (Serie, USA 2008–2013)
Broadchurch (Serie, Vereinigtes Königreich 2013–2017)
C'est arrivé près de chez vous (Belgien 1992, Regie: Rémy Belvaux, André Bonzel und Benoît Poelvoorde)
Carne (Frankreich 1991, Regie: Gaspar Noé)
Death on the Nile (Vereinigtes Königreich 1987, Regie: John Guillermin)
Deliverance (USA 1972, Regie: John Boorman)
Détective (Frankreich 1985, Regie: Jean-Luc Godard)
Die Brücke – Transit in den Tod (Serie, Dänemark/Schweden/Deutschland 2011–2018)
Dirty Harry (USA 1971, Regie: Don Siegel)
Emanuelle (Frankreich 1974, Regie: Just Jaeckin)
First Reformed (USA 2017, Regie: Paul Schrader)
From Dusk Till Dawn (USA 1996, Regie: Robert Rodriguez)
From Hell (USA 2001, Regie: Albert und Allen Hughes)
Funny Games (Österreich 1997, Regie: Michael Haneke)
Halloween (USA 1978, Regie: John Carpenter)
Hostel (USA 2005, Regie: Eli Roth)

How to Get Away with Murder (Serie, 2014–2020)
I Spit on Your Grave (USA 1978, Regie: Meir Zarchi)
Irréversible (Frankreich 2002, Regie: Gaspar Noé)
Joker (USA 2019, Regie: Todd Phillips)
Journal d'un curé de campagne (Frankreich 1951, Regie: Robert Bresson)
Jungfrukällan (Schweden 1960, Regie: Ingmar Bergman)
Kes (Vereinigtes Königreich 1969, Regie: Ken Loach)
L.A. Law (Serie, USA 1986–1994)
La Passion de Jeanne d'Arc (Frankreich 1928, Regie: Carl Theodor Dreyer)
Lost Highway (USA 1997, Regie: David Lynch)
M – Eine Stadt sucht einen Mörder (Deutschland 1931, Regie: Fritz Lang)
Maniac (USA/Frankreich 2012, Regie: Franck Khalfoun)
Marcella (Serie, Vereinigtes Königreich 2016–2020)
Martyrs (Frankreich 2008, Regie: Pascal Laugier)
Murder by Death (USA 1976, Regie: Robert Moore)
Murder She Said (Vereinigtes Königreich 1961, Regie: George Pollock)
Narcos (Serie, USA 2015–2017)
Peeping Tom (Vereinigtes Königreich 1960, Regie: Michael Powell)
Psycho (USA 1960, Regie: Alfred Hitchcock)
Raining Stones (Vereinigtes Königreich 1993, Regie: Ken Loach)
Rashōmon (Japan 1950, Regie: Akira Kurasawa)
Riff-Raff (Vereinigtes Königreich 1991, Regie: Ken Loach)
Saw (USA/Australien 2004, Regie: James Wan)
Seul contre nous (Frankreich 1998, Regie: Gaspar Noé)
Sissi (Österreich/Deutschland 1955, Regie: Ernst Marischka)
Spectre (Vereinigtes Königreich 2015, Regie: Sam Mendes)
Straw Dogs (USA 1971, Regie: Sam Peckinpah)
Suits (Serie, USA 2011–2019)
Tatort (Serie, Deutschland 1970 bis heute)
Terror – Ihr Urteil (Deutschland 2016, Regie: Lars Kraume)
Texas Chainsaw Massacre (USA 1974, Regie: Tobe Hooper)
The Blair Witch Project (USA 1999, Regie: Daniel Myrick und Eduardo Sánchez)
The Dark Knight (USA 2008, Regie: Christopher Nolan)
The Dark Knight Rises (USA 2012, Regie: Christopher Nolan)
The Devil's Advocate (USA 1997, Regie: Taylor Hackford)
The Fall (Serie, Vereinigtes Königreich 2013–2016)
The Face of an Angel (Vereinigtes Königreich 2014, Regie: Michael Winterbottom)
The French Connection (USA 1971, Regie: William Friedkin)
The Godfather (USA 1972, Regie: Francis Ford Coppola)

The Hills Have Eyes (USA 1977, Regie: Wes Craven)
The Last House on the Left (USA 1972, Regie: Wes Craven)
The Offence (Vereinigtes Königreich 1972, Regie: Sidney Lumet)
The Passion of the Christ (USA 2004, Regie: Mel Gibson)
The Piano (Australien/Neuseeland/Frankreich 1993, Regie: Jane Campion)
The Rocky Horror Picture Show (USA 1975, Regie: Jim Sharman)
The Shining (USA 1980, Regie: Stanley Kubrick)
The Silence of the Lambs (USA 1991, Regie: Jonathan Demme)
Thelma & Louise (USA 1992, Regie: Ridley Scott)
Tiger King (Serie, USA 2020)
Touch of Evil (USA 1958, Regie: Orson Welles)
Un chien andalou (Frankreich 1929, Regie: Luis Buñuel und Salvador Dali)
Wild Wild Country (Serie, USA 2017)
Witness for the Prosecution (USA 1957, Regie: Billy Wilder)
You Only Live Twice (Vereinigtes Königreich 1967, Regie: Lewis Gilbert)

Abbildungsverzeichnis

FSC
www.fsc.org
MIX
Papier | Fördert gute Waldnutzung
FSC® C083411

Kolibri 360 GmbH
Ferdinand-Jühlke-Straße 7
99095 Erfurt, Deutschland
produktsicherheit@kolibri360.de